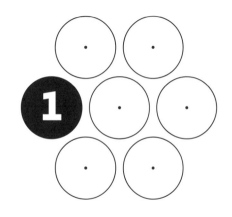

英語コーパス研究シリーズ
コーパスと英語研究 付 総索引

堀正広・赤野一郎 監修・編

ひつじ書房

『英語コーパス研究シリーズ』(全7巻)
刊行のことば

　英語コーパス学会は2013年に20周年を迎えた。英語コーパス学会の前身である「英語コーパス研究会」が齊藤俊雄先生(大阪大学名誉教授)を中心にして発足したのは1993年4月であった。その後発展して、1997年に「英語コーパス学会」として新たなスタートを切った。初代会長は齊藤俊雄先生で、第2代会長今井光規先生、第3代会長中村純作先生、第4代会長赤野一郎、そして第5代会長堀正広と引き継がれてきた。「英語コーパス研究会」が発足した1990年代当時は、コンピュータを使った言語研究は始まったばかりであったが、この領域は、今後言語研究の1つの大きな柱になることは多くの言語研究者が予感していた。

　その後、パーソナルコンピュータやインターネットの爆発的な普及により、コンピュータを使った言語研究、とくに英語研究は着実に進展していった。現在では、辞書編纂においてだけでなく、英語学、英語教育学、さらには理論言語学の分野においてもコーパス利用は珍しいことではなくなってきた。

　海外の動向に目を向けると、コーパスを使った研究は、現在では英語研究の重要な領域の1つとなっている。英語教育、英文法・語法、英語辞書学、英語文体論、英語史等様々な領域においてコーパスを使った研究がなされ、コーパス研究に関連する統計学やコンコーダンサーの開発に関する研究も盛んに行われている。そして、とくに2010年以降、Corpus Linguisticsというタイトルの研究書や啓蒙書が立て続けに出版され、コーパスを使った研究はますます広がりを見せている。

　このような状況を踏まえて、英語コーパス学会では、学会設立20周年にあたって、社会への成果発表と社会貢献の一環として『英語コーパス研究シリーズ』(全7巻)を刊行することになった。本シリーズは、日

本における英語コーパス研究の歴史から始まり、英語教育、英文法・語法、英語辞書学、英語文体論、英語史、そしてコーパス研究と関わりのある関連領域を含んでいるので、日本におけるコーパス研究の過去・現在・未来について一望することができる。このような網羅的なコーパス研究シリーズは、日本はもちろんのこと、欧米を含めても世界ではじめての試みである。コーパスをすでに使っている方々だけでなく、英語研究に携わっている方々、英語を教えている方々、そして英語を学習している方々に是非とも手に取っていただき、コーパスについての理解を深めていただきたい。

2015年9月
堀正広・赤野一郎

目次

『英語コーパス研究シリーズ』(全7巻)刊行のことば ———————— iii

I コーパスと英語研究概観 ———————— 001
中村純作・堀正広・赤野一郎

1. はじめに ———————— 001
2. コーパス言語学の歴史 ———————— 002
3. コーパス言語学と英語研究 ———————— 008

II 日本におけるコーパス言語学の受容と発展
英語コーパス学会草創期を中心にして ———————— 015
齊藤俊雄

1. はじめに ———————— 015
2. 日本のコンピュータ利用研究の立ち遅れ ———————— 016
3. 書誌から見たコーパス言語学の発展 ———————— 023
4. 書誌から見える日本におけるコーパス言語学の状況　JAECSの場合 ———————— 029
5. JAECS発足以前の日本の英語コーパス言語学 ———————— 034

III 私のコーパス利用 ———————— 047

コーパスが与えてくれたもの ———————— 049
投野由紀夫

第二言語学習者のライティング研究資料としての
コーパス利用————060
　　小島ますみ

CALL/MALL 用語彙習得アプリケーションの開発————072
　　石川保茂

コーパスで発見！————083
　　野口ジュディー

語法研究と辞書編纂のためのコーパス利用————095
　　赤野一郎

単なる用例集ではなく代表性を有した
分析対象としてのコーパス————109
　　井上永幸

語法・文法・構文・表現研究のための
コーパス利用————124
　　滝沢直宏

理論に求める切り口————136
　　深谷輝彦

ニュージーランド英語におけるマオリ語の影響————146
　　山﨑俊次

3つの柱「テクストの読み、言語理論、
コーパスの利用」————164
　　堀正広

歴史社会語用論研究におけるコーパス利用の一例
　　どんなコーパスを作り、どのように使っているのか？ ──── 174
　　椎名美智

オンライン版英英辞書とコーパス分析
　　形容詞 prone の語義定義と補部構造を例に ──── 185
　　新井洋一

英語コーパスと私 ──── 199
　　岡田毅

LOB Corpus から BNC へと移行した
語彙分析の成果について ──── 213
　　高橋薫

XML 文書としての BNC ──── 225
　　園田勝英

『英語コーパス研究シリーズ』
総索引 ──── 243

　　執筆者紹介 ──── 273

I

コーパスと英語研究概観[*]

中村純作・堀正広・赤野一郎

1. はじめに

　コーパスを「ある言語あるいはその変種の分析を目的として抽出されたコンピュータ処理が可能なテキストの集積」だと定義すると、世界で最初のコーパスは、1961年に出版された新聞、書籍等から抽出されたアメリカ英語の書き言葉約100万語からなる Brown University Standard Corpus of Present-day American English (Brown Corpus) である。今は懐かしい当時の花形コンピュータ IBM360 を駆使して作成され、1964年に磁気テープの形で公開された。当然、この時代にコーパスを利用するためには大型コンピュータを使いこなすプログラミングの知識が必須であった。以来、情報技術は画期的な発展を遂げ、コンピュータの小型化、高速化、大容量化に象徴されるハード面での進歩と、それに伴うソフトウェアの進歩の結果、今では1億語の British National Corpus (BNC) だけでなく、5億語の Bank of English がパソコンやインターネット上で手軽に利用できる時代となった。本稿の目的は、『英語コーパス研究シリーズ』の第1巻の第1章として、本シリーズ全体を俯瞰して、コーパス言

語学発展の歴史を編纂されたコーパスを中心に概観し、同時に様々な言語研究におけるコーパスの果たす役割を考えることにある。

コーパスという用語を、「コンピュータ処理が可能なテキストの集積」と定義したが、一般的には広義の意味と狭義の意味がある。広義の意味では、本来は言語分析が目的ではない電子テキスト、たとえば、ある作家の文体研究のためにその作家の文学作品を全て集めて、コンピュータ処理が可能なテキストの集積にしたものを言う。一方、狭義の意味では、コーパスとは「言語分析のために、分析対象となる言語またはさまざまな言語変種を代表するように収集され、コンピュータ処理可能な状態にされた実際に話されたり書かれたりしたテキストの集合体」(齊藤他 2005: 22) を言う。本稿でのコーパスは、広義と狭義の両方の意味で使われている。

2. コーパス言語学の歴史

コーパス言語学の歴史を3期に分けると、その第1期は University College London (UCL) の Randolph Quirk を中心とした 1959 年に開始された Survey of English Usage (SEU) Project に始まり、編者 Jan Svartvik の "Corpus Linguistics Comes of Age" と題した論考で始まる *Directions in Corpus Linguistics: Proceedings of Nobel Symposium 82* が出版される 1990 年代初頭までの約 30 年間だと考えられる。

SEU は英国知識人の書き言葉と話し言葉各々 50 万語 (5,000 語のテキスト 100 サンプル) を、カードを利用し手作業で集めたもので、話し言葉の部分は後に Lund 大学の Svartvik により London-Lund Corpus of Spoken English (LLC) として電子化され、1975 年に公開された。対面式会話、電話での会話、討論、インタビュー、ディベート、スポーツの実況中継、講義など多岐にわたる談話モードから構成されている。書き言葉の部分も後に電子化され、一般には公開されていないが UCL で利用可能となった。手作業で始まったものの、後に電子化されたこともあり、冒頭のコーパスの定義に該当するものと考える。

本格的な電子コーパス時代の到来は 1964 年に公開された上述の Brown Corpus に始まる。そのイギリス英語版を作成するプロジェクトは Lancaster 大学の Geoffrey Leech を中心に 1970 年代初頭に始まり、Lancaster-Oslo-Bergen Corpus of British English (LOB) Corpus として完成し、1978 年に磁気テープで公開された。LOB コーパスの編纂には相当時間がかかるが、著作権の問題を解決する過程で G. Leech, J. Svartvik, Oslo 大学の Stig Johansson らが ICAME (International Computer Archive of Modern and Medieval English) を 1977 年に設立する。この組織は、以来今日まで Bergen 大学の Norwegian Computing Centre for the Humanities に事務局を置き、各種コーパスや検索ソフトの研究者への提供、年 1 回の学術雑誌 *ICAME Journal* の発行、国際会議の開催、Mailing List Corpora の運営等を通じてコーパス言語学の発展に大きな貢献を続けている。

　1980 年代には辞書の編纂を目的に大型コーパスの構築が、Birmingham 大学と出版社 Collins の共同プロジェクトである COBUILD (Collins Birmingham University International Language Database) において始まる。この成果として世界初のコーパスに依拠した英語学習辞典 *Collins Cobuild English Language Dictionary* (COBUILD1) が 2,000 万語の Birmingham Collection of English Texts と呼ばれるコーパスに基づいて 1987 年に出版される。

　この時期にはコーパスの大型化と同時に精密化も進行する。自動品詞標識付けのプログラムが開発され、平テキストの Brown Corpus と LOB Corpus に文法標識が付加されてより精密な言語分析が可能となった。Aarts and Meijs (1984) がオランダの出版社 Rodopi から出版され、Corpus Linguistics という学術用語が定着するのもこの時期である。

　コーパス誕生から 30 年を経て成熟期に達したコーパス言語学は 1990 年代初頭に第 2 期を迎え、飛躍的な発展を遂げる。Oxford University Press を中心とした出版社、大学等 5 つの機関で構成されるコーパスコンソーシアムが British National Corpus (BNC) の編纂に取り掛かる。現代イギリス英語の書き言葉 9,000 万語、話し言葉 1,000 万語からなり、電子テクストにメタ情報を付与する SGML の規格を用いて文法標識や出典情報等のほか、社会言語学的な情報も付加された BNC は 1994 年に完成、

CD-ROM の形で EC 諸国を対象として公開された。Web 上でも 50 例を上限としたコンコーダンスの利用がこの時点で可能となり、1999 年 3 月には、BNC 本体から書き言葉 100 万語、話し言葉 100 万語を抽出した BNC Sampler が公開されるが、日本で BNC を完全な形で利用できるようになるには 2000 年 10 月に BNC World Edition が公開されるのを待たなければならなかった。なお現在は BNC-XML, BNC Baby（学術文書、小説類、新聞、会話 400 万語からなる BNC のサブセット）および BNC Sampler を Oxford Text Archive から無料で入手可能になっている。BNC と常に並び称せられるのが、Birmingham Collection of English Texts がその名を変えた Bank of English である。BNC が特定の時期を切り取った静的コーパスであるのに対して、Bank of English はことばの今を監視すべく、絶えずその規模を増大させる動的コーパスで「モニターコーパス」と呼ばれる (Sinclair 1991: 24–26)。

　この時期の初め、1991 年には Helsinki 大学の Matti Rissanen を中心に英語史研究を目的として編纂された通時コーパス、Helsinki Corpus が ICAME を通じて公開される。古英語から初期近代英語までの 160 万語弱のテキストサンプルから構成されている。コーパスには COCOA 形式と呼ばれるメタ情報付与のための規格で、成立年代、方言地域、作者の性別、年齢、社会的地位、教育程度、言語使用域などの情報が付加されており、社会言語学的観点からの史的言語変化の研究が可能となった。限られた資料に依拠する英語史研究にコーパスの果たす役割は大きい。たとえば、現存する古英語の資料をほぼ網羅した 3,000 を越すテキストからなる Toronto 大学の Dictionary of Old English (DOE) Corpus は古英語研究には欠かせない資料であろう。また A Representative Corpus of Historical English Registers (ARCHER) も忘れてはならない。1640 年から 1990 年までを 50 年ごとに区切り、英米のテキスト総語数 170 万語を集めた品詞タグ付きコーパスである。

　現代英語の様々なコーパス構築の試みがなされるのもこの時期である。1990 年に UCL の Sidney Greenbaum を中心に世界 16 地域の英語変種のコーパスが International Corpus of English (ICE) プロジェクトとして始ま

り、その英国版(ICE-GB)を含め6地域分が公開された。この英国版には検索ソフト ICE-CUP が付属、統語情報も含んだ検索が可能である。また、1961年の書き言葉を収録した Brown Corpus, LOB Corpus の 1990 年代版の編纂も Freiberg 大学の Christian Mair と Marianne Hundt らにより始まり、その成果は Freiberg-Brown Corpus, Freiberg-LOB Corpus として ICAME CD-ROM に収録され、公開されている。1999 年には Pennsylvania 大学の Linguistic Data Consortium (LDC) を拠点に Northern Arizona 大学の Randi Reppen を中心として American National Corpus (ANC) の編纂が始まる。BNC に匹敵するアメリカ英語 1 億語のコーパスを作成するプロジェクトで、現在 Open American National Corpus (OANC) として 1,500 万語が利用可能である。Linguistic Data Consortium の会員であれば、有料だが 2,000 万語の第 2 版を入手可能である。

　世界で最初のコーパスに基づいた英語学習辞典 COBUILD 1 の第 2 版が、当時 2 億語に達した Bank of English に基づき 1995 年に出版された。この年には COBUILD 2 のほか、*Longman Dictionary of Contemporary English* 第 3 版、*Oxford Advanced Learner's Dictionary* 第 5 版、*Cambridge International Dictionary of English* および *Harrap's Essential English Dictionary* が刊行される。この年を境に英国の辞書編纂にはコーパスが欠かせない資料として定着したと言えよう。

　1980 年代中頃にコーパス言語学という分野が確立するが、1990 年代後半以降 McEnery and Wilson (1996)、Kennedy (1998)、Biber *et al.* (1998)、齊藤他 (1998)、Meyer (2002) 等コーパス言語学の教科書が続々と出版され、大学あるいは大学院レベルでのコーパスを利用した言語研究に関する教育が本格的に始まり、現在に至っている。

　上記で概観したコーパス言語学の歴史では第 2 期の初めに、わが国でも「コンピュータを用いた英語英文学研究の促進」を目的に研究会が発足している。齊藤俊雄大阪大学名誉教授を中心に会員数約 60 名で、1993 年に設立された「英語コーパス研究会」である。1997 年には「英語コーパス学会」に名称を変更し、設立から 2010 年までは年 2 回の大会、現在は秋に 2 日間の大会を、そして 4 月に春季研究会を開催している。2000

年には東支部が設立され、現在は5つのSIG (Special Interest Group) に発展解消されている。会誌『英語コーパス研究』の発行、年2回のNewsletterの発行等のほか、ワークショップや講演会を開催し、国内における英語コーパスを利用した研究では中心的な役割を果たしている。大会ではすでに紹介したJan Svartvik, Graeme Kennedy, Geoffrey Leech, Duglas Biber, Jan Aarts, Stig Johansson, Susan Hunston, Michael Hoey 等著名なコーパス言語学者による特別講演を開催し、英語コーパス学会の会員もICAMEや隔年で英国のLancaster大学、Birmingham大学、Liverpool大学で開催されるCorpus Linguisticsの大会に積極的に参加し、発表する等国際的な活動も行っている。

　2002年春には会員有志によるSaito et al. (eds.) (2002) がJ. AartsとW. Meijsが編集するLanguage and Computers Seriesの第38巻としてRodopiから出版された。さらに、同年、第2代会長今井光規大阪大学名誉教授および摂南大学名誉教授のもとで10周年を迎え、メンバーの数も300名を越えた。この10年間の成果については創立10周年記念大会のシンポジウム報告「日本における英語コーパス言語学の現状と展望」、および「コーパスを利用した英語教育と英語・英文学研究指導：実践報告と今後の可能性」に詳しい (『英語コーパス研究』第10号、pp. 147–318)。会員による論文12編を収録したEnglish Corpus under Japanese Eyesと題する創立10周年記念論文集も刊行された。2003年4月にはICAMEの名誉団体会員第1号として認定される等、その評価は国際的にも高い。

　その後、現在に至るまでの第3期の特徴として2つの点をあげることができる。1つは、英語教育におけるコーパス利用の隆盛である。たとえば、Birmingham大学のTim Johnsは1980年代後半にKWICコンコーダンスを教材として与え、そこから帰納的に規則を発見させるデータ駆動型学習 (data-driven learning, DDL) を提唱した。また、1994年にはLancaster大学で最初の独立した言語教育とコーパスの国際会議Teaching and Language Corpora (TALC) が開催されて以降、言語教育へのコーパス利用は世界的な広がりを見せた。とくに、Sylvia Grangerを中心とした国際プロジェクトInternational Corpus of Learner English (ICLE) の発足は、その流

れに弾みをかけた。この間の英語教育とコーパス利用に関しては、本シリーズの第 2 巻『コーパスと英語教育』第 1 章「コーパスの英語教育への応用」（投野由紀夫）に詳細に述べられている。この間、学習者コーパスに関しては、日本における代表的な学習者コーパスとして、投野を中心にして構築された JEFLL (Japanese EFL Learner) Corpus や石川慎一郎を中心にして作成された、中国・韓国・台湾を含め日本に近いアジアの国々の学習者の英語コーパスである ICNALA (The International Corpus Network of Asian Learners of English) がある。

第 3 期の特徴の 2 つ目は、英語研究や英語教育以外の他分野へのコーパス利用や、コーパスに関連する研究への広がりである。コーパス利用に関しては、この時期から必ずしもコーパスを使った研究は英語コーパス学会の専売特許ではなくなった。これまでコーパス利用とは全く無縁と考えられていた言語研究の領域においてもコーパスが使われるようになった。認知言語学、体系機能文法、法言語学、さらにはコーパス言語学を否定してきた生成文法においてもコーパスの利用が見られるようになった。また、コーパスの主な分析ツールはキーワードを中央に配置して、前後の文脈を表示する KWIC コンコーダンスだったが、検索機能は発展し、新たな分析ツールも開発されるようになった。これらに関しては、本シリーズ第 7 巻『コーパスと多様な関連領域』において詳しく論じられている。

日本の英語コーパス学会は 2013 年に 20 周年を迎えた。これを記念して、まず 2012 年大阪大学での大会は、記念大会と位置付け、英国から *Lexical Priming: A New Theory of Words and Language* (2005) の著者である Liverpool 大学の Michael Hoey 教授を招き、記念講演を行った。また、1993 年に設立された英語コーパス研究会から数えると 2017 年は 25 年目を迎える。その間、齊藤俊雄初代会長 (1993–2000 年度) から今井光規第 2 代会長 (2001–2003 年度)、その後、中村純作徳島大学名誉教授 (2004–2007 年度)、赤野一郎京都外国語大学名誉教授 (2008–2011 年度)、堀正広熊本学園大学教授 (2012–2015 年度)、そして現会長の投野由紀夫東京外国語大学教授 (2016 年度 –) へと引き継がれている。創立 10 周年

では会員は約300名であったが、現在は約400名である。

　以上、わが国の動向も含めて、コーパス言語学58年の歴史を概観してきた。コーパス言語学は、社会言語学や認知言語学と同様に言語学の下位分野で、コーパスは、言語理論の重要な概念の1つであると考える研究者もいるが (Biber and Reppen 2015: 1–2)、一般的には、コーパスはあくまで言語に関する研究の一手法であり、コーパス言語学そのものは厳密には言語学の一分野としての学問分野を意味しない。そこで、次にコーパスを利用した研究が現在どのような形で行われているかについて触れたい。

3. コーパス言語学と英語研究

　コーパスを利用した言語研究の優れた概説書である John Sinclair (1991) の Corpus, Concordance, Collocation の書名が象徴的に語るように、コーパス利用の最大のメリットはキーワードを中心に前後の文脈を提示するKWIC (Key Word in Context) 形式のコンコーダンスが得られることと、キーワードの右、あるいは左の語をソートキーとしてコンコーダンスラインの並び替えが瞬時に行えることにある。ソートされたコンコーダンスは今まで隠されていたパターンを視覚化することになり、共起語研究が飛躍的に進歩することになった。さらに赤野 (2004: 657–658) において指摘されているように、コンコーダンスを活用することによって、これまでとは趣を異にする、コロケーション分析の可能性が窺える。たとえば、日英語の間で対応すると思われる語同士 (courage と「勇気」) のコロケーションの差異を調べると、日英語の発想の相違が浮かび上がってくる。

　Sinclair は大規模コーパスを用いることにより、今まで隠されていた直感では捕捉できない共起語の意味的な問題が見つかることに注目する。たとえば、動詞 happen や句動詞 set in は多くの場合それぞれ不快な出来事や状態に関連する語と共起することがすでに Sinclair (1987) において指摘されている。このような人間の直観では直接捕捉できない共起語によ

り醸しだされる意味的な雰囲気や色合いを彼は Semantic Prosody と名付ける。さらに、母語話者は Chomsky が主張するように有限個の規則から無限の文章を生成しているのではなく、多くの場合、コロケーションに見られるように、あらかじめ定型化した表現を用いていることを指摘し、この立場を Idiom Principle と呼ぶ。これは Pattern Grammar, Corpus-driven Linguistics へと発展する。

　このように共起語を中心として、語彙研究はコーパスを用いて飛躍的に発展するが、ただ単に頻度だけを共起の基準とせず、共起語のコーパス内での共起確率と個々の単語の確率を加味した共起の度合いを統計的に測る手法もいくつか開発されている。共起語を中心としたこのような語彙研究は辞書編纂にも当然影響を与え、英国ではコーパスに基づく辞書作りは当然のこととなった。日本に於いても、本格的にコーパスを編集に活用した『ウィズダム英和辞典』(井上永幸・赤野一郎編、2003年、三省堂)、以来、ほとんどの学習辞典がコーパスデータを何らかの形で利用することで、語義の頻度配列、活用度の高い例文、豊富なコロケーション情報、精密な語法記述など、従来の学習辞典に比べ格段にその質を高めている。井上 (2004: 668) は、辞書編纂におけるコーパス利用は、非母語話者でも母語話者に優るとも劣らぬ分析・記述が可能となり、日本の英語辞書が海外の ESL/EFL 辞書に影響を与える場面もこれまで以上に多くなる可能性を示唆している。本シリーズ第 3 巻『コーパスと辞書』では、コーパスに基づく辞書編纂の方法について、語義、文法、用例、コロケーション、シノニム等の具体例と共に論じられている。

　人間の言語能力を合理主義的に、直観や内省を用いて説明しようとする生成文法では、コーパスにほとんど価値を見出さない。Noam Chomsky は相変わらず "It (corpus linguistics) doesn't exist." (Aarts 1999: 5) と言うように、コーパスを利用した言語研究そのものを無視する態度をとり続けているが、母語話者の直感は信頼性に欠けることがある。内省による分析は、必然的に分析者が言語使用者と観察者の 2 つの役割を同時に果たさなければならず、その二重性から判断が主観的になる可能性がある。さらに判断そのものが正しいことを証明できないという欠点があ

る。これらの欠点をカバーするために生成文法の枠組みでもコーパスを利用する研究が見られるほか、体系文法、構文文法、認知言語学、語用論、社会言語学などの分野でも、仮説の検証や論証の補強、直感の補正に積極的にコーパスを活用しようとする研究が増えている。どのような理論的枠組みをとるにせよ、実証的側面を大切にする文法研究であれば、コーパスの果たす役割を無視することは不可能であろう。本シリーズの第4巻『コーパスと英文法・語法』では、コーパスに基づく英文法・語法研究の動向と方法論の解説、および分析事例が紹介されている。

　Top-down の手法をとる理論的研究に対して、Bottom-up の経験主義的あるいは記述的文法研究では、コーパスが重要な役割を果たすのは当然であるが、その立場は大きく分けて3つ考えられる。電子化が遅れた SEU の成果は、Quirk et al. (1972) と、これに基づいた Leech and Svartvik (1972, 1975, 1994)、さらに、現代英語文法の金字塔といえる Quirk et al. (1985)（以下 CGEL）へと続く。これらでは、Survey Corpus を利用した研究の成果は反映されてはいるものの、コーパスは2次データの提供にとどまり、直接用例が引用されたり、コーパスから得られる統計データは示されてはいない。このような文法は Corpus-informed あるいは Corpus-reference だと言える。

　一方、コーパスを文法の枠組みを支える主な資料として使用したものに Biber et al. (1999) がある。これは、基本的には CGEL の枠組みを尊重しつつ、会話、小説、新聞、学術論文からなる Longman Spoken and Written English Corpus から得られる統計データをもとに書き言葉と話し言葉のレジスターによる違いを明確にしたもので、その出版の意図は CGEL を補完することであった。このように既存の理論に基づき、その有効性や仮説の実証を目的としたものは Corpus-based と分類される。COBUILD1 に引き続き出版された Sinclair et al. (1990)、Sinclair et al. (1992) も Bank of English に基づいた文法、語法書でこの範疇に属する。いささか理論的な説明にかけるものの、豊富な用例と項目別に様々なリストが準備されており、学習者にとっては便利で、分かりやすい。

　Bank of English は5億語を超える規模に達し、日々その規模を拡大し

ているが、コーパスの規模が大きくなるにつれて、母語話者の直感では取り出すことのできない言語事実が浮かび上がってきた。上述したSinclair の Idiom Principle は、言い換えると Phraseology（句表現）が意味解釈に重要な役割を果たしているという主張となる。従来、意味は孤立した個々の Lexis（語彙）に与えられ、抽象概念である文法と関連付けられることにより、文全体が解釈されると考えられてきた。ところが、多くの場合、きまった句表現の中で使用される語彙は非常に限られており、句全体が 1 つの意味単位として機能しているのである。文法・語彙だけでなく、句表現を重視するこのアイディアは Hunston and Francis (2000) の Pattern Grammar に引き継がれるが、サイズが大きいコーパスから自ずと得られる情報に基づいたこのようなアプローチは Corpus-driven と呼ばれる。Tognini-Bonelli (2001) がその理論的立場を表明したもので、コーパスが単なる道具ではなく、新しい言語観につながる優れた例として特筆に価する。研究対象の設定やコーパスから得られる証左に対して当否の判断基準を与えるという意味では、言語的直観が重要な役割を果たすことも認めた上で、大規模コーパスの必要性と、既存の理論に基づいた情報が付加されていない Clean Corpus の必要性を前面に出すのもこのアプローチの特徴である。

　その他のコーパス利用として、2 言語間の対照研究や翻訳理論に関わるパラレルコーパスの果たす役割は大きい。たとえば、シンポジウム「日英パラレルコーパスでどのような英語研究が可能か」（『英語コーパス研究』第 9 号（2002、pp. 35–107）に見られるように、「関西大学コーパス B—日英パラレルコーパス」は、英語教育だけでなく日英語表現方法の比較や語法研究への新たな視座を提示する可能性がある。パラレルコーパスではないが、複数の写本をコンコーダンスの形で提示する、コレーション・コンコーダンスは、写本と刊本における言語と文体の研究に大いに寄与するものである（中尾・地村　2016）。また、コーパスデータに基づいて、統計学を駆使した計量的手法は、著者推定論、文体論、言語変異研究、そしてテキスト類型論において重要な役割を果たしている（田畑 2003、石川他 2010）。

以上、本稿は、編纂されたコーパスを中心に国内外のコーパス言語学の歴史を概観すると同時に、英語研究においてコーパスが果たす役割について考察してきた。本稿に続く、第2章は、英語コーパス学会の初代会長である齊藤俊雄大阪大学名誉教授の遺稿で、「日本におけるコーパス言語学の受容と発展」として、日本におけるコーパス言語学の過去と現在が論じられている。そして、第3章は、英語コーパス学会の中心メンバーによる「私のコーパス利用」に関する論考である。15名の研究者によるコーパス利用が紹介されている。コーパスはその言語研究の目的に応じて、いかに多様な使い方がなされているのか、コーパスを使って実際に研究を行っている研究者によって、コーパスの具体的な利用方法が示されている。その利用の学問分野は広範囲にわたり、英語教育、英語辞書、英文法・語法、英語文体論、英語史、そしてコーパスに関する関連領域および、論じられている。さらに詳しいコーパス利用は、本シリーズの第2巻以降で具体的な論考として示されている。願わくば、本シリーズ全体に目を通していただき、日本における英語コーパス研究の過去・現在、そして未来を鳥瞰していただきたい。とくに若い研究者には、本シリーズの英語コーパス研究の現状を踏まえて、新たなコーパスを使った研究を模索していただければ本シリーズの目的は達せられることになるであろう。

*　本稿は中村純作 (2004)「コーパス言語学を概観する」(『英語青年』2月号、pp. 2–5.) に加筆修正したものである。

参考文献

Aarts, Bas. (1999) Corpus linguistics, Chomsky and fuzzy tree fragments. Mair, Christian and Marianne Hundt (eds.) *Corpus Linguistics and Linguistic Theory.* Amsterdam: Rodopi.

Aarts, Jan and Willem Meijs. (1984) *Corpus Linguistics.* Amsterdam: Rodopi.

赤野一郎 (2004)「語彙研究とコーパス」『英語青年』149 (11): 9–11.

Biber, Douglas Susan Conrad and Randi Reppen. (1998) *Corpus Linguistics: Investigating Language Structure and Use*. Cambridge: Cambridge University Press.

Biber, Douglas. Stig Johansson, Geoffrey Leech, Susan Conrad and Edward Finegan. (1999) *Longman Grammar of Spoken and Written English*. Harlow, Essex: Addison, Wesley Longman Ltd.

Biber, Douglas and Randi Reppen. (2015) *The Cambridge Handbook of English Corpus Linguistics*. Cambridge: Cambridge University Press.

Hunston, Susan and Gill Francis. (2000) *Pattern Grammar: A Corpus-driven Approach to the Lexical Grammar of English*. Amsterdam: John Benjamins.

井上永幸 (2004)「辞書とコーパス」『英語青年』149(11): 18–20.

石川慎一郎・前田忠彦・山崎誠編 (2010)『言語研究のための統計入門』くろしお出版.

Kennedy, Graeme. (1998) *An Introduction to Corpus Linguistics*. London: Longman.

Leech, Geoffrey and Jan Svarvik. (1972, 1975, 1994) *A Communicative Grammar of English*. London: Longman.

McEnery, Tony and Andrew Wilson. (1996) *Corpus Linguistics*. Edinburgh: Edinburgh University Press.

Meyer, Charles. (2002) *English Corpus Linguistics: An Introduction*. Cambridge: Cambridge University Press.

中村純作 (2004)「コーパス言語学を概観する」『英語青年』149(11): 2–5.

Nakamura, Junsaku, Nagayuki Inoue, and Tomoji Tabata. (2004) *English Corpus under Japanese Eyes*. Amsterdom: Rodopi.

中尾佳行・地村彰之 (2016)「『カンタベリー物語』の写本と刊本における言語と文体について」堀正広編『コーパスと英語文体』ひつじ書房.

Quirk, Randolph, Sydney Greenbaum, Geoffrey Leech and Jan Svartvik. (1972) *A Grammar of Contemporay English*. London and New York: Longman.

Quirk, Randolph, Sydney Greenbaum, Geoffrey Leech and Jan Svartvik. (1985) *A Comprehensive Grammar of the English Language*. London and New York: Longman.

齊藤俊雄 (1994)「英語コーパス研究の最近の動向—コーパス紹介を中心にして—」『英語青年』139(11): 14–16.

Saito, Toshio, Junsaku Nakamura and Shunji Yamazaki. (2002) *English Corpus Linguistics in Japan*. Amsterdom: Rodopi.

齊藤俊雄・中村純作・赤野一郎編 (2005)『英語コーパス言語学—基礎と実践—』(改訂新版) 研究社.

Sinclair, John. (1987) *Looking Up*. London and Glasgow: Collins.

Sinclair, John. (1991) *Corpus, Concordance, Collocation*. Oxford: Oxford University Press.

Sinclair, John *et al.* (1990) *Collins Coubuild English Grammar*. London: Collins ELT.

Sinclair, John *et al.* (1992) *Collins Coubuild English Usage*. London: Collins ELT.

Svartvik, Jan. (ed.) (1992) *Directions in Corpus Linguistics, Proceedings of Nobel Symposium 82, Stockholm, 4–8 August 1991*. Berlin & New York: Mouton de Gruyter, 7–13.

田畑智司 (2003)「コーパスとテクスト」『英語コーパス研究』10: 177–203.
Tognini-Bonelli, Elena. (2001) *Corpus Linguistics at Work*. Amsterdam: John Benjamins.
『英語コーパス研究』9 (2002) 英語コーパス研究会.

II

日本におけるコーパス言語学の受容と発展

英語コーパス学会草創期を中心にして

———

齊藤俊雄

1. はじめに

　前章では、1960年代に米国で始まり、ヨーロッパで開花し、更に世界に広がったコーパスに基づく研究 (corpus-based studies)、すなわちコーパス言語学 (corpus linguistics) についての概説があった。本章では、この新しい言語研究法が日本に伝わり、どのように受容されて、「爆発的な」発展を遂げるに至ったのか、そしてその理由と経緯について、英語コーパス研究会 (Japan Association for English Corpus Studies)（1997年英語コーパス学会と改称、英語名はそのまま継承。略称 JAECS。本章ではこの略号をもっぱら使う）の草創期を中心に据えて、その前後の軌跡をたどってみたい。日本の英語英文学界に関する限り、コーパス言語学はこの学会を中心にして成長・発展を遂げてきたからである。

　この時代を振り返って、日本のコーパス言語学の発展状況を検証する作業は、この時代に生きてきた筆者にとって、まだ生々しい己の人生の軌跡を再確認するような面がある。また、最近はこの分野の開発、発展に尽力したパイオニアたちの訃報が次々と伝えられる状況であり、心痛

むものがある。したがって、木ばかり見て森が見えず、100％客観的な記述を行うことは、とうてい不可能である。心してまとめたつもりであるが、独断と偏見でゆがんだ記録になっているかもしれない。時を経て、客観的な日本のコーパス言語学正史が書かれることを期待している。

2. 日本のコンピュータ利用研究の立ち遅れ

2.1. 人文系のコンピュータ利用研究の立ち遅れ

　日本における人文系のコンピュータ利用研究は、全般的に欧米に比べて立ち遅れていたことは、日本のコンピュータ界、ネット界の先駆者であった石田晴久（1935–2009：当時東京大学教授）が長瀬真理・西村弘之共著『コンピュータによる文章解析入門―OCP への招待―』（オーム社、1986）に寄せた「推せんのことば」で分かる。その中に「コンピュータの利用は、近年いろいろな研究分野で非常に盛んになってきた。しかし、その中で残念ながら、まだ、遅れ気味なのが文科系の分野である…文系の研究の道具として、コンピュータを使いこなす人が一人でも多く増えてもらいたいと思う」という発言がある。

　それから数年後、長瀬真理（1946–2002：静岡大学名誉教授；当時は城西国際大学准教授）は、「人文学とコンピュータ　海外における情報処理教育」（『人文学と情報処理』No. 1, 1993）で「日本の人文系の研究や教育へのコンピュータの導入は、欧米に比して 10 年遅れている」と断言している。

　世界最初の英語の電子コーパスの編纂（1961–1964）から 30 年後の 1991 年に、Nobel Symposium on Corpus Linguistics が Stockholm で開催された。そのシンポジウムにおいて組織委員長 Jan Svartvik（1931–）が "Corpus linguistics comes of age"[1] という有名な基調講演を行った。彼は、「コーパス研究はその発祥の地、ロードアイランド州 Providence 市（Brown 大学の所在地）の市境を遥かに越えて、世界各地に広がった」と述べて、地名やコーパス名を挙げてその盛況振りを報告して、コーパス言語学の確立を

高らかに宣言した。しかし、その講演にはインドや上海の名はあっても、残念ながら日本の名はない。

2.2. 英語学界のコンピュータ利用研究の立ち遅れの要因

このように日本の人文系でのコンピュータ利用の立ち遅れがあったが、本節では特に、英語学界におけるコーパス言語学の受容・発展の遅れについて考える。いくつかの要因が考えられるが、その内で重要と思われる3点——言語観の相違に基づく壁、コンピュータ・アレルギーの壁、および日米のコンピュータの非互換生の壁——を順次採り上げる。

2.2.1. 言語観の相違に基づく壁

日本における英語学は、第2次世界大戦以前ではデンマークの言語学者 Otto Jespersen (1860–1943) に代表されるヨーロッパの実証的な伝統文法の影響下にあった。戦後はガリオア留学生やフルブライト留学生が学んで来た米国の新言語学が圧倒的な影響力を持ち、1950年代では構造言語学 (structural linguistics) が主流になり、伝統文法は否定された。1960年代に入ると、当初は「変形文法」と呼ばれ、やがて「変形生成文法」(transformational-generative grammar) と呼ばれ、後に「生成文法」(generative grammar) という呼称が一般的になる合理主義の理論言語学が日本の英語学界を席巻し、経験主義の構造言語学は否定された。この生成文法は1960年代から1980年代前半あたりまで、つまり言語学の多様化時代の到来・定着まで、日本の英語学界（もちろん、国語、ドイツ語などを含む日本の「言語学界」全体ではない）に君臨していた[2]。

すでに生成文法の時代に入っていた1964年に、米国の Brown 大学で Charles C. Fries の流れをくむ構造言語学派の W. Nelson Francis が Henry Kučera と共同編纂した Brown Corpus が完成して、ここにコーパス言語学が誕生した。この電子化された言語資料 (electronic/computer corpus)[3] 中心の経験主義的研究手法は、言語直観による内省に頼る生成文法と対極の立場にあった。生成文法の提唱者 Noam Chomsky のコーパスの有効性を否定する発言の影響は大きく、コーパス言語学にとって、「1960年

代、1970年代は発祥の地、米国のみならず世界的に冬の時代になった」(赤野 2009)[4]。この生成文法の支配的状況は、小野 (1998: 103) の発言にもあるように、日本の英語学界では、何事も一辺倒の国民性のせいで、より強くより長く続いた。その間、実証的言語研究は軽んじられ、コーパス言語学普及の遅れの原因の1つになったと考えられる[5]。

　日本英語学会第9回大会 (1991) の総会で生成文法学者の長谷川欣介会長が行った挨拶の要約は、とうに言語学の多様化時代に入っていたにもかかわらず、この時期でもまだ合理主義と経験主義の不毛の対立が根強く残っていたことを物語っている。

　　実証と理論の均衡ある発展が図られるべきであること、説明の質を問う批判的な眼を持つと同時に、他を認める寛容の精神が必要であることなどが強調された。(『英語年鑑 1993』研究社出版、p.81)

しかしながら、当初より、あるいは言語学の多様化の時代の流れの中で、コーパスを否定せず、言語直観を補うものとして利用する生成文法家も出ている[6]。それは、ことに非母語話者の研究者にとっては、自然な成り行きであったであろう。

2.2.2.　コンピュータ・アレルギーの壁

　すでに日常の執筆活動が精巧な電動タイプライターで行われていた欧米では、同じキーボードを持ったパソコンの到来はむしろ歓迎すべきものであったであろう。ところが、ペンや筆に頼っていた日本では、ワープロ専用機やパソコンの時代が来ても、「人間の精神活動としての執筆活動は機械になじまない。機械では本当の文章が書けない」と信じて、400字詰め原稿用紙の枡目を一つ一つ手書きで埋めていくことに固執した人が英語英文学界でも多く、使っても清書用具としてであった。また現行の Microsoft Word 2013 でも残っている「原稿用紙設定」機能を使って印刷した原稿の提出を求める出版社が少なくなかった。

　したがって、日本でコンピュータ利用の言語研究が始まった当初、い

わゆるコンピュータ・アレルギーを示す人たちが現れたのは当然であろう。竹蓋幸生 (1981a: 205–208) は、コンピュータ利用の語彙研究に対して賛否両論があると述べ、堀内克明 (1976) の「人間の生活とそれに伴う人間の言葉は、コンピュータではつかめないほど任意であり、複雑にして単純なものである」とする意見に名指しで反論して、言語研究におけるコンピュータ利用の効用と必要性を熱っぽく説いている。その後、前節の注で述べたように、堀内 (1998) はコーパス利用の威力を認めている。

前節の注で取り上げられた『別冊英語青年』創刊100周年号 (1998) に掲載の座談会「英語教育と英文科の諸課題」《安東伸介 (司会)・豊田昌倫・佐藤広子・斎藤兆史》での年配者と若手のやり取りは興味深い。安東は前口上でコンピュータの有用性を認めながら、「コンピュータで文章を解明できるか疑問であり、同一の文章でも年齢によって読みが変わる。人には円熟があるが、コンピュータにはそれがない」と言って言霊まで持ち出して、さらに「感動、敬愛とか愛情とかがないと人文の学問は成り立たない」と当時の典型的な反対論をぶっている。その感情論に対して、豊田は「コンピュータの分析は言語事実をより正確に、より包括的に集めるという意味では価値があって…」と釘を刺している。

このような新しいものに対する拒絶反応としてのコンピュータ・アレルギーは、King's College London の Digital Humanities 学科の教授で、Humanist Discussion Group の主催者である Willard McCarthy が Humanist List で指摘しているように、欧米でもなかったわけではないが、やがてコンピュータ・リタラシーの向上と共に消える。しかしながら、原稿用紙を手書きで埋めていくのに馴れ親しんだ日本人は、推進者側にとって、まことに厄介な存在であった。

筆者自身の経験を述べれば、文章をディスプレイに直接入力して推敲することに早くから馴染んでいたが、2年先輩の Chaucer 研究家に「それではりっぱな論文は書けない。ワープロは清書用に使うものだ」と忠告されたことがある。

2.2.3. 日米コンピュータの非互換性の壁

　日本の英語学界におけるコンピュータ利用の立遅れ、コーパス言語学の遅れについて 2 つの要因を取り上げたが、さらにもう 1 つの重要な要因は日本独特のコンピュータの障壁であろう。もちろん、1945 年に登場したコンピュータ（大型汎用計算機）の初期では、理科系の人工知能、自動翻訳などの研究に使われていたが、文科系の言語研究にコンピュータを利用するには、技術的にも経済的にも大きな困難が伴った。University College London (UCL) で 1959 年に始まった Randolph Quirk 主宰の The Survey of English Usage (SEU) 計画が、話し言葉を処理するには当時のコンピュータの性能では無理で、手作業のカード方式を取らざるを得なかった[7]ように、これは日本のみならず、欧米でも同様であった。

　ところで、横道にそれるが、ここで、同じような目的で、この難題に挑んだ当時ともに 30 歳代であった日英 2 人の英語学者を取り上げておきたい。Geoffrey Leech (1936–2014) は、University College London に学び、The Survey of English Usage の創設者 Randolph Quirk (1922–2017) の薫陶を受け、1969 年に新設 (1964) の Lancaster 大学に赴任した。Leech の回顧録 "The Coming of ICAME" (2009) によれば、言語学部門の責任者として、彼が最初に決断したことは、米国英語版 Standard Corpus of Present-Day Edited American English (Brown Corpus) の英国英語版を編纂して、無名の同大学を英国における英語研究の一拠点にすることであった。資金も出版社の Longman から得て編纂が始まった。しかしながら、Brown Corpus の英国英語版は Lancaster Corpus という名称ではなく、ノルウェーで完成されて、Lancaster-Oslo/Bergen Corpus of British English (LOB) という名称になっている。同回顧録によれば、Lancaster 側の 3 つの主要な困難が原因であった。①大型コンピュータ使用の経験不足。②貧弱なコンピュータ設備。③採録した文献の版権取得の難しさ。特に③の版権所有者たち（大半は英国の出版社）が新設で無名の地方大学に冷たく、版権取得のめどが立たず、締めざるを得なかった。回顧録の次の一行は痛ましい。

　　　Finally, by 1976, I despaired of the whole project.

齊藤俊雄

その後、編纂資料は、Leech の下に留学して編纂計画に関与していたノルウェーの Stig Johansson に委ねられて、コンピュータ専攻の Knut Hofland の協力を得て、コーパスは 1979 年に完成公開されたわけである。Leech はめげずに ICAME 設立に尽力し、LOB の完成公開に協力した。結果として Lancaster 大学を世界の英語学研究の一大中心地に仕上げたのである。謙虚な彼はこの若年時の挫折から生涯の教訓を学んだに相違ない。

　Leech がそのようなもろもろの困難を乗り越えていた頃、竹蓋幸生（1935–2014）は LOB の編纂とほぼ同じ時期の 1970 年代に 80 万語のコーパスを編纂した。これは千葉大学教育学部の端末経由東京大学計算機センターの大型汎用計算機に接続して遂行された瞠目すべき業績である。

　竹蓋幸生『コンピュータの見た現代英語』(1981) によると、Leech との違いは、米国でコンピュータ技術をマスターしていたことである。7 ジャンル 80 万語のコーパスの編纂は、22 のプログラムを自作し、10 万枚のコンピュータカードに文章を穿孔した「想像を絶する時間と正確な注意力を必要とする。必要経費も数百万円にのぼる」ものであった。これを可能にしたのは、竹蓋研究室の「新制大学に新しい伝統を作ろうとする情熱」と「英語教育改善への意欲」であった。このコーパスは一般公開していないので、版権問題はない。

　朝尾幸次郎「語彙〈資料・日本の英語学 25 年〉」『言語』(Vol. 19 No. 11, 1990: 75) は、上掲書を「…「白色語彙」「スペクトル語彙」という考えを提起したことで注目される応用研究」とする。残念なことに、田畑智司（『英語コーパス研究』第 10 号、2003: 184）が指摘しているように、この日本の先駆的な業績は、日本語で書かれているので、海外で一般に知られていない。

　横道にそれたが、本セクションの目的である、日米のコンピュータの非互換性の問題に移ろう。表 1 に見られるように、1970 年代に microprocessor が開発され、microcomputer（マイクロ・コンピュータ、通称「マイコン」）、或いは personal computer（パーソナルコンピュータ、通称「パソコン」）と呼ばれる個人用コンピュータが生まれた。海外では、1981

年に8ビットの初代IBM PCが登場し、さらに1983年に16ビットのPC/XTが、1984年にPC/ATが登場して世界の標準パソコンの座を確保した。このパソコンの登場によってコーパス言語学が世界的に興隆することになったが、日米のMS-DOSパソコンの非互換性の問題が発生した。

表1. パソコン年代記

時期		特徴
1971–1980	パソコン黎明期	マイクロプロセッサの登場がパソコンを生んだ
1981–1985	パソコン市場形成期	国産パソコン群雄割拠、NECが優勢に。米国ではIBMPCが成功
1986–1990	PC-9801と一太郎の時代	16ビットパソコンとMS-DOSの上に日本独自ソフト、IBM PCと非互換
1991–1995	DOS/VとWindowsの時代	高性能パソコンが普及して一大転換期へ PC-9801の凋落
1996–2000	Windowsとインターネットの時代	パソコンが急速に普及し、新しい利用法が広がる
2001–2009	デジタルコンテンツの時代	ネットビジネスが広がりデジタル機器が複合的に利用される

注：本表はSE編集部編著『僕らのパソコン30年史』より作成（特徴は筆者が多少付加）。

　日本ではNECが8ビットのPC-8000シリーズ(1979–)によって日本市場競争に勝ち抜き、さらに16ビットのPC-9800シリーズ(1982–)を投入し、日本市場に君臨した。このNECのパソコンは漢字変換のために独自のアーキテクチャーを持ち、世界の標準パソコンIBM PCと互換性がなかった。両者ではフロッピーのフォーマットさえ異なり、テキストファイルすらそのままでは読めず、もちろん、海外のコーパス関係のアプリケーションソフトウェアはNEC版が出ない限り利用できなかった。したがって、日本で英語コーパス研究を行うには、パソコンの技術的な知識やプログラミングの知識が必要であり、文系の素養しかない大抵の英語研究者にとっては大きな障害（いわゆる「９８の壁」キューハチ）であった[8]。1990年代中盤には、日本のWindowsパソコンが概ねIBM PC互換機にな

り、この障害は解消された。

　我が国では、国立国語研究所や計量国語学会（1956年創設）などにより、コンピュータ利用による言語資料の研究は早くから行われていた[9]。幸い、生成文法やPC-98パソコンは阻害要因にならなかった。（ただし「狭義の」コーパス編纂は英語学界より遅れた）。ところが、日本の英語学界では、上述のような障壁で、コーパス利用の英語研究は、International Computer Archive of Modern English (ICAME) の創立（1976）、LOB Corpus の完成（1978）などで復活したコーパス言語学の「爆発的な発展」に取り残されて、2.1節で言及したようにSvartvikの講演で無視され、また長瀬発言を招くことになったわけである。

3. 書誌から見たコーパス言語学の発展

3.1. ICAME、SEU の書誌から見た日本人のコーパス言語学への貢献度調査

　コーパス言語学の「爆発的な発展」を示す Stig Johansson (Aijmer and Altenberg (eds.) 1991: 312) の有名な統計があり、よく引用される。その統計数値は Bengt Altenberg, "A bibliography of publications relating to English computer corpora" (Johansson and Stenstrom (eds.) 1991) に掲載されている業績（1960–1990）を5年ごとに分けたもので、業績件数の急速な増加ぶりを示している。

　この International Computer Archive of Modern and Medieval English (ICAME) の書誌 ICAME Bibliography は、この機関が配布している「狭義の」コーパス Standard Corpus of Present-Day Edited American English (Brown), Lancaster-Oslo/Bergen Corpus of British English (LOB), London-Lund Corpus of Spoken (LLC)、および Birmingham Corpus of English (BCE: Bank of English の前身) など既成の現代英語コーパスに基づく研究業績を収録し、さらに1990年頃から始まった Helsinki Corpus of English Texts (HC) などの「狭義の」史的／通時的コーパスに基づく研究業績を収録したものである。言うまでもなく、世界の英語コーパス言語学関係の代表的な書誌である。

本節では、この書誌を調査して、コーパス研究の発展ぶりを確認するとともに、この分野における日本人の国際的貢献度を見たい。

この書誌には、ICAME に先行した重要な研究機関である The Survey of English Usage (SEU) の非電子コーパス SEU Corpus (Quirk's Corpus) 関係の研究が多数収録されている。この事実を勘考して、このコーパス、さらに SEU の電子コーパス International Corpus of English (ICE), Diachronic Corpus of Present-day Spoken English (DCPSE) などを利用した研究業績を集めた Survey of English Usage Bibliography (1957–) を併せて検討する。

Johansson の依拠した Altenberg の書誌は、ICAME Bibliography (*ICAME News*, 10, 1986) と ICAME website にアップロードされたその補遺 Part 2 (1991 年編〈–1986〉) を合体し、さらに 1990 年まで業績を付け加えたものである。ただし、この補遺 Part 2 の現在のウェブサイト版はその改訂版 (1993 年編〈–1989〉) である。したがって、現在ウェブサイトで見られる ICAME Bibliography[10] は、*ICAME News* 10 掲載の書誌〈–1986〉+ Part 2〈–1989〉+ Part 3〈1990–1998〉であり、業績件数はほぼ倍増している。したがって、ここでは 2 つの ICAME Bibliography を ICAME-I、ICAME-II として挙げている。この ICAME-I, ICAME-II と SEU の書誌の業績を 5 年単位に分け、同時に日本人の業績件数を検索してまとめたのが表 2 である。

表 2. ICAME 及び SEU Bibliography 掲載の業績件数[11]

年代	ICAME-I 業績総数	ICAME-I 日本人業績数	ICAME-II 業績総数	ICAME-II 日本人業績数	SEU 業績総数	SEU 日本人業績数	関連コーパス
1956–1960			1		1	0	SEU
1961–1965	10	0	7	0	4	0	Brown
1966–1970	20	1	23	1	12	0	
1971–1975	30	1	32	1	20	0	LLC
1976–1980	80		89		46	0	LOB, ICAME
1981–1985	160	0	175		94	2	
1986–1990	320	4	407	12	166	5	
1991–1995			458	7	135	2(内 1*)	Helsinki, COPC, BoE, BNC, ICE
1996–2000			188	2	92	0	IJCL
2001–2005					78	0	
Total	620	6(内 1*)	1,380	23(内 4*)	648	9(内 1*)	

注意： i. ICAME-I の業績件数は Johansson の挙げた件数（1 の位を四捨五入した数）。
　　　ii. ICAME-II の件数は 'Forthcoming' を除外したもの。また最後は 1998 年であるが、1996–2000 の枠に入っている。
　　　iii. 日本人の業績で＊印の付いた内数は和文業績を示す。

3.2. ICAME および SEU 書誌に見られる世界のコーパス言語学の動向

　ICAME と SEU の書誌の業績件数は、両者ともに、コーパス言語学がその誕生後停滞していたが、1970 年代後半に勃興し、1980 年代に躍進したことを示している。ただし、ICAME の書誌は、その名称に反して非電子コーパス SEU Corpus 系統の手作業による研究、特に Randolph Quirk の業績を、最初の書誌（*ICAME News* 版）では London Lund Corpus（LLC、1975）の先行研究として LLC のレッテルで、補遺 Part 2 では SEU のレッテルで、積極的に取り入れている。表 3 に見られるように、初期に大きな割合を占めている。これを差し引くと、大型コンピュータ時代の業績件数は、それほど多くない。8 ビットパソコンの初代 IBM PC（1981）、16 ビットの PC/XT（1983）、さらに PC/AT（1984）の登場が「爆発的な」発展をもたらしたものであろう。

表 3. ICAME-II の初期 (–1980) におけるコーパス使用件数

年代	SEU + LLC	Brown	LOB	Others	Total
1956–1960	1 (100)				1 (100%)
1961–1965	4 (57.1)	3 (42.9)			7 (100%)
1966–1970	8 (33.3)	14 (58.3)		2 (8.3)	24 (100%)
1971–1975	12 (35.3)	19 (55.9)	1 (2.9)	2 (5.9)	34 (100%)
1976–1980	34 (31.5)	46 (42.6)	17 (15.7)	11 (10.2)	108 (100%)

注意：業績には複数のコーパス利用例（例：Brown & LOB）が多いので、コーパス総数が業績数を上回る。（例 1976–1980: 108 vs. 89）。

1つ指摘すべき点は、ICAME は、当初、その名称の示す通り、'Modern English' のコーパスのアーカイヴであり、しかも Brown Corpus に代表される現代英語 (PE) のコーパスに基づく研究業績を取り扱っていたが、下の表に見られるように、1986–1990 年間以降に Matti Rissanen 編纂の Helsinki Corpus (HC) などの史的／通時的コーパス、さらに OED2-CD-ROM を使った研究と紹介の業績が急増する。その結果、1998 年に ICAME は 'medieval' を加え 'International Computer Archive of Modern and Medieval English' と改称した（略号 ICAME はそのまま）。

表 4. ICAME-II における現代英語コーパス研究 vs. 史的コーパス研究

年代	現代	史的	現代・史的	総計
1956–1960	1 (100)			1 (100%)
1961–1965	7 (100)			7 (100%)
1966–1970	22 (95.7)		1 (4.3)*	23 (100%)
1971–1975	32 (100)			32 (100%)
1976–1980	88 (98.9)	1 (1.1)**		89 (100%)
1981–1985	175 (100)			175 (100%)
1986–1990	381 (93.6)	26 (6.4)		407 (100%)
1991–1995	386 (84.3)	68 (14.8)	4 (0.9)	458 (100%)
1996–1998	175 (93.1)	11 (5.9)	2 (1.1)	188 (100%)
Total	1,267 (91.8)	106 (7.7)	7 (0.5)	1,382 (100%)

*R. Quirk, *Essays on the English Language: Medieval and Modern*, 1968, Longman.
**Milic, L. T. 1980. The Augustan Prose Sample and the Century of Prose Corpus. *ICAME News* 4: 11–12.

齊藤俊雄

なお、このICAME書誌は、ICAME-IIに見る限り、業績件数の倍々ゲーム的な量的な増加傾向は、1991–1995年間に終わり、1990年頃の通時コーパスの参入や、1995年頃の大規模コーパスの登場などによるコーパスの多様化によって、コーパス言語学は成熟期に入り、その質的拡大・充実の時代に入ったように見える (Cf. Jan Svartvik, 1992, 1996 の発言)。

　ICAME書誌の補遺Part 3が中途半端な時期で終わり、不十分な編集に終わっていて、その点の検証ができないのは残念である。この1998年にICAMEの執行部の交代があり、AltenbergがGreenbaumの技術畑のKnut Hoflandに書誌の編集を委ねたために起こったことである。

　また、SEU書誌の業績件数の増加傾向は、1990年まではICAME書誌と歩調を揃えている。SEUの創設者Randolph Quirk (Director 1959–1983)の時代とそれに続くSidney Greenbaum (Director 1983–1996)の時代である。その後、減少傾向が見られるが、Greenbaumのモスクワでの客死 (1996)によるSEU Directorの交代による影響であろうか。或いはBritish National Corpus (BNC)など大規模コーパスの出現の影響であろうか。いずれにしても、SEU Corpus (Quirk's Corpus) は、磁気テープ、CD-ROMなどの媒体で配布されたBrownやLOBと違って、UCLに行かなければ利用できないという大きなハンディキャップがあった。

3.3.　表2に見える日本人のコーパス利用研究の国際的貢献度

　先に日本における英語コーパス言語学の遅れに言及した通り、日本人の文献収録件数はICAME, SEUの両書誌ともに少ない。ことにJohansson, Svartvikの見たICAME-Iでは620件中7件に過ぎず、日本人の研究は影が薄く、J. Nakamura (中村純作) も登場していない。

　大型コンピュータ (mainframe computer) の時代であり、かつ生成文法の時代であった1960年代、1970年代では、ICAME書誌 (両版) に収録された日本人の業績は4件にとどまる。最初の2つは米国の大学に提出されたPhD論文であり、ことに最初のM. Kajita (梶田優) は日本人として最初にBrown Corpusを利用した研究として目立つ。またR. Quirk *et al* (1972) で言及され、貢献も大きい。

パソコン時代の1980年代後半になると、日本人の業績の収録件数がICAME-I、ICAME-IIとSEUの三者共に増えている。とはいえ、それぞれ 4/320(1.3%)、12/407(2.9%)、5/166(3.0%) にすぎない。

ところで、S. Johansson, "The Early History of ICAME" (*ICAME Journal* 33, 2009: 8) に Table 1: The distribution of ICAME material by country という興味ある統計表があり、1985年末までのICAMEのコーパス資料の配布先と個数が挙がっている。それによると、19ヶ国の配布先のうち英国(27)・米国(18)・西独(12)に次いで、日本(10)はスウェーデン・フィンランドと並んで4番目に多く配布を受けている。それにしては、日本人の業績の収録件数は少なすぎるであろう。

なお、Y. Ikegami (1988) と M. Akimoto (1989) は SEU Corpus に基づく業績であるが、M. Shimizu (1990)、I. Umeda (1987) と共に、両書誌に収録されている。

ICAME-II では、その少ない日本人の文献の中で J. Nakamura (中村純作) の業績が目立って多く、約半分を占める (11/23件)。また書誌には6件の和文文献があり ('in Japanese' の表記があるのは H. Kiyokawa のみ)、海外で読まれたとは思えない。

なぜか1991–1995年間には ICAME-II では E. Kumagai (1994)、J. Nakamura (1991、他5件) の2人、SEU では T. Fukaya (1993, 1993) 1人だけになっている。ICAME-II の最後の1996–1998の3年間では総件数188件は少ないが、それにしても日本人の業績が他国人との共著が2件、M. Tomita (1996) と S. Yamazaki (1997) のみとは少なすぎる。実際は、次節の統計が示すように、日本のコーパス研究業績は増え続けている。しかしながら、日本人の内向き志向のためか、日本人向きに日本語で執筆しているか、英語で発表しても ICAME, SEU に報告をしなかったのが一因であろう。

以上のデータから、確かに、日本の当時のコーパス研究は、M. Kajita, J. Nakamura など少数の例外があるとは言え[11]、総じて、コーパス言語学の発展に国際的な貢献をしなかったと言わざるをえない。

先に述べたように、ICAME-II には1980年代以降史的コーパス研究も

見られる。次節に見られるように、日本人のコーパス言語学研究の初期の特徴は史的／通時的研究業績が多いことであるが、ICAME-II には全く収録されていない [12]。

4. 書誌から見える日本におけるコーパス言語学の状況
JAECS の場合

4.1. JAECS Bibliography の書誌の編纂とその書誌の構成

ICAME Bibliography にならって、日本人の研究業績の書誌を作り、日本における英語コーパス言語学の発展状況を見てみよう。

JAECS のウェブサイトにある Corpus-related Bibliography compiled by the presenters of JAECS 20th conference symposia は、2002 年までの内外のコーパス研究文献を集めた（分野によって精粗があるが）包括的な書誌である。この書誌から外国人の文献を除いた日本人の業績（約 200 件）を土台にして、約 900 件の日本人の業績を集めた 'JAECS Bibliography' (1961–2005)（仮名）を編纂した。

この核になった約 200 件の業績を見ると、JAECS 側の「コーパス」観は ICAME Bibliography の編集方針と相当に異なっていることに気づく。

ICAME は基本的には、「狭義のコーパス」（第 1 章参照）、つまり Brown, LOB に代表されるコーパスを念頭に収録している。従ってその前駆的な SEU Corpus は非電子化コーパスでも許容される。史的／通時的コーパス研究は Helsinki Corpus の登場まで視野になく、それまでは現代英語コーパス研究に限られている。

これに対して後発の JAECS 側は、「広義のコーパス」の立場に立っている。従って、「電子化した言語資料」の研究をコーパス言語学的研究とみなして、特定作家・作品の電子化による言語学的研究やコンコーダンス [13]・押韻語索引等の編纂も受け入れている。日本ではそのようなフィロロジー的研究の延長のコンピュータ利用研究が多く、史的・通時的研究が多いのが特徴である。最近ギリシャ・ローマの古典分野で 'digital philology' という呼称が使われているが、人文学の the digital humanities の

下位区分と考えれば、英語史研究分野での使用も納得がいく。この分野にlinguisticsという術語の導入に抵抗を覚える人たちに歓迎されるであろう。

筆者は、digital philologyを含めた傾向に逆らわずに、この日本人の業績書誌を編集した。従って、両書誌は、質的に相当違ったものになっている。

さて、このJAECS Bibliographyの所収文献の構成は、次の表に示されている。表5は研究・解説等・索引等・ソフト・コーパス・翻訳という大雑把な区分けを示す。表6は英文文献か和文文献かを示す。表7は利用した電子資料(コーパス)が現代英語か、史的英語かに分けたものである。

表 5. JACES Bibliographyの構成(I)

年代	研究	解説等	索引等	翻訳	ソフト	コーパス	総計
–1970	1	2					3
1971–1975	1	3	1				5
1976–1980	8	2	2				12
1981–1985	20	9	7		5		41
1986–1990	33	24	17	1	4		79
1991–1995	104	40	14		2	4	164
1996–2000	132	105	16	1	12	9	275
2001–2005	192	107	20	4	6	9	338
総計	491	292	77	6	29	22	917

NB：研究＝リサーチ論文
　　解説等＝概説・解説・紹介・ポート・マニュアル等
　　索引等＝コンコーダンス・語彙表・グロッサリー・辞書等

齊藤俊雄

表 6. JAECS Bibliography の構成 (II)

年代	英文業績	和文業績	計
1966–1970	1 (33.3)	2 (66.7)	3 (100%)
1971–1975	3 (60.0)	2 (40.0)	5 (100%)
1976–1980	1 (8.3)	11 (91.7)	12 (100%)
1981–1985	17 (41.5)	24 (58.5)	41 (100%)
1986–1990	32 (40.5)	47 (59.5)	79 (100%)
1991–1995	52 (31.7)	112 (68.3)	164 (100%)
1996–2000	64 (23.3)	211 (76.7)	275 (100%)
2001–2005	101 (29.9)	237 (70.1)	338 (100%)
総計	271 (29.6)	646 (70.4)	917 (100%)

表 7. JAECS Bibliography の構成 (III)

年代	現代	史的	現代・史的	総計
1966–1970	3			3
1971–1975	4	1		5
1976–1980	8	4		12
1981–1985	24	15	2	41
1986–1990	46	33		79
1991–1995	101	59	5	165
1996–2000	169	100	8	277
2001–2005	221	113	5	339
総計	576	325	20	921

現代＝ Brown、LOB など年代英語コーパスの利用研究、その紹介など。
史的＝ HC のような史的英語コーパスの利用研究、その紹介など。

4.2.　JAECS Bibliography のデータと ICAME, SEU 書誌のデータとの比較

　これまでに指摘された JAECS, ICAME-II, SEU 各書誌の様々な条件の違いを考えると、三者のデータを単純に比較することは妥当でないであろう。しかし、取りあえず、三者のデータ（および JAECS 英文文献： JAECS-E）を並べると、次の表 8 と図 1 になる。なお ICAME-II の最後の

年代(3年間)のデータは図から除く。

表8. JAECS vs. ICAME-II vs. SEU (所収文献数)

年代	JAECS	ICAME-II	SEU	JAECS-E
1956–1960		1	1	
1961–1965		7	4	
1966–1970	3	23	12	1
1971–1975	5	32	18	3
1976–1980	12	89	46	1
1981–1985	41	175	94	17
1986–1990	79	407	165	32
1991–1995	164	458	135	52
1996–2000	275	188	92	64
2001–2005	338		76	101
Total	917	1,192	643	271

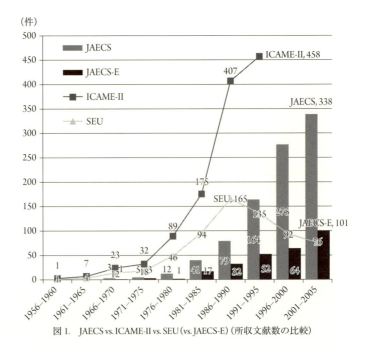

図1. JAECS vs. ICAME-II vs. SEU (vs. JAECS-E) (所収文献数の比較)

齊藤俊雄

この図から日本のコーパス研究の発展状況を汲み取ると、その勃興期には ICAME および SEU (–1990 まで) とよく似た倍々ゲーム的増加 (41 ⇒ 79 ⇒ 164) をしていることが分かる。しかしながら、日本のコーパス研究の勃興は、16 ビットパソコン (NEC PC 9800 シリーズ) の時代に入ってから、つまり、1980 年代の中葉 (1985 年前後) である。第 1 節と第 2 節で述べたように、当初は海外の状況と比べて、10 年程度の立遅れがあったことが読み取れる。

　しかし、その後の発展は目覚ましく、1981–1985 年間の 41 件から、⇒ 79 ⇒ 164 ⇒ 275 と急増している。この 1996–2000 年間の 275 件は SEU の 3 倍である (275 : 92)。一国のコーパス言語学関係の文献件数としては「爆発的な発展」と言ってよいであろう。

　新しい学問分野の数量的な発展は人的資源の関係から、いずれ限界に達するものである。ICAME-II では倍々ゲーム的増加が止まったのは、1991–1995 年間である (175 ⇒ 407 ⇒ 458)。Svartvik の "Corpus linguistics comes of age" 宣言 (1991) は、「成熟」と引き換えに「量的大膨張」の時代の終わりを告げている。日本におけるコーパス言語学の数量的発展状況は、2001–2005 年間に倍々ゲームが終わり、増加率の頭打ちらしき傾向が見られ、数量的拡大が限界に達したことがうかがえる (164 ⇒ 275 ⇒ 338)。これは後で扱う JAECS 会員の増加率の傾向と相関関係があると推測される。この書誌は 2005 年までで終わっているので、明確に示せないが、最近の日本人のコーパス研究は、海外での発表・出版の増加傾向から見ても、単純な量的拡大の時期が終わり、精緻な手法として言語研究の様々な分野でその存在感を示している (ただし、2006 年以降の書誌を編纂して実証する必要がある)。約 10 年遅れで日本のコーパス言語学が成熟した証しであろう。

　また、2.1. で取り上げた問題であるが、この図から SEU の文献件数が 1986–1990 年間を頂点として下降線をたどり、早くも 1991–1995 年間に数量的に JAECS に凌駕されている状況が読み取れる[14]。

4.3. JAECS Bibliography の英文文献の国際的貢献の可能性
　　　　―ICAME-Ⅱ、SEU の書誌との比較

　日本のコーパス研究が国際的に貢献するためには、何を置いても英文でなければならない。同じ図1で ICAME-II、SEU の文献件数と対比した JAECS 書誌の英文文献 (JAECS-E と表記) の状況が見られる。

　図1から明らかなように、日本のコーパス利用研究の英文文献件数は、2000年ごろにはかなりの数量に達している。ICAME-II および SEU との比較では、1986–1990年間はそれぞれ 32:407:165 (1:12.4:5.1)、1991–1995年間は 52:458:135 (1:8.9:2.6)、1996–2000年間は 64:x:92 (1:x:1.4) である。一国の書誌と国際的組織の書誌の比較である点からみて、少なすぎるとは言えないであろう。ただし、JAECS 書誌には、ICAME、SEU の場合と違って、広義のコーパスによる研究、つまり digital philology 的研究である Chaucer などの文学作品の研究、コンコーダンス、脚韻語索引などが収録されている点で、多少多めになっている。

　これに JAECS 書誌の和文の研究 (リサーチ) 文献の件数 (17, 62, 81) を加えれば、49, 114, 145 になる。これだけの文献すべてが英語で書かれるだけでなく、海外で読まれる国際的な学会誌や叢書などに掲載されていたならば、状況は相当に違っていたであろう。特に 1991–1995年間は Jan Svartvik が Nobel Symposium の基調講演でコーパス言語学の確立を宣言した時期 (1991) に当たる。残念ながら、2.1. で指摘したように、その講演で日本は言及されていない。日本ではようやくコーパス言語学の全国的な研究組織として JAECS が 1993年に発足して、組織的にコーパス言語学に取り組み始めた時期である。しかし、それまでに日本の各地で相互連携なしでコーパス研究が行われていて、すでに研究業績のかなりの蓄積の上に発足したことを示している。

5. JAECS 発足以前の日本の英語コーパス言語学

5.1. JAECS Bibliography に見られる1993年までの研究状況

　JAECS が発足したのは1993年である。コーパス言語学が誕生してか

らこの年までの日本人の産み出したコーパス研究業績がどのような内容のものか、調査検討する。JAECS 書誌の 1993 年までの文献を現代英語コーパスと史的コーパスに分けた結果、表 9 のようになる。

　JAECS 書誌の特徴は、史的コーパス利用研究が比較的多く、表 9 が示すように大型コンピュータの時代から 30％〜 40％を占めている。その点で、先に述べたように、その初期ではもっぱら現代英語コーパス利用研究業績を収録している ICAME-II（3.2 の表 4）と構成が違う。後者では、Helsinki Corpus の登場によって 1990 年前後から史的／通時的研究業績の件数が急増するが、最高時で 15％弱である。平均して 10％に満たない[15]。

表 9. 現代英語コーパス利用研究 vs. 史的英語コーパス利用研究

年代	現代	史的	現代・史的	計
1966–1970	3 (100)			3 (100%)
1971–1975	4 (80.0)	1 (2.0)		5 (100%)
1976–1980	8 (66.7)	4 (33.3)		12 (100%)
1981–1985	24 (58.5)	17 (41.5)		41 (100%)
1986–1990	46 (59.7)	33 (40.3)		79 (100%)
1991–1993	41 (53.9)	31 (40.8)	4 (5.3)	76 (100%)
総計	126 (58.3)	86 (39.8)	4 (1.9)	216 (100%)

注

1. Jan Svartvik (1992) (ed.), *Directions in Corpus Linguistics*, Proceedings of Nobel Symposium 82, Stockholm, 4–8 August 1991, 7–13. Berlin & New York: Mouton de Gruyter.
   　なお、Jan Svartvik (1996), "Corpora are becoming mainstream," in J. Thomas & M. Scot (eds.), *Using corpora for language research*, Longman, 3–13 を参照。
2. 米国の新言語学の影響について、今井邦彦「英語学と言語学の狭間」（『別冊英語青年』創刊 100 周年記念号、1998, 101–103）が当時の日本の英語学界のリーダー的立場に在った人達の節操の無さを戯画的に活写している。筆者自身の経験では、構造言語学、それに続く生成文法の新言語学派はまさに「平家に非ずれば…」の勢いで、筆者のような伝統的な英語史研究者たちは、少数派として肩身の狭い思いをしながら

研究を続けていた。同様な見解は随所にみられる（たとえば、田島 (2001: 201)）。

次の Randolph Quirk の回顧談 (2001) は滞米中の経験談で興味ある証言である。

> By travelling round the US, I was able to establish working friendships with many other scholars such as Jim Sledd and Archie Hill. But I was also able to witness the darker side of academia: LSA meetings reduced to chaos, as (surely pre-planned) vilification was hurled at senior figures like Adelaide Hahn by gangs of young turks peddling their current brand of structuralism against those they saw as stuck in the mind set of the *Junggrammatiker*. Not a few of these same young turks were within a couple of years to desert Trager and Hill to become just as fanatical about TG, and in 1962 I was dismayed to see just such fascistic intolerance at the International Congress in Cambridge, Mass, when it was scholars like Bloch who were disgracefully shouted down. (httn://www. ucl. ac. uk/english-usage/about/quirk. htm)

3. 当時の用語では「機械可読の」(machine-readable) もよく使われた。現在の「デジタル」(digital) に相当する。

4. Leech (1992), McEnery and Wilson (1996), McEnery and Hardie (2011) などを参照。また、今井邦彦（『言語学の領域 (Ⅱ)』2009）は、赤野発言に関連して、「Chomsky 自身も「データを収集する必要はない」といろいろなところで述べている。これは大きな誤りだ」と断定している。しかし、このコーパス言語学の閉塞説については異議を唱える論文がある。Jacqueline Léon (2005), "Claimed and Unclaimed Sources of Corpus Linguistics" (*Henry Sweet Society Bulletin*, 44, 36–50) は、それは誇張された虚構であり、実際はコーパスが編纂され、研究が続いたと言う。他方、米国のコーパス言語学者達自身による「Chomsky の強力な影響下で米国のコーパス言語学が立遅れた」という発言もある (R. C. Simpson and J. M. Swales (eds.), *Corpus Linguistics in North America*, The University of Michigan Press, 2001)。また、英国の Randolph Quirk の上掲の回顧談 (2001) 参照。今後この点の議論の深まりを期待したい。

5. 『月刊言語』(Vol. 19, No. 11 (1990)) は大々的な〈特集〉「日本の英語学—1/4 世紀の歩みと 21 世紀への展望—」を組み、「資料・日本の英語学 25 年」と「コラム」を含めて各分野の当時の第一人者 12 人が執筆している。しかし、朝尾幸次郎「語彙」が竹蓋幸生 (1981a) を取り上げている以外、コンピュータ利用研究に言及したものはない。このような副題を掲げているにもかかわらず、議論はすべて伝統文法から生成文法までで終わっている。

また、『別冊 英語青年』創刊 100 周年記念号 (1998) には、当時の有力な英語学者が多数寄稿している。「英語学の 100 年」、「英語学の成立」、「英語学と言語学の狭間」などの論考が並んでいるが、コーパス言語学に言及しているのは堀内克明「語法研究—カードからコーパスまで」だけである。すでに JAECS が 1993 年に設立され、『英語青年』(1994 年 11 月号) が齊藤俊雄「英語コーパス研究の最近の動向—コーパス紹

介を中心にして」を掲載し、1998 年には齊藤・中村・赤野共編『英語コーパス言語学—基礎と実践』が刊行され、JAECS は 200 名超の会員を擁していた。また大規模コーパス British National Corpus や Bank of English が相次いで完成して、Jan Svartvik (1996) がコーパス言語学は主流になりつつあると述べていた。そのような状況にもかかわらず、この記念号ではコーパス言語学はほとんど無視されている。これが当時の日本の英語英文学界の最高の情報誌『英語青年』が示す、日本のコーパス言語学の置かれた状況であった。

　なお、生成文法とコーパス言語学の対立について、吉野貴好・中村正利 (2002)「英語コーパス言語学史における経験主義と合理主義の相剋」『高崎健康福祉大学紀要』1, 121–130 参照。

6. 最近の理論言語学者の編集した言語学概論書を見ると、大津由紀雄他編『言語研究入門—生成文法を学ぶ人のために』(研究社、2002) では、付録ではあるが、「コーパス言語学」(園田勝英) にページを割いている。また、山梨正明・有馬道子編著『現代言語学の潮流』(勁草書房、2003) は最終章に「コーパス言語学」(中村純作) を設けている。さらに今井邦彦編『言語学の領域 (II)』(中島平三監修『シリーズ朝倉〈言語の可能性〉』2、朝倉書店、2009) は言語学の新興の領域の 1 つとして「コーパス言語学」(赤野一郎) を第 7 章で取り上げている。

7. Longman 等の資金援助を得ていた SEU は、経済的理由でなくて技術的理由でコンピュータを使わなかったことが、Geoffrey Leech の次の発言で分かる。

> The key difference between Quirk's and Francis's inspiration was that, for Quirk, interest in the spoken language was uppermost, and, in those days of primitive computers, the computational handling of speech was scarcely to be dreamed of. (Leech and Johansson, "The coming of ICAME," *ICAME Journal*, No. 33, 2009, 5–20.)

このために、SEU Corpus はコーパス言語学の最初のコーパスという栄誉を Brown Corpus に譲ることになったわけである。また Leech の同じ回顧録によれば、Lancaster 大学で始まった Brown Corpus の英国英語版が、ノルウェーで完成されて、London-Oslo/Bergen Corpus (LOB) になったのも、Lancaster 側のコンピュータ使用の経験不足、貧弱なコンピュータ設備と版権問題で行き詰まったからであった。

8. なお、少数派の Macintosh との非互換性があり、筆者は学会誌編集時などに原稿のやり取りで苦労したが、これは世界共通の悩みであった。PDF のなかった時代の話である。

9. その他の学会動向としては、日本ドイツ語情報処理学会 (1989 年の日本独文学会秋季大会の折に発足した研究会) は、2002 年に学会となった。また情報処理学会 (1960) で人文科学とコンピュータ研究会 (1989 略称「じんもんこん」) が立ちあげられ、1995 年より 4 年間、文部科学研究費補助金重点領域研究「人文科学とコンピューター—コ

ンピュータ支援による人文科学研究の推進—」が実施された。ここではそれまでの 6 年間のじんもんこんの研究会活動がベースとなり、及川昭文を中心に、小沢一雅、安永尚志、八村広三郎、村上征勝らがそれぞれデータベース班、テキスト処理班、イメージ処理班、数量的分析班を担当し、4 年間にわたってこの分野の研究を推進した。

10. なお、現在 Knut Hofland の管理している任意に書き入れていく Current ICAME bibliography は混乱していて使えない。

以下は両書誌掲載の日本人論文の執筆者名と刊行年である。

ICAME-I (7/620 件)：〈ICAME biblio (1986) 所収〉M. Kajita (1968)、H. Tanaka (1971)、H. Kiyokawa (l978*)、S. Yawata (1986) //〈以下 Part 2 (1991) 所収〉I. Umeda (1987)、Y. Ikegami (1988)、M. Akimoto (1989)。

ICAME-II (25/1380 件)：ICAME-I の上掲の文献〈ただし S. Yawata (1986) 削除〉//〈Part2 の改訂版 (1993) 所収〉J. Nakamura (1985, 1986, 1989, 1989)、M. Shimizu (1987*, 1988*)、K. Hojo (1988) //〈Part 3 (1990–1998) 所収〉E. Kumagai (1994)、J. Nakamura (1990, 1991, 1991, 1992, 1993, 1993, 1994)、J. Nakamura, K. Maruyama, T. Kawabata & K. Shikano (1990)、M. Shimizu (1990*)、H. Bunt & M. Tomita (1996)、A. C. Fang & S. Yamazaki (1997)。

N. B.：上掲の Nakamura 他 3 名の論文 (1990) の〈J. Nakamura〉は〈M. Nakamura〉の誤記。

SEU (9/648 件)：Akimoto (1983, 1989)、M. Kohda (1985)、I. Umeda (1987)、Y. Ikegami (1988, 1990)、M. Shimizu (1990*)、T. Fukaya (1993, 1993*)。

なお、Makoto Shimizu, "Corpus Studies in Japan, " (ICAME Journal 15, 1991, 104–108) は日本人の論文 26 篇〈1984–1990〉を紹介している (J. Nakamura の 8 編を含む英文論文 11 篇と和文論文 15 篇)。Altenberg は、Part 2 の改定と Part 3 編集の際に日本人の業績については、このリストに頼ったのではないかと推測される。

11. ここに名前の出ている M. Kajita, M. Akimoto, Y. Ikegami は、The Survey of English Usage (SEU) の生み出した誇るべき成果、英文法の金字塔、Quirk et al (1973, 1985) の書誌に挙げられている。なお、Y. Ikegami について、Quirk は回顧談 (2001) で、次のように言及している。

...that the Survey rapidly became (and increasingly continues to be) a valued resource for researchers from near (e. g. Frank Palmer) or far (e. g. Yoshihiko Ikegami), and the list of Survey-dependant publications grow more impressive by the year.

ついでに史的／通時的コーパスの書誌を見ると、Helsinki 大学の VARIENG の CoRD に掲載の HC の書誌では、日本人の研究業績はゼロであり、最近活発に利用されている CEEC 関係の書誌には、Hideo Nishimura (2002) が収録されているのみである (刊行年が 2004 と誤記)。

12. JAECS 会誌『英語コーパス研究』、JAECS Newsletter、研究社年鑑編集部編『英語年鑑』、

田島松二編『我が国における英語学研究文献書誌 1900–1996』(1998)、英語史研究会のウェブサイトの A Gateway to studying HELL: Bibliography、さらに CiNii、NDL などにより補った。なお、コーパス関係の文献探しは、時代が下がるにつれて困難になる。コーパス利用が一般的になるにつれて、表題や副題に「コーパス」の表示がなくなるからである。したがって、JAECS Bibliography には見落とした文献が多々あることと推測される。今後も一層充実した書誌になるように努力を払う必要がある。

13. ICAME 書誌でも、Hofland, K. & S. Johansson. 1979. *LOB Corpus: KWIC concordance. Microfiche.* のように LOB コーパスなどのテキストのコンコーダンス編纂は認められている。

14. SEU の統計は、JAECS に合わせて 2005 年で打ち切っているが、SEU の書誌は現在まで続いていて、2006–2010 は 124 件数で、巻き返している。ICE, DCPSE の相次ぐ完成が寄与している。

15. (以下は、堀、赤野による注)

　齊藤俊雄先生の原稿はここで終わっています。齊藤先生はこの原稿を最後の仕事と位置付けてこれまで渾身の力を振り絞って執筆されていました。この原稿の件で、堀・赤野は、ご自宅や病室を何度か訪問させていただいて、原稿の内容や構想をお聞きしてきました。齊藤先生が再度入院されたとお聞きして、2016 年 9 月 24 日(土)に、2 人でお見舞いに伺ったのですが、それまでとは全く違って残念ながら意思疎通も困難な状態でした。そして、ついに 12 月 17 日にお亡くなりになりました。

　その後、ご遺族の方にお願いして、執筆中の原稿を探していただきました。幸いなことに、複数の原稿が見つかりました。その原稿を堀・赤野で照合・整理し、赤野がスキャナーで読み取り、Microsoft Word ファイルに変換し、コンピュータに取り込むことが出来ました。齊藤先生の原稿には基本的には手を加えないということを方針に、見出しと内容の整合性、誤字脱字、言い回し、そして資料の補充を行い、完成させたものが本章です。

　次の文章は、覚え書きのような形で原稿の末尾にあったものです。いずれどこかに挿入しようと考えておられたと思われます。ここに掲載いたします。

　UCL での恩師の一人 Leech は、JAECS の存在を ICAME などに知らして、2002 年の ICAME (会長 Rissanen) から honorary institutional membership (JAECS が ICAME の名誉団体会員第 1 号として認められれた) につながった？ Biber 夫妻招聘の 2000 年には JAECS 東支部発足。Leech は積極的に海外に日本の英語コーパス言語学の現状を知らせるように勧め、*English Corpus Linguistics in Japan* (Rodopi 2002) に序文を寄せてくれた。また Rodopi から出せたのは、編集主幹 Jan Aarts (UCL の私の同期生) のお蔭。それで出版記念会招聘を兼ねて (会長はすでに今井光規先生) 第 19 回大会 (2002) に招聘。かように JAECS の発展に UCL 関係 (Randolph Quirk) のコーパス言語学者がから

んでいる。Kennedy も UCL と無関係ではない。NZ 英語のコーパス編纂を提唱したのは UCL から University of Canterbury, Christchurch の教授になった Derek Davy (私の UCL tutor)で、もちろん Kennedy は山崎俊次先生 (大東文化大学) の指導教授であり、招聘には彼が声を掛けた。なお、Leech, Kennedy は東支部、大東文化大にもう一度来ている。資金面は山崎先生が大東の招聘資金を活用してくれたから可能になった (Aarts の場合は編集者・寄稿者が分担)。

資料1　英語コーパス学会会員数の推移

年	1993	1994	1995	1996	1997	1998	1999	2000
会員数	56	80	122	159	184	203	232	244
会長	齊藤俊雄							

	2001	2002	2003	2004	2005	2006	2007	2008	2009
	262	315	328	332	373	400	416	429	427
	今井光規			中村純作				赤野一郎	

	2010	2011	2012	2013	2014	2015	2016	2017
	408	402	401	398	414	392	399	376
	赤野一郎		堀正広				投野由紀夫	

(2017年4月30日現在)

資料2　英語コーパス研究会設立までのシンポジウム

(1) 「チョーサーの英語についての研究者会議」(於同志社大学新島会館、1987年10月3-4日)
　　久保内端郎「コンピュータ利用による研究の可能性―序論」
　　松尾雅嗣「パーソナルコンピュータによるテクスト処理」
　　米倉綽「チョーサー・コンコーダンス・プロジェクト―その構想と展望」
　　三木邦弘「計算機を利用した研究方法」
　　注　大泉昭夫・岩崎春雄共編 1989『チョーサーの英語―研究の課題と方法』英潮社新社
　　あとがき　岩崎春雄「日本の英語英文学界でコンピュータ問題が取り上げられた最初の会議」

(2) 日本英語学会第5回大会(於青山学院大学 1988年11月12-13)
　　「コンピュータ・コンコーダンスで何ができるか―OE、ME を中心にして―」

齊藤俊雄

司会	水鳥喜喬(関西外国語大学)
講師	鈴木重樹(山口大学)「ウルフスタンの代名詞：語用論的研究」
	今井光規(大阪大学)「ME ロマンスの対照句表現について」
	西村道信(関西外国語短期大学)「特定作家の文体研究──一つの試論」

コーパス言語学という名称は使っていないが、機械可読化したテキストをコンピュータ処理して、コーパス言語学的研究の有効性を示したシンポジウムである。

(3) 近代英語協会第 7 回大会(於岡山就実女子大学、1990 年 5 月 18 日)
「近代英語研究とコンピュータ」

司会	齊藤俊雄(大阪大学)
講師	中村純作(徳島大学)「Brown Corpus 等のコーパス利用の英語分析」
	今井光規(大阪大学)「パソコンを使って用例カードを作る」
	久屋孝夫(西南学院大学)「パソコンを利用した初期近代英語の基礎的研究」

(4) 日本英語学会第 10 回全国大会ワークショップ(於東京外国語大学、1992 年 11 月 7 日)
「Corpus Linguistics──その理論と応用──」

司会	吉村由佳(京都外国語大学)
講師	藤本和子(京都外国語大学非常勤)「コーパス構築とその問題点──コンピュータコーパスへの招待──」
	杉浦正利(中部大学女子短期大学)「接続語句 however の生起位置分析──コーパス利用の実際──」
	清水真(九州工業大学)「コーパスを用いた束縛理論の検証」
	吉村由佳(京都外国語大学)「コーパスに見る reason why──その分布と使用条件──」

資料 3　国外からの学者の招聘(英語コーパス学会での講演だけでなく)

(1) 英語コーパス学会第 10 回(1997 年 10 月 4 日、大東文化大学に於いて)
Jan Svartvik (Lund University, Sweden): "Corpus Linguistics: Past, Present, Future"
Graeme Kennedy (Victoria University, NZ): "Implications and Applications of the Corpus Revolution"
(司会は大東文化大学の山崎俊次先生)

(2) 英語コーパス学会第 14 回(1999 年 10 月 9 日、日本大学に於いて)
Geoffrey Leech (Lancaster University, UK): "Corpus Linguistics and the BNC"

(司会は大東文化大学の山崎俊次先生)

(3) 英語コーパス学会 16 回大会 (2000 年 10 月 14 日、山陽学園大学に於いて)
Randi Reppen (Northern Arizona University) : "Corpus Linguistics and Language Teaching"
Douglas Biber (Northern Arizona University) : "Corpus Linguistics and the Study of Englinsh Grammar"
(司会は大東文化大学の山崎俊次先生)

(4) 英語コーパス学会第 19 回大会 (2002 年 4 月 20 日、大阪大学に於いて)
Jan Aarts (Nijmegen University, Netherland) : "Corpus Linguistics: Past, Present and Future"
(司会は大東文化大学の齊藤俊雄先生)

(5) 英語コーパス学会第 20 回大会 (2002 年 10 月 6 日、名古屋大学に於いて)
Stig Johansson (University of Oslo, Norway) : "Corpus Linguistics: Past, Present, Future."
(司会は徳島大学の中村純作先生)

(6) 日本中世英語英文学会、英語コーパス学会および大阪大学の共催 (2002 年 11 月 22 日、大阪大学に於いて)
Matti Juhani Rissanen, (Professor Emeritus, University of Helsinki, Finland) : "Computerised corpora and the history of English: on the development of the prepositions indicating concession (*despite, in spite of, notwithstanding*)"

(7) 英語コーパス学会第 26 回大会 (2005 年 10 月 22 日、昭和女子大学)
Charles F. Meyer (University of Massachusetts Boston) : "Planning, Creating, and Analyzing 'Small and Beautiful' Corpora: The Story of the International Corpus of English"
(司会は立命館大学の中村純作先生)

(8) 英語コーパス学会東支部 2006 年度講演会 (2006 年 11 月 18 日、中央大学)
Sebastian Hoffmann (Lancaster University) : "Investigating Language Change: Grammaticalization and Corpus Data"

(9) 英語コーパス学会および大学英語教育学会関西支部講演会 (2011 年 11 月 26 日、キャンパスプラザ京都)
Susan Hunston (The University of Birmingham) : "Corpus Approaches to the Study of Evaluation"
(司会は大阪大学の田畑智司先生)

(10) 英語コーパス学会東支部 2011 年度講演会 (2012 年 3 月 18 日、成城大学)
Michael Barlow (University of Auckland, New Zealand) : "WordSkew"

(11) 英語コーパス学会第 38 回大会 (2012 年 9 月 29 日、大阪大学)
Michael Hoey (Liverpool University) : "Lexical Priming and the Properties of Text"
(司会は熊本学園大学の堀正広先生)

(12) 英語コーパス学会東支部 2014 年度講演会 (2014 年 5 月 24 日、東京外国語大学)

Geoffrey Leech (Lancaster University): "Corpus Linguistics and its Contributions to Descriptive Grammar"

参考文献

赤野一郎(2009)「コーパス言語学」今井邦彦編『言語学の領域(Ⅱ)』朝倉書店．

Akimoto, Minoji. (1989) *A Study of Verbo-nominal Structures in English*. Tokyo: Shinozaki Shorin.

Altenberg Bengt. (1991) A bibliography of publications relating to English computer corpora. Johansson, Stig and Anna-Brita Stenström (eds.) *English Computer Corpora*. Boston: Mouton de Gruyter.

朝尾幸次郎(1990)「語彙〈資料・日本の英語学 25 年〉」『言語』19(11)：72–75. 大修館書店．

安東伸介・豊田昌倫・佐藤広子・斎藤兆史(1998)「英語教育と英文科の諸課題」『別冊英語青年　創刊 100 周年号』pp. 114–125. 研究社．

Bunt, Harry and Masaru Tomita. (eds) (1996) *Recent Advances in Parsing Technology*. Dordrecht: Kluwer.

『英語年鑑』編集部(1993)『英語年鑑 1993』p. 81. 研究社．

Fang, Alex and Shunji Yamazaki. (1997) The International Corpus of English and TEFL: In memory of Professor Sidney Greenbaum. *Daito Gogaku Kyoiku Ronshu* 5: 7–39.

『月刊言語』(1990) 19 (11),「日本の英語学—1/4 世紀の歩みと 21 世紀への展望—」「資料・日本の英語学 25 年」大修館書店．

堀内克明(1976)「提示順序と使用頻度—サンマは目黒に限るということ—」『現代英語教育』13(6)：4–6.

堀内克明(1998)「語法研究—カードからコーパスまで—」『別冊英語青年　創刊 100 周年記念』pp. 107–110. 研究社．

Ikegami, Yoshihiko. (1988) 'Have + object + past participle' and 'get + object + past participle' in the SEU Corpus. Fries, Udo and Martin Heusser (eds.) *Meaning and Beyond: Ernst Leisi zum 70: Geburtstag*. Tubingen: Gunter Narr Verlag.

今井邦彦(1998)「英語学と言語学の狭間」『別冊英語青年　創刊 100 周年記念号』pp.101–103. 研究社．

今井邦彦編(2009)『言語学の領域（Ⅱ）』(中島平三監修『シリーズ朝倉〈言語の可能性〉2)、朝倉書店．

Johansson, Stig. (1991) Times change and so do corpora. Aijmer Karin and Altenberg Bengt (eds.) , *English Corpus Linguistics: Studies in Honour of Jan Svartvik*, London, Longman.

Johansson, Stig. (2009) The Early History of ICAME. *ICAME Journal* 33, 8.

Kajita, Masaru. (1968) *A Generative-transformational Study of Semi-auxiliaries in Present-day American English*. Tokyo: Sanseido.

清川英男(1978)「アメリカ英語の統計的研究(1)」『淑徳大学研究紀要』13: 12–28.

Kumagai, Yoshiharu. (1994) On the Conventionalised Usage of English Intonation: Evidence from Echo Negation and Fall-rise Intonation. Helicon 3: 79–105.

Leech, Geoffrey. (1992), *Introducing English Grammar*, London: Penguin.

Leech, Geoffrey and Sig Johansson. (2009) The Coming of ICAME. *ICAME Journal*, 33: 5–20.

Léon, Jacqueline. (2005) Claimed and Unclaimed Sources of Corpus Linguistics. *Henry Sweet Society Bulletin*, 44: 36–50.

McEnery, Tony and Andres Wilson. (1996) *Corpus Linguistics*. Edinburgh: Edinburgh University Press.

McEnery, Tony and Andres Hardie. (2011) *Corpus Linguistics: Method, Theory and Practice*. Cambridge: Cambridge University Press.

長瀬真理・西村弘之 (1986)『コンピュータによる文章解析入門—OCPへの招待—』オーム社.

長瀬真理 (1993)「人文学とコンピュータ—海外における情報処理教育—」『人文学と情報処理』1: 13–18.

Nakamura, Junsaku. (1985) On the Methodologies of Quantitative Groupings of English Texts. *JACET Bulletin* 16: 133–148.

Nakamura, Junsaku. (1986) Classification of English Texts by Means of Hayashi's Quantification Method Type III. *Journal of Cultural and Social Science* 21: 71–86. College of General Education, University of Tokushima.

Nakamura, Junsaku. (1989) A Quantitative Study on the Use of Personal Pronouns in the Brown Corpus. *JACET Bulletin* 20: 51–71.

Nakamura, Junsaku. (1989) Creation of a Vocabulary Frequency Table from the Brown Corpus. *Journal of Cultural and Social Science* 24: 171–182. College of General Education, University of Tokushima.

Nakamura, Junsaku. (1990) A Study on the Structure of the Brown Corpus Based upon the Distribution of Grammatical Tags. *Journal of Foreign Language and Literature* 1: 13–35. College of General Education, University of Tokushima.

Nakamura, Junsaku. (1991) A Study on the Structure of the Brown Corpus Based upon the Distribution of its Vocabulary Items. *Journal of Foreign Languages and Literature* 2: 27–47. College of General Education, University of Tokushima.

Nakamura, Junsaku. (1991) The Relationships among Genres in the LOB Corpus Based upon the Distribution of Grammatical Tags. *JACET Bulletin* 22: 55–74.

Nakamura, Junsaku. (1992) The Comparison of the Brown and the LOB Corpora Based upon the Distribution of Grammatical Tags. *Journal of Foreign Languages and Literature* 3: 43–58. College of General Education, University of Tokushima.

Nakamura, Junsaku. (1993) Quantitative Comparison of Modals in the Brown and LOB Corpora. *ICAME Journal* 17: 29–48.

齊藤俊雄

Nakamura, Junsaku. (1993) Statistical Methods and Large Corpora. Baker et al. (eds.) *A New Tool for Describing Text Types*.

Nakamura, Junsaku. (1994) Extended HAYASHI's Quantification Method Type III and its Application in Corpus Linguistics. *Journal of Language and Literature* 1: 141–192. University of Tokushima.

中村純作(2003)「コーパス言語学」山梨正明・有馬道子編著『現代言語学の潮流』勁草書房.

Nakamura, Junsaku, Katsuteru Maruyama, Takeshi Kawabata and Kiyohiro Shikano. (1990) Neural Network Approach to Word Category Prediction for English Texts. COLING'90 Proceedings of the 13th conference on Computational linguistics-Volume 3. Hans Karlgren (ed.) pp. 213–218.

大泉昭夫・岩崎春雄共編(1989)『チョーサーの英語―研究の課題と方法』英潮社新社.

小野茂(1998)『フィロロジーの愉しみ』南雲堂.

大津由紀雄・池内正幸・今西典子・水光雅則編(2002)『言語研究入門―生成文法を学ぶ人のために―』研究社.

Quirk, Randolph, et al (1972) *A Grammar of Contemporary English*. London and New York: Longman.

Quirk, Randolph, et al (1985) *A Comprehensive Grammar of the English Language*, London and New York: Longman.

齊藤俊雄(1994)「英語コーパス研究の最近の動向―コーパス紹介を中心にして―」『英語青年』139(11): 14–16.

齊藤俊雄・中村純作・赤野一郎(編)(1998)『英語コーパス言語学―基礎と実践―』研究社.

Saito, Toshio, Junsaku Nakamura and Shunji Yamazaki. (2002) *English Corpus Linguistics in Japan*. Amsterdam: Rodopi.

齊藤俊雄・中村純作・赤野一郎(編)(2005)『英語コーパス言語学―基礎と実践―』(改訂新版)研究社.

SE編集部(2010)『僕らのパソコン30年史―ニッポンパソコンクロニクル―』翔泳社.

Shimizu, Mamoru. (1987) Coreference of Pronominals and Anaphors in Functional Syntax. *Bulletin of Hiroshima Jogakuin College* 37: 75–95.

Shimizu, Mamoru. (1988) The Pragmatic Aspect of Anaphora by Reflexives. *Bulletin of Hiroshima Jogakuin College* 38: 33–50.

Shimizu, Mamoru. (1990) A DRS Approach to Reflexives. The Bulletin of the Kyushu Institute of Technology (Humanities and Social Science) 38: 35–57.

Simpson, Rita and John Swales. (eds.) (2001) *Corpus Linguistics in North America*. Ann Arbor, MI: The University of Michigan Press.

Svartvik, Jan. (ed.) (1992) *Directions in Corpus Linguistics, Proceedings of Nobel Symposium 82, Stockholm, 4–8 August 1991*. Berlin & New York: Mouton de Gruyter, pp. 7–13.

Svartvik, Jan. (1996) Corpora are becoming mainstream. J. Thomas and M. Scot (eds.) *Using Corpora for Language Research*, London and New York: Longman, pp. 3–13.

田畑智司 (2003)「コーパスとテクスト」『英語コーパス研究』10: 184.

田島松二 (2001)『わが国の英語学 100 年—回顧と展望—』南雲堂.

田島松二編 (1998)『我が国における英語学研究文献書誌 1900–1996』南雲堂.

竹蓋幸生 (1981a)『コンピュータの見た現代英語』エデュカ出版.

竹蓋幸生 (1981b)「提示順序と使用頻度—サンマは目黒に限るということ—」『現代英語教育』13(6): 4–5.

Tanaka, Harumi. (1971) A Statistical Study on Selectional Features of Transitive Verbs in Present-day American English. Unpublished Ph. D. dissertation, Brown University. DAI 32110–4 5769.

Umeda, Iwao. (1987) Psychological Predicates in English. *International Review of Applied Linguistics* 25: 91–101.

山梨正明・有馬道子編 (2003)『現代言語学の潮流』勁草書房.

吉野貴好・中村正利 (2002)「英語コーパス言語学史における経験主義と合理主義の相剋」『高崎健康福祉大学紀要』1: 121–130.

III

私のコーパス利用

　本章は、英語コーパス学会創設20年目を記念して企画された第38回記念大会のプログラムの1つであるシンポジウム「私のコーパス利用」に基づいている。もう1つの記念プログラムは、英国より lexical priming の理論で著名な Michael Hoey 教授（Liverpool 大学）の記念講演だった。記念講演では新しい言語観としての lexical priming を説得力のある用例とその説明によって、聴衆は知的好奇心を大いに揺さぶられた。その翌日に予定されていたシンポジウム「私のコーパス利用」は、台風の影響で中止せざるを得なくなった。しかし、このシンポジウムは翌年の2013年4月に再び開催することになった。

　1960年代初頭、世界で初めての電子コーパスである Brown Corpus が編纂されて以降、多種多様なコーパスが利用可能になった。そしてコーパスとコンピュータのおかげで、今まで見えなかったことが見えるようになり、新しい言語の見方が可能になった。また、言語研究のみならず、さまざまな分野でコーパスが利用されている。とりわけ外国語教育では、コーパスを用いた新たな試みや教材開発が行われ、辞書編纂もコーパスを活用することで、飛躍的に質が向上している。では具体的に

コーパスはどのように利用されているのか、また利用すべきなのか。コーパスの使い方には決まった方法や手順があるわけではなく、各研究者が研究テーマに応じた使い方をしている。このような現状を踏まえ、本シンポジウムでは、コーパスの利用経験が豊富な方々に以下の4項目を中心に、各自のコーパス利用について報告していただいた。

(1) なぜコーパスを使うのか (2) どのようなコーパスをどのように使っているのか (3) コーパスの威力と限界 (4) コーパスを使う際の注意。赤野一郎(京都外国語大学)の司会で、講師は次の方々にお願いした。

滝沢直宏(名古屋大学)、深谷輝彦(椙山女学園大学)、岡田毅(東北大学)、家入葉子(京都大学)、投野由紀夫(東京外国語大学)、井上永幸(広島大学)、田畑智二(大阪大学)、堀正広(熊本学園大学)(発表順、敬称略)

翌年の2014年4月に英語コーパス学会主催のシンポジウムでは、前年のシンポジウムで発表された4項目を踏まえながら、「私の研究テーマにおけるコーパス利用」というタイトルのもと、それぞれの研究にどのようにコーパスを使っているかに焦点を当てて、堀正広(熊本学園大学)の司会で、講師は次の6名の方々にお願いした。

地村彰之(広島大学)、塚本聡(日本大学)、梅咲敦子(関西学院大学)、石川保茂(京都外国語大学)、石川慎一郎(神戸大学)、新井洋一(中央大学)(発表順、敬称略)

本章では、これら2回のシンポジウムの講師を含めた15名の研究者が、各自の研究におけるコーパス利用について述べている。これらの多様なコーパス利用は、これから自分の研究にコーパス利用を検討している方には恰好の手引き書となるであろう。また、すでにコーパスを使っている方には自分のコーパス利用を確認し、新たなコーパス利用の可能性を見いだす契機となるであろう。　　　　　　　　(堀正広・赤野一郎)

コーパスが与えてくれたもの

投野由紀夫

1. 私のコーパス・ツール使用遍歴

　コーパス利用では何よりもテキスト処理の基礎的な知識や技能が欠かせない。90年代終わりに英国Lancaster大学に留学していた際には私もPerl（今はPythonだが）をかなりの時間をかけて学んだが、結局本格的なプログラムは書けずじまいに終わった。むしろLancasterではUNIXコマンドで大方のテキスト整形ができたのでshellスクリプトの書き方を学んでUNIXコマンドをパイプにして大量の処理をするということが多かった。当時LancasterでBritish National Corpus（BNC）のテキスト整形をしていたグループの中心だったNick Smith, Michael Oakesなどもshellスクリプトでほとんどの作業を自動化して行っていた。

　コーパス検索ツールも、80年代はOxfordのMicroOCP, ICAMEのCorpus Collectionのデータ作成に用いられたLEXA (http://clu.uni.no/icame/lexainf.html) ,TACT (http://projects.chass.utoronto.ca/tact/) などDOSベースのツールが出ているのみであったが、Windows 3.1/95になってLiverpool大学のMike Scottが自作したWordSmith Tools Version 3 (http://lexically.net/

wordsmith/index.html) が広く利用されるようになっていく。一方、私は辞書学の分野からコーパス言語学に入ったので、90年代の初期からStuttgart大学でOliver Christを中心に開発されていたIMS Corpus Workbench (http://cwb.sourceforge.net/) およびそのinterfaceであるXkwic (Christ 1994) をLancasterに留学した直後から利用していた。これはvertical formatの1単語1行形式のtag付大規模データをindexingしてbinary dataとして高速に処理できる当時としては画期的な大容量テキスト検索システムで、私は2000年のヨーロッパ辞書学会 (Euralex) でOliver Christ本人のチュートリアルを受けてこのツールの素晴らしさを知った。折しもLancaster大学でもXkwicをUNIXベースで大型データの検索に利用していた。このIMS Corpus Workbenchというプロジェクトから現在フリーの品詞タグ付与プログラムとして日本でもよく使われているTreeTagger (Schmid 1994)、そして後にStefan Evertが発展させて現在Lancaster大学のAndrew Hardieが開発の中心になっているCQPWeb (http://cwb.sourceforge.net/cqpweb.php) が生まれることになる。また、現在世界的に利用されている商用ツールSketch Engine (http://the.sketchengine.co.uk) のCorpus Query Language (CQL) はこのIMS Corpus Workbenchがルーツであることは知る人ぞ知るところだ。

私がLancasterに留学しようと決心したのは、1996年のTeaching and Language Corpora (以下TALC) というコーパスと言語教育の国際会議に初参加したことによる。この時期は1987年のCOBUILDの成功により英国の辞書出版社がこぞって大規模コーパスの構築を開始し、BNCが1994年に完成したばかりで、1995年のBig 4 (COBUILD, LDOCE, OALD, CIDEの4種の学習英英辞典) がコーパスを用いた全面改訂 (CIDEは新刊) を行ったため、辞書学の一分野として学習辞典におけるコーパス利用の大きな可能性に期待を膨らませていた時代だった。

1987年——私が大学院修士課程を終えた年、COBUILD初版の発売に衝撃を受けた私は、コーパス言語学に興味を持つようになり、1990年東京学芸大学に勤めるようになると初期の英語学習者コーパス構築を始める。同時にちょうどBNCが完成した1994年、当時の福武書店 (現在

のベネッセ・コーポレーション）がCOBUILDと同様のコーパス利用の辞書編纂方式で本格的な英語辞典の刊行を企画し、編纂チームに中村純作、赤野一郎、井上永幸、といったBirmingham大学でCOBUILDプロジェクトの実際を学んできた諸氏と共に私もこの立ち上げに関わることになる。神田神保町の一角にWestmereならぬレキシコグラファー専用辞典編纂室を設け、COBUILDを彷彿とさせる英米語均衡コーパスとWindows95による検索システムを作るという壮大な計画であった。しかし残念ながらバブル崩壊の後遺症でベネッセはこの辞書編集プロジェクトを経済的に継続できなくなり、すべて構築したデータ類はお蔵入りとなるのである。この時期、1995年、私は編集長で若くして他界された渡部都子氏とハンガリーのKossuth Lajos大学で開催されたcomputational lexicographyのセミナーに参加する機会を得る。そこでCOBUILDプロジェクトの牽引役だったPatrick HanksとRamesh Krishnamurthy、そしてシソーラスの自動獲得などを研究していた自然言語処理の気鋭の研究者Gregory Grefenstetteにコーパス辞書学の手ほどきを受けることになる。この時の経験がコーパス言語学を専門的に身につけ、英語教育のさまざまな分野に応用したい、という明確な動機に私を駆り立てていくのである。

　さて、ツールの話に戻ろう。90年代半ば、一般のコーパス・ユーザー向けにWindowsコンコーダンサーを早くから開発したのはMichael Barlowだった。彼のMonoConc, ParaConc (http://www.athel.com/mono.html)は当時WordSmithよりもサイズの大きいコーパス処理に頑健で、BNCやGuardianの億単位のテキストを載せる時はこれを使った。彼とは1996年の第2回のTALCで初めて出会い、その後私にコンコーダンサーの基礎をいろいろ教えてくれた。

　この頃から徐々にコーパスの大規模化に伴ってRDBの形式で高速検索を可能にするweb環境でのツールが登場し始める。この時期の最も素晴らしい成果はBNCWeb (http://corpora.lancs.ac.uk/BNCweb/index.html)であろう。BNC付属の検索システムSARA-client (http://www.natcorp.ox.ac.uk/archive/sara/index.xml)は複雑なSGML検索ができる高機能ツールで

あったが Windows でしか動かなかったため、Zurich 大学の Hans Martin Lehman, Sebastian Hoffman, Peter Schneider の 3 人が UNIX ベースの web インタフェースで稼働する BNC 検索システムを考案した。SARA server と MySQL を統合したシステムは非常に柔軟な検索機能を提供していた。これらの開発に後にメインで携わるのが Stefan Evert で、彼は IMS Corpus Workbench にも関わり、辞書学とコーパス言語学、自然言語処理の全分野をカバーする極めて有能な若手研究者だった。彼が BNC 本体を Corpus Workbench の CQP で動くように書き換えた物が現在の BNCWeb CQP version である。Lancaster で現在無償提供されているバージョンはこれである。

2. 純国産コーパス検索システムの構築

　私が Lancaster に留学した 3 年間で日本の英語コーパス利用に大きな貢献をしたとすれば、それは小学館に辞典作成のための大規模コーパス利用環境を構築する手伝いをし、それが現在の「小学館コーパスネットワーク」(https://scnweb.jkn21.com/) につながったことであろう。前述の IMS Corpus Workbench とそれを用いた Ulrich Heid らのドイツ語辞書構築の手法に触発されて、私は早い時期に小学館に社内用コーパスを構築するように勧めた。小学館はバブル期に体力をあまり消耗する投資をしていなかったため、大がかりな開発を進める体制を社内で整えることができた。その結果、辞典編集部の数名が Lancaster 留学中の私を訪ねてきて、BNC と Bank of English の利用許諾を得るために一緒に Oxford Text Archive と Glasgow の Collins 社を訪問したのは懐かしい思い出である。かくして、2000 年頃から社内用の SAKURA という CQL を模したコーパス検索言語を実装したシステムを独自に構築し、許諾を得た BNC を社内の辞書編纂用に検索できる体制を整えたのである。これは奇しくも BNCWeb よりも早い時期の純国産 web 検索ツールとして大変意義のあるものであった (Tono *et al.* 2001)。その後、Bank of English の一番古いデータ 4500 万語を WordBankOnline としてライセンス許諾をとり、BNC と

COBUILD のデータ両方を Shogakukan Corpus Network (SCN) として、世界で初めて統一インタフェースでサービスを始めたのが 2003 年であった。私はその後、『小学館ケンブリッジ英英和辞典』(2004)、『コーパス英語類語使い分け 200』(2005)、『プログレッシブ英和中辞典』(2012) と小学館から辞書を編纂して出版し、この SCN のシステムを利用したデータによって多くのコーパス情報が掲載されることになったのである (Tono 2003)。

SCN はその後、後述する JEFLL (学習者コーパス)、PERC (ESP コーパス)、SEKAI Corpus (web コーパス) などを実装して規模を拡大し、現在もネットアドバンス社の提供で日本語による国産コーパス検索ツールとして発展している。BNC, COCA などがフリーでアクセスできるサイトが増えた中、商用ソフトの需要が伸び悩むようになってしまったが、私は今でも BNC の本来の精神を活かしてテキストの使用許諾を著者からきちんととり、ライセンス契約をしたデータ利用の基本を遵守する方針はコーパス構築には大事なことであると思っている。SCN はその正攻法のコーパス利用の体制を早期に作り上げた画期的なシステムであり、BNCWeb に匹敵する初の国産 web 検索システムとしてその意義は大変大きかったと言いたい。

3. コーパス検索ツールの国内への紹介

2001 年に Lancaster から帰国した私が最初に力を注いだのは、ヨーロッパで普及してきていたコーパス検索ツールを英語教育に携わる研究者・教員向けにできるだけ紹介することであった。そのためにヨーロッパで築いたネットワークを活用して Michael Barlow を迎えた MonoConc/ParaConc のワークショップ、Paul Nation を迎えての RANGE のワークショップ、また自分自身でも WordSmith や小学館コーパスネットワークなどのツール講習会を開催した。これらの講習会に中條清美氏やローレンス・アントニー氏らが参加して、後の彼らの研究の端緒となるような研究交流が生まれるきっかけを作ったといえよう。

4. コーパス準拠の学習語彙表の作成

同様のコーパスを用いた英語教育への応用として、私は英語学習語彙表の構築にも関わった。実は学習語彙表作成にはLancasterに留学する前、1996年頃からすでにALCのStandard Vocabulary List 12000という企画に関わっており、LDOCEのためにAdam Kilgarriffが作成したBNC lemma listを早い時期から語彙表改訂に利用していた。これはBNC listに30種類以上の既存英語語彙表のランク情報を重要度に応じて重み付けしたデータベースで、学術的にも極めて特色のある語彙表であった。残念ながらALCで当時語彙表構築に携わっていた社員は完成後すぐに会社を去ってしまい、あまり明確な学術的な位置づけが得られないまま、SVL12000は商用リストとして『キクタン』などの一連の単語集開発に用いられるだけになってしまった。個人的には大変残念なことであった。

私のもう1つの語彙表作成は、2001年英国から帰国してすぐに参加した大学英語教育学会基本語改訂委員会によるJACET8000である。当時JACET4000が古くなってきたため新たに基準となる学習語彙表の構築を委員長の村田年氏（当時千葉大学）を中心に行った。この改訂の際に前述のBNC lemma listをベースに、日本人英語学習者が触れる確率や必要性が高いと考えるテキスト群をコーパス化し、その複数語彙表の相対頻度を対数尤度比で比較してBNCリストを中和していく手法の基礎となるアイデアを私が紹介した。Dunning G2などの統計値はまだ当時の日本の語彙表作成メンバーには知られていなかったが、JACET8000の改訂チームはその手法を存分に活用してコーパス準拠の当時は画期的な語彙表を構築したのである。

5. コーパス構築プロジェクトの展開

私がコーパス利用を語る際に、「ないものは作る」というのはLancaster大学で学んだコーパス言語学の基本精神であった。Lancasterではさまざまなプロジェクトが走っていて、それは大別すると(a)コーパスを作る、

(b) コーパスにアノテーションを施す、(c) コーパスを分析する、という分野の研究であった。この3つの領域すべてにコンピュータ処理の技術がからんでいて、コーパス作成の自動化 (web コーパス)、アノテーション・ツールの開発、アノテーション・スキームの設計、検索ツールの開発、統計処理手法の開発などが活発に行われていた。

　Lancaster に留学する前後から私もさまざまなコーパスを構築した。JEFLL Corpus (中高生の1万件の英作文データ) は 1994 年から開始された東京学芸大学での科研プロジェクトが母体であった。これは Sylviane Granger の ICLE プロジェクトの開始とほぼ同時期であり、世界的にも最も早い時期の電子化された学習者コーパスであった。

　Lancaster に行く直前、SVL12000 構築に関わっていた際に、ALC が開発した英語口頭インタビュー試験 Standard Speaking Test の受験者の音声データが大量に DAT で保存されているのを目撃していた私は、留学中にこれを話し言葉学習者コーパスとして整備するべきだと確信し、その後、当時リコーにおられた成田真澄氏を介して通信総研 (現在の情報通信機構) におられた井佐原均氏に面会して、会話データ構築の重要性を訴え、情報通信機構が主体となって NICT JLE Corpus (和泉他 2004) の整備へと結実していく。

　Lancaster から帰国してからは、SCN で JEFLL Corpus を web インタフェースで公開、ESP コーパスの PERC を作成・公開 (http://scn.jkn21.com/~percinfo/index_j.html)、また小学館の社内リソースとして 20 億語規模の SEKAI Corpus の構築も監修した。

　東京外国語大学に赴任してからは、COE プロジェクトで International Corpus of Crosslinguistic Interlanguaeg (ICCI) という、JEFLL Corpus と比較しうる初級学習者の7ヵ国・地域の国際英語学習者コーパスを構築。このプロジェクトでは、現在学習者コーパス研究を牽引する Maria Belen Diaz Bedmar, Tom Rankin, Agnieszka Leńko-Szymańska、などが協力してくれ、当時彼らは大学院生として私が学習者コーパスの構築や分析手法などを指導しながらプロジェクトを行った。これらの成果は Tono et al. (2012) および *International Journal of Corpus Linguistics* vol. 19 No. 2 (2014) に special issue とし

て集約されている。

6. コーパス利用の教材作り

　私はコーパス言語学者であると同時に、東京学芸大学では羽鳥博愛、金谷憲などの著名な英語教育の先生に教わったので、英語教育の幅広い分野（第二言語習得や英語教授法、英語教材研究、英語教員研修）に関心があり、実証主義の経験科学的アプローチを徹底的に仕込まれていた。東京学芸大学在職時には教員養成プログラムを担当したので、教えることも大好きであった。コーパスを英語教育の具体的な教材作りに活用すること、それが留学から帰ってきた自分の中心的な研究分野になった。

　この分野での私の仕事はほぼ全部がコーパス利用と直結している。私が作成したコーパス利用の教材は、(a) 英会話教材、(b) 辞書、(c) 単語集、(d) 語彙学習教材などに分かれるが、NHKテレビ『100語でスタート！英会話』(2003–2005年度放映)、『エースクラウン英和辞典』(編者、三省堂)、『プログレッシブ英和中辞典』(編集主幹、小学館)、『コーパス英語類語使い分け200』(小学館)、『コーパス 1800/3000/4500』(東京書籍)、『チャンクで英単語 BASIC/STANDARD/ADVACE』(三省堂)、『コーパス練習帳』(NHK出版)などがその代表作である。おそらく世界中でこれほどコーパスと外国語学習教材をリンクした教材群を系統的に作っているコーパス言語学者はあまりいないと思う。このような教育分野へのコーパス利用の顕著な功績を認められて、前述の TALC という学会に2度 plenary speaker として招かれ、世界中で NHK『100語』の番組は日本のアニメを見るような驚くべき興味と関心をもって受け止められたのである。研究業績としてはこういった教材を作ってもあまり評価されないが、私の中ではコーパス言語学の研究は具体的な英語教育への適用と密接に関係しており、これらの教材群は私の研究の重要な成果物である。特にこれらの作成を通じて思うことは、コーパスの分析を研究レベルで行うことと、それを実際の具体的教材に落とし込むことは違うという点だ。そこにはさまざまな「さじ加減」が必要で、まさに職人芸が必要である。私は

投野由紀夫

そのような、教材作成におけるデータに基づいた客観的なコーパス分析とそれを具体的な教育に適用する際の職人技的な味付けとの融合に一種の「美学」を感じる。そこに言語教育に対する自分の信念や日本の英語教育環境だからこそ必要な配慮などが加わって、海外の ELT 教材とはひと味違ったものができあがる。その意味でも、私の教材群は人がなかなか真似ることのできない特徴を有していると自負している。

7. CEFR と連携したコーパス研究

　私の最近 10 年の研究は CEFR を日本の英語教育に導入する CEFR-J プロジェクトを中心に展開している (投野 2013)。私は外国語教育政策や言語テスト関係の専門家ではないが、この 15 年ほどの CEFR の影響拡大で学習者コーパス研究においても CEFR が学習段階の共通指標として用いられるようになってきたため、CEFR への理解を深めないといけなくなった。折しも、Lancaster 大学から帰国後に務めた明海大学において、日本の英語教育の統一的到達度指標に関する研究を当時応用言語学研究科長だった小池生夫氏が音頭をとって、科学研究費の申請書を私がお手伝いして書き、基盤研究 (A) で日本を代表する英語教育分野の研究者 20 名近くを集めてスタートしたのが 2004 年だった。その後、2008 年の 2 度目の基盤研究 (A) で引退された小池氏の代わりに私が研究代表として CEFR-J 構築を中心的に進めるようになったのである。

　CEFR-J プロジェクトでのコーパス利用はある意味 NHK『100 語』と共通点がある。その要点は、英語を効果的に身につけさせるための枠組とその言語材料の整備と提案、ということである。CEFR-J は CEFR よりさらに細かい 12 段階のレベル別 CAN-DO (ことばを使って何ができるか) を統計的に難易度調整をして配列した枠組であるが、CAN-DO リストだけでは指導のイメージがわかない。そこに、具体的な表現・文法と語彙が割り当てられてこそ、教材やタスクの具体的な設計が可能になる。そのために CEFR 準拠で設計された英国の ELT コースブックを大量にコーパス化し、その頻度・分布の解析を行い、さらに日本人英語学習

者コーパスの分析を行い、入口（input であるコースブック）と出口（output である学習者データ）の両面から profiling を行うという手法を開発した。これに最新の機械学習の手法を援用し、CEFR レベルを弁別できる特徴抽出を行うというデータマイニング的発想を CEFR 研究に導入した研究を行ってきた（Tono 2017）。

8. おわりに

　私のコーパス利用の遍歴はもう 20 年以上の時間が経過した。コーパスを発見した時の驚きとその魅力にとりつかれて走り抜いた年月であった。最近は統計プログラムや検索ツールをいじっていると肩こりがひどくて長時間の作業が困難に感じることが増えた。私が携わっている我が国の英語教育改革にも最近批判本なども多く出てきていて、私もそのうち矢面に立たされるかもしれない。そんな時、私は心を無にして大量の言語データを前に、ことばの声を聞こうとする。雑念を払って、ことばの海であるコーパス・データを虚心坦懐に見つめる時、私が知りたい目的のために、ことばがどう扱って欲しいか、自分に語りかけてくる気がする。そのことばの真理に忠実である時、私はたとえ一人でも心強い。コーパス利用は私にそのような自分の研究内容への確信と精神的な支えを知らないうちに与えてくれている、コーパスが与えてくれたもの、それに忠実に歩を進めたい、そう思うのである。

参考文献

Christ, Oliver. (1994) A modular and flexible architecture for an integrated corpus query system. *Proceedings of COMPLEX' 94: 3rd Conference on Computational Lexicography and Text Research* (Budapest, July 7–10 1994). Budapest, Hungary. pp. 23–32.

Schmid, Helmut. (1994) Probabilistic Part-of-Speech Tagging Using Decision Trees. *Proceedings of International Conference on New Methods in Language Processing*, Manchester, UK.

Tono, Yukio, Iwasaki, Hirosada, Nakamura, Takahiro, Suzuki, Masanori, and Egawa, Eiji. (2001). Shogakukan corpus query system in collaboration with the American National Corpus project. In

Lee, S. (ed.) *ASIALEX 2001 Proceedings: Asian Bilingualism and the Dictionary*, pp. 231–235. Yonsei University Press.

Tono, Yukio. (2003) Lexical profiling using the Shogakukan Language Toolbox. In Murata, M. *et al.* (eds.) *Dictionaries and Language Learning: How can Dictionaries Help Human & Machine Learning?* pp.170–176. Asian Association for Lexicography.

Tono, Yukio, Kawaguchi, Yuji, and Minegishi, Makoto. (eds.) (2012) *Developmental and Crosslinguistic Perspectives in Learner Corpus Research*. Amsterdam: John Benjamins.

Tono, Yukio. (2017) The CEFR-J and its Impact on English Language Teaching in Japan. *JACET International Convention Selected Papers*, Volume 4, pp.31–52. JACET.

和泉絵美・井佐原均・内本清貴（編）(2004)『日本人1200人の英語スピーキング・コーパス』アルク.

投野由紀夫（編著）(2013)『CAN-DO作成・活用　英語到達度指標CEFR-Jガイドブック』大修館書店.

第二言語学習者のライティング研究資料としてのコーパス利用

小島ますみ

1. はじめに

　本稿では、(1)なぜコーパスを使うのか、(2)コーパスをどのように使っているのか、(3)どのようなコーパスを使っているのか、(4)コーパスの威力と限界、(5)コーパスを使う際に注意していること、以上5項目について説明した後、(6)「これからのコーパス研究：言語指標の妥当性研究の勧め」を提言する。

2. なぜコーパスを使うのか

　筆者は、第二言語学習者のライティング研究のために、コーパスを利用している。第二言語とは、母語以外の言語を指し、広義には外国語を含む。筆者は、国内の短期大学で英語を教えているため、日本語を母語とする大学生の英語学習者が主な関心の対象である。彼らの書いた英文エッセイを電子化しコーパスを作成した上で、各エッセイのライティング評価と言語的特徴の関係について分析を行っている。コーパスを利用

する利点の 1 つは、英語学習者の自然な言語産出を分析できる点である。例えば、日本語から英語に訳す翻訳課題や、英文内の空所補充課題とは異なり、実際のコミュニケーションに近い言語使用を分析対象とするため、学習者がどのような点に問題を抱えているのか把握しやすい。また、他の研究者とも協力し、収集したデータをコーパス化することで、個人で行う研究に比べ飛躍的に多くの学習者データを扱うことが可能になる。そのことで、より一般化可能性の高い研究を行うことができる。さらに、コンピュータ・プログラムにより、客観的な基準で多くの言語データを高速かつ計量的に処理することができる点も、大きな利点である。

　英語学習者のライティング評価と産出された英文の言語的特徴は有意な相関があると言われており (Wolfe-Quintero, Inagaki and Kim 1998)、多くの量的指標が提案されている。そのような言語指標は、主に流暢性、統語的複雑性、語彙的複雑性、正確性に分けられる。これらの指標は筆者の研究とも関連するため、以下で順番に説明する。

　流暢性とは即時的な言語処理にかかわり、言語産出が容易で素早くなされる場合、流暢性が高いと考えられる (Housen and Kuiken 2009; Wolfe-Quintero et al. 1998)。ライティングにおける流暢性の指標としては、単位時間あたりの総語数や T ユニット数[1]、文数などがある。例えば、制限時間 30 分で書かれた 300 語のエッセイは、1 分あたり平均 10 語の速さで書かれたと計算され、そのような速さのスコアが流暢性の指標となる。英文を容易に素早く書くことができる学習者は、高い流暢性スコアを得ると想定される。

　統語的複雑性とは発達途上の第二言語知識（中間言語と呼ばれる）にかかわり、産出される構文が多様で洗練されているほど、統語的複雑性が高いと考えられる (Ortega 2003)。統語的複雑性指標として、言語ユニット (e.g., 文、節、T ユニット、句) の平均長や従属節の割合、特定の構文が使用された割合などがある。例えば、総語数 300 で文数が 30 のエッセイにおける平均文長は 10 語と計算され、そのようなスコアが統語的複雑性のスコアとなる。

語彙的複雑性も中間言語の発達にかかわり、産出される語彙が多様で洗練されているほど、語彙的複雑性が高いと考えられる (Skehan 2009)。語彙的複雑性指標には、主に多様性指標と洗練性指標の 2 種類がある。前者はテクストにおける異語数と総語数に基づき、どの程度多様な語彙が使用されているかを評価するものである。代表的な指標として、総語数に対する異語数の比率 (TTR: Type-token ratios) やその修正版 (e.g., Guiraud Index, D) があげられる。例えば、"We will continue working as long as we have daylight" という英文が産出されたとする。この文に含まれる総語数は 10 であるが、we と as は 2 回ずつ使用されているため、異語数は 8 となる。そこで、この文における TTR は 0.8 と算出される。語彙の発達した学習者は、語の繰り返しを避けさまざまな表現に言い換えるため、高い TTR スコアを得ると予想される。後者の洗練性では、基本語に対する洗練語の比率が代表的な指標である (e.g., Lexical Frequency Profile, Advanced Guiraud)。基本語と洗練語の区別は多くの場合一般的な語彙の頻度表に基づき、高頻度語は基本語、低頻度語は洗練語とみなされる。例えば、総異語数 200 語のエッセイのうち、180 語が高頻度 2,000 語の基本語の場合、それ以外の洗練語の割合は 10% と算出され、これが洗練性のスコアとなる。語彙の発達した学習者は、基本語以外のさまざまな語も使用することができ、場面に応じてより適切な語を使用するため、より低頻度で洗練された語の割合が高くなると想定している。

最後の正確性も第二言語の習熟度にかかわり、コミュニケーションの目的で言語を使用する際に、誤りなく正確に言語産出ができる場合、正確性が高いと考えられる (Wolfe-Quintero et al. 1998)。正確性は、文法形態素や統語構造、語彙、スペリング等の正用頻度や比率に基づき測定される。例えば、300 語のエッセイで 50 ヵ所のエラーがある場合、正確性スコアは 250/300 = 0.83 のように算出される。第二言語の発達した学習者は、正確な言語表現を使用するためスコアが高くなると想定される。

筆者は上記のような言語的特徴からライティング評価を予測する研究や、言語指標の妥当性検証のために、コーパスを利用している。このような研究を行う意義について、以下のように考えている。英語学習者の

ライティング力と言語的特徴の関連の強さが分かれば、教師や研究者がライティング評価を行う際に、テクストのどのような特徴をどの程度重視して評価を行えばいいかの目安となる。また、ライティング指導を行う際でも、ライティング力と関連の強い言語的側面を重点的に指導することで、効率の良い指導ができる可能性がある。指標の妥当性研究については、それぞれの言語的特徴を測るのにどのような指標が妥当なのかが分かれば、教師や研究者が学習者のライティング力発達を観察する際に指標選択の指針となる。さらに、妥当な指標を使用してライティング評価を自動で行うコンピュータ・プログラムの開発や、ライティング力のモデル構築を行うなど、さまざまな応用が考えられる。したがって、研究意義が大きいと考えている。次節では、筆者の研究についてより具体的に述べる。

3. コーパスをどのように使っているのか

筆者がこれまで取り組んできたコーパスに基づく研究は、主に4種類に分けられる。それらは、(1)語彙の洗練性指標の開発と妥当性検証、(2)統語的複雑性指標の妥当性検証、(3)日本人英語学習者が使用するメタディスコースの分析、(4)第二言語ライティング力と言語的特徴の相関関係に関するメタ分析、である。以下、順番に紹介する。

(1)について、筆者は学習者の英文エッセイにおける語彙の洗練性を測定するため、指標S(小島 2010, 2011, 2013; Kojima and Yamashita 2014)を開発した。前節で述べたとおり、語彙の洗練性指標は、一般的な語彙の頻度に基づきどの程度低頻度で洗練された語が使用されたかを表す。Sの特徴は、基本語と洗練語のように語彙を二分するのではなく、頻度という連続データをスコアに反映させる点にある。Sのスコア算出方法について説明する。Sは、テクストから50語ずつ取った各サンプルにおける高頻度語の累積カバー率をデータとし、データに最も近似するモデルを求め、累積カバー率が100%に達する単語の頻度順位を推定する。他の洗練性指標に比べ、Sはスコアの解釈が容易という利点がある。例

えば S が 2,016 の場合、そのテクストの発表語彙レベルは 2,016 語と解釈できるため、具体的なイメージがしやすい。小島 (2011) では Kane (2006) の論証によるアプローチに従い S の妥当性の検証を行った。妥当性とは、テストや指標が意図しているものを測定している度合いと考えられている (Brown 1996)。結果より、S の妥当性はかなり高く、S は語彙の洗練性指標の 1 つとして教育や研究に資するという結論に至った。また、Kojima and Yamashita (2014) では、S は語彙の頻度に基づく他の洗練性指標に比べ、信頼性が高いことが示された。信頼性とは、指標のスコアにおける一貫性・安定性のことを指す (Brown 1996)。S の分析ツールは、http://kojima-vlab.org/ で公開している。

　(2) について、第二言語やライティング力の重要な発達指標とみなされる統語的複雑性指標を対象に、Chapelle, Enright and Jamieson (2008) のアプローチにしたがい、論証による妥当性検証を行った (小島他 2018)。このアプローチは、Kane のアプローチを言語習得研究に応用し発展させたものである。小島ら (2018) は、7 つの大学に所属する日本語母語話者の大学生・大学院生 177 人がそれぞれ 2 つずつ書いた英文エッセイデータをコーパス化し、8 種類の統語的複雑性指標[2]のスコアを求めた上で、信頼性等 8 つの観点から指標の妥当性検証を行った。結果より、伝統的に使用されてきた平均 T ユニット長がもっとも妥当性が高いことが示された。今後は、近年注目されている句レベルの指標も加え、さらに包括的な統語的複雑性指標の妥当性検証を行う予定である。

　(3) について、日本人英語学習者のエッセイにおけるメタディスコースの分析を行っている (小島 2017a; Kojima *et al.* 2019)。メタディスコースの定義と分類には Hyland (2005) のインターパーソナル・モデル (Interpersonal Model of Metadiscourse) を採用した。このモデルでは、メタディスコースを、書き手が読み手のテクスト理解を助け解釈を導いたり、書き手の立場を明らかにしたり、読み手をディスコースに関与させたりするために使用される言語表現と捉え、テクストの内部構造を示すフレーム・マーカー (e.g., firstly, in conclusion) や、語調を弱めるために使用されるヘッジ (e.g., probably, in my opinion) など、メタディスコースの機

能により10のカテゴリーに分類している。何らかの主張を行うアカデミック・ライティングにおいて、読み手の解釈を導くメタディスコースは重要な役割を担うため、メタディスコースの効果的使用は、ライティング指導で1つの焦点となると考えられる。

　Kojima et al. (2019) では、日本人大学生の英語学習者がどのようなメタディスコースを適切に使用でき、またできないか、不適切な表現にはどのような特徴があるかを調査した。まず、学習者のエッセイデータと英語母語話者の添削文において、Hyland (2005) で使用されたメタディスコース約430項目に該当があれば、プログラミング言語のPerlを使用し機械的にタグを付与した。しかし、メタディスコースは多義なので、機械的に完璧なタグを付与することは難しい。また、Hyland (2005) のリストに含まれないメタディスコースが使用される可能性もある。そこで、筆者と共同研究者が学習者のエッセイと母語話者の添削文を読み、機械的に付与されたタグの修正や追加を行った。また、添削文で学習者の英文がどのように修正されたかという情報の付与を行った。結果より、日本人英語学習者は文や節間の論理関係を表すのに接続語句に頼るのに対し、母語話者は前置詞句やto不定詞などさまざまな構文を使用する傾向が見られた。また、学習者はヘッジを表すのに副詞 (e.g., perhaps) や一人称を含む表現 (e.g., I don't think, in my opinion) を好み、法助動詞 (e.g., would, might) が十分に使用できていない傾向が明らかになった。

　(4) について、英語を第二言語とする学習者のライティング力と産出されたテクストにおける言語的特徴 (流暢性、統語的複雑性、語彙的複雑性、正確性) の相関関係に焦点をあて、40本 (独立群55、総被験者数12,330人) の研究成果を統合し、メタ分析を行った (小島 2015, 2017b)。40本の研究の多くは、規模の大小はあれ、学習者のエッセイをコーパス化し、分析したものである。結果より、第二言語ライティング評価と最も相関が強いのは流暢性で ($r = .65, 95\%$ CI [.56–.73])、続いて正確性 ($r = .47, 95\%$ CI [.39–.54]) と語彙的複雑性 ($r = .38, 95\%$ CI [.25–.50])、最も相関が弱いのは、統語的複雑性 ($r = .23, 95\%$ CI [.18–.29]) であることが示された。また、学習者の年齢、タスクの種類、サンプリング方法によ

り、相関の強さが有意に異なっていた。現在は、より多様な言語的特徴と第二言語ライティング評価の相関関係について、メタ分析を行っている。

4. どのようなコーパスを使っているのか

　日本人英語学習者のエッセイを集めた学習者コーパスを使用しているが、中心となるのは自分や研究協力者の立会のもとで収集したエッセイをコーパス化したものである。学習者コーパス研究の一般的な利点は、研究者間のデータ共有であり、大規模なデータが扱える点にあると言える。しかし、他の研究者が構築した学習者コーパスは、どのような状況でデータが収集されたのか詳細が分からない場合があるため、研究目的によっては使用を避けている。例えば、宿題として課されたエッセイを収集したコーパスもあるが、辞書等は参照不可という指示が守られたという保証はない。そのような変数が結果に影響を及ぼしかねないため、他の研究者が構築したコーパスを使用する場合は、できる限り収集された状況を調査し、研究目的に合致したデータであるかどうかを検討する必要があるだろう。小島 (2011) で収集した 120 のエッセイデータ（総語数約 40,000 語）は、現在 Nagoya Interlanguage Corpus of English (NICE) ver. 2.2.2 に収録され公開されている[3]。

5. コーパスにはどのような威力と限界があるのか

　筆者の考えるコーパスの威力について、第 2 節とも重複するが 2 点あげる。1 点目は、学習者の自然な言語産出を観察することができるという点である。2 点目は、コンピュータの力を借りて、大量のデータでも高速にかつ正確に処理できるという点である。例えば、S のスコアをコンピュータの使用なしに手作業で算出するということは、膨大な時間と労力を要する。さらに正確に行うというのは、不可能に近い。

　コーパスの限界として、コーパスには「形式」は存在するが、「意味」は

存在しないという点があげられる。例えば、語彙の多様性指標と洗練性指標について述べたが、それらの指標は単語の語形に基づきスコアが算出される。例えば、同じ語形でも多義語の低頻度な意味が使用されたとか、ある語が適切または不適切に使用されたといった情報はコーパスには存在しない。それらを機械的に扱う技術も日進月歩ではあるが、今のところは限界がある。したがって、それらを扱うためには研究者がデータを解釈し、情報を付与する必要がある。ただし、逆にそのような情報の付与を行えば、コーパスは付与した情報の分類に力を発揮するため、これはコーパスの限界とはいえず、研究者次第で威力に転じるものとも言える。第3節で述べたように、Kojima et al. (2019) では、日本人大学生の英作文におけるメタディスコースに機能別のタグを付与し、英語母語話者の添削文と比較した誤用情報を付与することで、教育・研究上有意義な示唆を得ることができた。

6. コーパスを使う際にどのような点に注意しているのか

　言語習得研究では、学習者の言語能力の側面を示す何らかの指標を使用することが多いが、そのような指標の信頼性や妥当性に注意している。例えば、第2節でも述べた語彙の多様性指標 TTR は、同じ人が産出したテクスト上でも総語数が増えるほどスコアが低くなるという性質を持ち、測定するたびにスコアが大きく変動するため、信頼性が低いと言える[4]。信頼性は妥当性の基盤となり、信頼性は低いが妥当性は高いということは、基本的にはありえない。妥当性の低い指標を使用すれば、そこから得られる研究結果も妥当性の低いものとなり、研究を間違った方向へ導きかねない。したがって、指標の妥当性は重要である。
　本稿で紹介したような言語指標（流暢性、統語的・語彙的複雑性、正確性の指標等）にはさまざまなものがあり、それらのスコアを算出するアプリケーション等も多数公開されている[5]。しかし筆者自身は、Perl等のプログラミング言語を使用し、自分で作成したスクリプトで分析することを基本としている。ユーザー・フレンドリーなツールを使って、

テクストを貼り付けボタンを押せば何らかの数値が得られるが、そのようなツールはブラックボックスのようなもので、中身の処理方法が不透明である。スコア算出のアルゴリズムが公開されていない場合が多く、公開されていても実際のプログラムと同じという保証はない。スコアがどのように算出されたのか分からなければ、結果を考察することも困難である。また、指標を改良し研究をさらに発展させることもほぼ不可能である。このような理由で、できる限り自作ツールを使用するように心がけている。研究者は、使用するツールにできる限り精通する必要があると考えている。

7. これからのコーパス研究
言語指標の妥当性研究の勧め

　前節で述べたように、言語指標にはさまざまなものが開発されているが、それらの1つ1つの指標について、スコアがどのような性質を持つのかといった調査が追いついていない。例えば、初級学習者の弁別に役立つ指標もあれば、逆に上級学習者の弁別に役立ち初級者には役立たない指標もあるなど、それぞれの指標によって性質が異なる可能性がある。また、中には指標同士の相関が高く余剰な指標もあるかもしれない。現在、多数の言語指標が開発されているが、異なる指標を使用した研究結果は比較しにくいなど問題がある。乱立する指標を整理し必要最小限のものに絞る努力も必要である。類似した複数の指標を束ね、合成スコアを作成するのも一案である。指標を精査するために、妥当性検証を行う重要性を強調したい。その場合の妥当性検証方法として、Chapelle et al. (2008) の論証によるアプローチが参考になる[6]。このアプローチでは、妥当性検証は3段階で行われる。まず、指標の測定対象とする領域を明確にする。次にスコアの解釈と使用、それらの前提・推論を明確にすることで、解釈的論証を行う。指標の妥当性とは指標の属性ではなく、解釈や使用の妥当性である (Messick 1989) ため、指標の使用目的により検討すべき妥当性の観点は異なる。Chapelle et al. (2008) は、

テストや指標が使用される際の前提・推論を、「得点化」、「一般化」など6種類に分類している。最後に、複数の分析と実証をとおし、解釈的論証をさまざまな観点から評価することで、妥当性の論証を行う。例えば、統語的複雑性指標のスコアが書き手の文法知識と関連していると想定されるのであれば、スコアと文法テスト得点の相関を調べるなど、暗黙の前提を1つ1つ明示し検証していく。

　言語指標は研究の土台となるため、それらの指標が妥当なものでなければ研究成果を積み上げていくことが困難となる。指標の妥当性について、もっと活発な議論や研究がなされることを強く望む。

注

* 謝辞　本稿の執筆にあたりご指導くださった編者の堀正広先生、赤野一郎先生や、ご助言くださった滝沢直宏先生、田中正道先生、金田拓先生、ひつじ書房の海老澤絵莉様に深謝いたします。
1. Tユニットとは、文として独立可能な言語単位を指す。例えば、"He likes cats, but I like dogs" という文の場合、but の前後はそれぞれ文として成り立つため、Tユニット数は2となる。
2. 対象とした8つの指標は、平均節長、平均文長、平均Tユニット長、節あたりの従属節数、Tユニットあたりの節数、文あたりの節数、Tユニットあたりの従属節数、文あたりのTユニット数であった。
3. 筆者の研究目的のために収集したデータは、NICE 2.2.2 の JPN210 〜 JPN342 のうち 120 ファイルで、http://sgr.gsid.nagoya-u.ac.jp/wordpress/?page_id = 796 より公開されている。他の 13 ファイルは他の研究目的のために収集されたが、基本的には同じタスクが課された。データ収集には、当時名古屋大学の大学院生であった阪上辰也氏と北村まゆみ氏の協力を得た。
4. TTR の問題点を克服するために、標準化 TTR や Guiraud Index などの修正指標が多数提案されている。
5. さまざまな言語指標を算出するアプリケーション等を公開しているウェブサイトとして、TAASSC (https://www.linguisticanalysistools.org/taassc.html)、TAALES (https://www.linguisticanalysistools.org/taales.html)、Syntactical Complexity Analyzer (https://aihaiyang.com/software/l2sca/)、Laurence Anthony 氏のページ (http://www.laurenceanthony.net/software.html)、等がある。

6. Chapelle et al. (2008) や、Brown (1996)、Kane (2006)、Messick (1989) が問題にしていたのは、学力や言語能力等を測定するテストの妥当性であったが、言語指標にも応用できると考えられるため、本稿ではテストを指標と言い換えている。

参考文献

Brown, James D. (1996) *Testing in Language Programs*. Upper Saddle River, NJ: Prentice Hall.

Chapelle, Carol A., Mary K. Enright, and Joan M. Jamieson. (2008) *Building a validity argument for the Test of English as a Foreign Language*[TM]. New York, NY: Routledge.

Housen, Alex, and Folkert Kuiken. (2009) Complexity, accuracy, and fluency in second language acquisition. *Applied Linguistics*, 30 (4): 1–13.

Hyland, Ken. (2005) *Metadiscourse: Exploring Interaction in Writing*. London: Continuum.

Kane, Michael T. (2006) "Validation." In R. L. Brennan (ed.), *Educational Measurement* (4th ed.), pp.17–64. Westport, CT: American Council on Education and Praeger.

小島ますみ (2010)「新しい lexical richness 指標 S の提案—学習者の産出語彙頻度レベルの推定—」『英語コーパス研究』17: 1–15.

小島ますみ (2011)「英語学習者の産出語彙における語彙の豊かさ指標 S の提案と論証による S の妥当化」名古屋大学大学院国際開発研究科提出博士論文.

小島ますみ (2013)「語彙の豊かさと習熟度の関係」投野由紀夫・金子朝子・杉浦正利・和泉絵美（編著）『英語学習者コーパス活用ハンドブック』pp.108–116. 大修館書店.

小島ますみ (2015)「ライティング評価研究の現在—メタ分析より得られた知見から—」愛知教育大学外国語教育講座　藤原康弘准教授主催講演会（於：愛知教育大学）.

小島ますみ (2017a)「ディベートやアカデミック・ライティング指導をとおしたメタディスコース指導効果の検証」『中部地区英語教育学会紀要』46: 293–300.

小島ますみ (2017b)「ライティング評価と CAF の相関関係—メタ分析による研究成果の統合—早稲田大学 CCDL 研究所第 2 回シンポジウム（於：早稲田大学）.

Kojima, Masumi, Takumi Ishii, Hirosada Iwasaki, and Yoriko Harada. (2019) Metadiscourse in Japanese EFL learners' argumentative essays: Applying the interpersonal model. *Asian EFL Journal*, 23 (31): 26–50.

小島ますみ・金田拓・磐崎弘貞・佐竹由帆 (2018)「論証に基づく統語的複雑性指標の妥当性検証」『全国英語教育学会第 44 回京都研究大会発表予稿集』358–359.

Kojima, Masumi, and Junko Yamashita. (2014) "Reliability of Lexical Richness Measures Based on Word Lists in Short Second Language Productions." *System: An International Journal of Educational Technology and Applied Linguistics*, 42: 23–33.

Messick, Samuel A. (1989) "Validity." In R. L. Linn (ed.), *Educational Measurement* (3rd ed.), pp.13–103.

New York: American Council on Education and Macmillan.

Ortega, Lourdes. (2003) Syntactic complexity measures and their relationship to L2 proficiency: A research synthesis of college-level L2 writing. *Applied Linguistics*, 24: 492–518.

Skehan, Peter. (2009) Modelling second language performance: Integrating complexity, accuracy, fluency, and lexis. *Applied Linguistics*, 30 (4) : 510–532.

Wolfe-Quintero, Kate, Shunji Inagaki, and Hae-Young Kim. (1998) *Second language development in writing: Measures of fluency, accuracy, & complexity*. University of Hawai' i Press.

CALL/MALL 用語彙習得アプリケーションの開発

石川保茂

1. はじめに

　筆者は特殊目的コーパス分析結果から得られた語彙リストを外国語教育に生かすことを目的に、いくつかの Computer-Assisted Language Learning (CALL) および Mobile-Assisted Language Learning (MALL) 用語彙習得アプリケーションを開発してきた。アプリケーション開発にあたって特に留意した点が2つある。1つは、日本語との一対一の対応による語彙習得を目的としたアプリケーションであってはならないということである。なぜならば、語は一定の語と優先的に結合しパターンをなし、語の意味とパターンは互いに関係し合い、語の意味の相違はパターンの相違に現れ、パターンが全体として1つの意味を担うからである（赤野 2008）。したがって、開発したアプリケーションでは、語の習慣的結合パターン、すなわちコロケーションを PC や携帯情報端末の画面上で表示することを可能にするものとした。
　アプリケーション開発にあたって特に留意したもう1つの点は、従来、外国語教育用語彙リストの選定においては、一般目的で使用される

外国語を基準にし、「頻度が高いほど重要である」という観点から、出現頻度を選定基準としてきたが、特殊目的コーパス利用により語彙を選定する場合には、「頻度が高いほど重要である」という選定基準があまり有効ではないということである。それは、あらゆる分野を総体的に見た結果、どの分野にも多く出現する高頻度語が優先的に順序づけられるからである。したがって、特殊目的コーパス利用により語彙を選定するために、独自の手法を用いた。

　次節では開発したアプリケーションについて、その開発の目的や経緯（ニーズ分析）、語彙選定に利用したコーパスとその選定手法、開発したアプリケーションの概要を述べることにする。なお、次節で述べるアプリケーションは、文部科学省高等教育研究改革推進経費補助金（研究課題名「e-learning に適したコーパス構築・コーパス検索システムの開発研究」、研究代表者赤野一郎）、日本私立学校振興・共済事業団私立大学等経常費補助金特別補助（研究課題名「e-learning に適したコーパス構築・コーパス検索システムの開発研究」、研究代表者赤野一郎）、京都外国語大学学内共同研究（研究課題名「多言語学習者作文コーパスの構築とコーパス分析結果に基づく e-learning 教材の開発」、研究代表者赤野一郎）および科学研究費補助金（課題番号 23320123、研究代表者赤野一郎）の助成による共同研究の一環として開発されたものである。

2. 開発したアプリケーション

2.1. AmiVoice 音声認識付き英語の名詞のコロケーションに基づく語彙習得アプリケーション

　本アプリケーションは、人文・社会科学系大学に属する大学生に、英語で人文・社会科学系の内容を的確に伝達する能力を身につけさせることを目的としている。この目的を達成させるためには、人文・社会科学系分野に特徴的な名詞を駆使することも求められるので、名詞がどのような動詞や形容詞と連結するか、すなわち名詞のコロケーションを学習することが不可欠である (Lewis 2000: 15) と考えた。

そこで、まず、The British National Corpus (BNC) の written domain にある informative prose 内の social science (約 13,290,000 語) という分野を言語データとしたコーパスを構築し、名詞のみの抽出を行った。次に、その抽出結果をデータ内におけるそれぞれの名詞の出現頻度と Academic Word List (Coxhead 2000) を用いて評価したうえで、独自の名詞リストを選定した。そこで、名詞のコロケーションパターンは「動詞＋名詞」、「名詞＋名詞」、「前置詞＋名詞」という3種類があることが指摘されているため (後藤 2007)、独自に選定した名詞リストから、BNC を用いて出現頻度 10 以上の名詞のコロケーションを抽出した。「動詞＋名詞」の場合には、L1 は形容詞、L2 は動詞、また R1 は前置詞、R2 は限定詞 (形容詞) と名詞という制限を加えて、抽出作業を行った。また、「前置詞＋名詞」の場合には、名詞に共起する前置詞を L2 に提示したうえで、L1 にある限定詞や形容詞を抽出した。

開発したアプリケーションは、上記の手順により抽出した名詞を中心にしたコロケーションを、PC 画面上で中心となる名詞の左側および右側に KWIC 形式で展開させ、1つの句として学習者に提示し、認識させるとともに、句の聞き取り・発音練習の機会を与えることにより、音声英語学習面からの語彙の効果的な定着を図ろうとする、英語の語彙習得アプリケーションである。図 1 に、名詞を中心にしたコロケーションのうち、「動詞＋名詞」のパターンが表示された画面を示す。

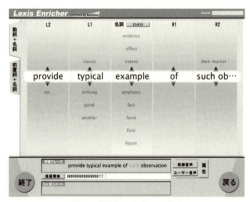

図1. 「動詞＋名詞」の画面

中央の名詞の位置には独自に選定した名詞リストを配列し、その名詞のコロケーションを左側や右側にKWIC形式で展開させ、最終的には名詞を中心にした句全体が提示される仕様とした。学習者が単語や句を発音しやすいように、画面下部の「学習フレーズ」にも、画面上部で提示されている単語や句と同じものが表示されるものとした。図2に、名詞を中心にしたコロケーションのうち、「前置詞＋名詞」のパターンが表示された画面を示す。

なお、本アプリケーションの仕様や機能についてのさらなる詳細は、赤野・石川・立岩(2007)を参照されたい。

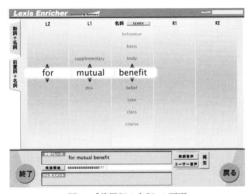

図2.「前置詞＋名詞」の画面

2.2. アカデミックコーパスを利用した音声認識付きスペイン語フレーズ学習アプリケーション

本アプリケーションは、スペイン語を初修外国語とする日本語母語話者の大学生に、スペイン語によるレポート・論文作成作業を円滑に進めるために必要な語彙、特にレポート・論文に特徴的な動詞を知りその用法を身につけさせたうえで、レポート・論文作成作業に活用させることを目的として開発された。スペイン語を初修外国語とする日本語母語話者の大学生が、スペイン語によるレポート・論文作成作業を円滑に進めるためには、レポート・論文に特徴的な動詞を知り、その用法を学習する必要がある。和西辞書はオーソドックスな作文のためのツールではあ

るが、アカデミックな文章を書くために参考になる例文が必ずしも豊富とは言えない。そこで、スペイン語を初修外国語とする大学生のためのレポート・論文作成支援装置の開発を試みるに至ったのである。学生が必要とする動詞を含むフレーズの選定にあたっては、パターンが明確であることを最優先すべきであること、また、レポート・論文作成に特徴的な動詞がどのような前置詞や接続詞さらに名詞などと連結するのかを学習することは不可欠であるが、提示するフレーズが長くなることでかえって動詞の使い方を理解しにくくするという教員の経験値を重視した。

　以上の経緯を踏まえ、まず、スペイン語論文（利用許諾を受ける関係上、日本で出版されたものに限った）をコーパス化し、そのコーパスから抽出した動詞を含む高頻度のフレーズを選定した。また、日本人大学生による日本語卒業論文をコーパス化し高頻度の動詞を抽出し、スペイン語の動詞リストと日本語の動詞リストを比較検討したうえで、アプリケーションに表示するフレーズを確定した。

　開発したアプリケーションでは、上記の手順により抽出した高頻度の動詞を含むフレーズをPC画面上に提示し、学習者に認識させるとともに、フレーズの聞き取り・発音練習の機会を与えることを可能にした。図3に、本アプリケーションの初期画面を示す。

図3.　初期画面

　図3のサーチボックスに日本語を入力し検索ボタンを押すと、図4のように、日本語の動詞に対するスペイン語の動詞を含むフレーズが検索される。

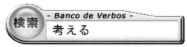
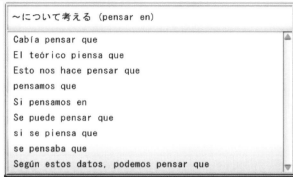

図4. 検索画面

　本アプリケーションで開発した音声認識システムは2種類あり、1つは日本人スペイン語学習者が苦手とするスペイン語の発音パターンをデータベース化して実装したうえで、端末PCのマイクロホンから入力した学習者の発音を音響的に評定し、リアルタイムで発音上の問題を指摘する機能を備えているものである。もう1つは発話長認識システムであり、単音ではなく1つの意味のまとまりをセグメントとして認識するものである。つまり、教師音声と同じ速さで発話できているかどうかが評価基準であり、流暢に聞こえるスペイン語の発話練習を目的としたものである。学習者の発音上の問題はスペイン語単語を赤字にすることにより示され、発話長についてはフレーズ下部にある2つの棒線で示されたうえで、判定結果が画面右上に〇/△/×で示される。図5に、発音・発話長評定画面を示す。

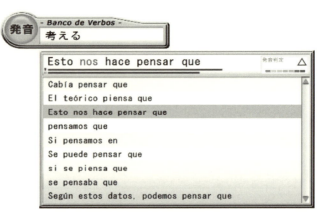

図5. 発音・発話長評定画面

　また、学生がスペイン語によるレポート・論文作成作業をPC画面上で進めながら、本アプリケーションを随時参照できることも可能にしている(図6参照)。

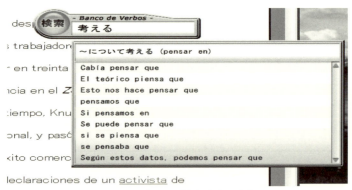

図6. レポート・論文作成時の画面

　なお、開発したスペイン語音声認識システムや本アプリケーションの仕様と機能に関する詳細については、Ishikawa, Tateiwa, Goto, and Akano (2010)を参照されたい。

2.3. 携帯情報端末用語彙習得アプリケーション

　本アプリケーションは、国際関係学を日本人大学生に、国際連合やその関連機関、国際 NGO が発行する公文書や報告書を理解することができる能力を身につけさせることを目的としており、Android タブレット型端末にダウンロードして学習者が使用することを想定したものである。

　本アプリケーション開発では、国際連合やその関連機関、国際 NGO が発行する公文書や報告書を言語データとしたコーパスを構築し、そのコーパス分析により、国際連合やその関連機関、国際 NGO が発行する公文書や報告書に特徴的な「動詞＋名詞」のコロケーションを選定し、その選定した動詞＋名詞のコロケーションを、学習者がインターネットにより任意に検索した文書内でハイライトさせると同時に、ハイライトされた語彙の意味やその語彙を含んだ文例を表示させることを可能にした。また、ハイライトされた語彙の発音の確認ができるよう、各語彙の音声ファイルの付加を行った。なお、動詞＋名詞のコロケーションは、以下の手順を経て確定させた語彙リストに基づいて選定を行った。

(1) 出現頻度 10 未満の語彙を除外する
(2) 頭字語を除外する
(3) BNC 2,000 word family list (Nation 2006) を除外する
(4) Academic Word List (Coxhead 2000) を除外する

　また、この除外の過程で副生された頭字語、および BNC 2,000 word family list、Academic Word List についても、本アプリケーションに実装し、上記の動詞＋名詞のコロケーションと同様、学習者がインターネットにより任意に検索した文書内でハイライトさせると同時に、ハイライトされた語彙の意味を表示させることとした。図 7 に、インターネットにより任意に検索された書内でハイライトされた語彙が表示されている画面を示す。

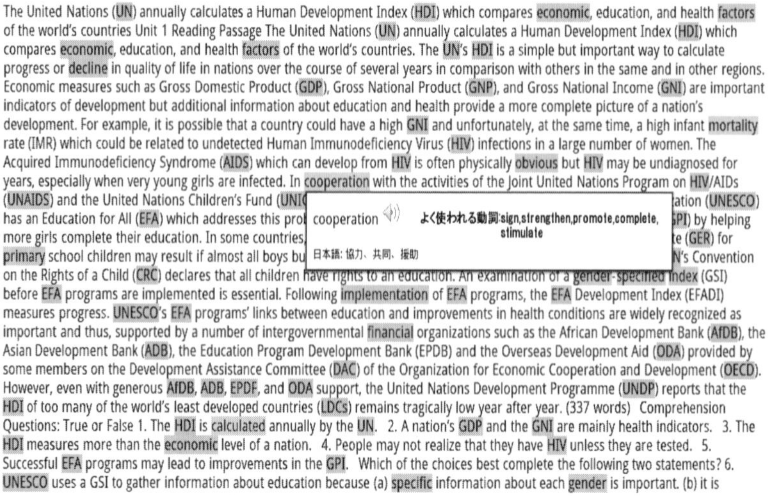

080

> The United Nations (UN) annually calculates a Human Development Index (HDI) which compares economic, education, and health factors of the world's countries Unit 1 Reading Passage The United Nations (UN) annually calculates a Human Development Index (HDI) which compares economic, education, and health factors of the world's countries. The UN's HDI is a simple but important way to calculate progress or decline in quality of life in nations over the course of several years in comparison with others in the same and in other regions. Economic measures such as Gross Domestic Product (GDP), Gross National Product (GNP), and Gross National Income (GNI) are important indicators of development but additional information about education and health provide a more complete picture of a nation's development. For example, it is possible that a country could have a high GNI and unfortunately, at the same time, a high infant mortality rate (IMR) which could be related to undetected Human Immunodeficiency Virus (HIV) infections in a large number of women. The Acquired Immunodeficiency Syndrome (AIDS) which can develop from HIV is often physically obvious but HIV may be undiagnosed for years, especially when very young girls are infected. In cooperation with the activities of the Joint United Nations Program on HIV/AIDs (UNAIDS) and the United Nations Children's Fund (UNIC_____ation (UNESCO) has an Education for All (EFA) which addresses this pro｜ cooperation ◀)) よく使われる動詞:sign,strengthen,promote,complete, ｜ PI) by helping more girls complete their education. In some countries, ｜ 日本語:協力、共同、援助 stimulate ｜ (GER) for primary school children may result if almost all boys bu｜_____｜N's Convention on the Rights of a Child (CRC) declares that all children have rights to an education. An examination of a gender-specified index (GSI) before EFA programs are implemented is essential. Following implementation of EFA programs, the EFA Development Index (EFADI) measures progress. UNESCO's EFA programs' links between education and improvements in health conditions are widely recognized as important and thus, supported by a number of intergovernmental financial organizations such as the African Development Bank (AfDB), the Asian Development Bank (ADB), the Education Program Development Bank (EPDB) and the Overseas Development Aid (ODA) provided by some members on the Development Assistance Committee (DAC) of the Organization for Economic Cooperation and Development (OECD). However, even with generous AfDB, ADB, EPDF, and ODA support, the United Nations Development Programme (UNDP) reports that the HDI of too many of the world's least developed countries (LDCs) remains tragically low year after year. (337 words)　Comprehension Questions: True or False 1. The HDI is calculated annually by the UN.　2. A nation's GDP and the GNI are mainly health indicators.　3. The HDI measures more than the economic level of a nation.　4. People may not realize that they have HIV unless they are tested.　5. Successful EFA programs may lead to improvements in the GPI.　Which of the choices best complete the following two statements? 6. UNESCO uses a GSI to gather information about education because (a) specific information about each gender is important. (b) it is

図7. ハイライトされた語彙表示画面

なお、本アプリケーションの有効性検証や本アプリケーションを利用した授業デザインについては、Ishikawa et al. (2013a) や Ishikawa, Akano, Smith, Maher, Nii, and Wada (2013b) を参照されたい。

3. 今後の展望

以上、開発した、あるいは開発中のアプリケーション 3 種類について述べたが、これらのアプリケーションはいずれも学習者向けのものである。今後は、学習者向けのアプリケーションのみならず、コーパス分析結果から得られた知見を授業改善に生かすことが可能な、教員向けのアプリケーション開発に取り組む予定である。そのうえで、1 つのアプリケーションが学習者・教員双方のニーズを満たす、いわば interoperability を持ったアプリケーション開発が必要であると考える。ここで言う interoperability とは、IEEE (1991) が定義する the ability of two or more systems or components to exchange information and to use the information that has been exchanged ではなく、the capacity of the ICT application to create a single learning environment in which the human components of the educational system ... may collaborate in a team-learning enterprise in order to accomplish their separate aims (Ishikawa, Kondo, and Smith 2010, Ishikawa et al. 2014) と定義するものである（図 8 参照）。

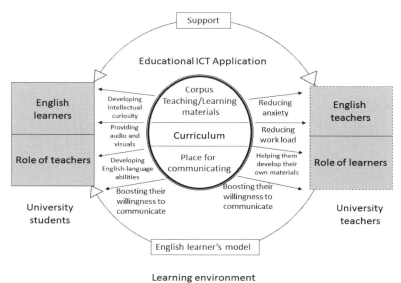

図 8. interoperability の概念図

謝辞

本稿執筆にあたって、共同研究の研究代表者赤野一郎先生をはじめ、共同研究者の先生方に、共同研究の成果物であるアプリケーションを取り上げることをご快諾いただきました。ここに記して深く感謝申し上げます。

参考文献

赤野一郎 (2008)「コーパス言語学から見た語彙指導のあり方」赤野一郎・中村純作・堀田秀吾編『コーパスと英語教育の接点』pp.21–44. 松柏社.

赤野一郎・石川保茂・立岩礼子 (2007)「AmiVoice 音声認識付き英語の名詞のコロケーションに基づく語彙習得装置の開発」『LET 第 47 回全国研究大会発表論文集』. pp.108–111.

Coxhead, Averil. (2000) A New Academic Word List, *TESOL Quarterly, 34* (12) : 17–33.

後藤一章 (2007)「統語構造別出現頻度に基づく名詞の特徴的共起語クラスの発見」, 英語研究と統計, 研究発表資料.

IEEE–Institute of Electrical and Electronics Engineers. (1991) *IEEE Standard Computer Dictionary: A Compilation of IEEE Standard Computer Glossaries.* New York: Inst of Elect & Electronic.

Ishikawa, Yasushige, Reiko Tateiwa, Kazuaki Goto, and Ichiro Akano. (2010) A Pronunciation and Vocabulary Teaching Aid for Spanish as a Foreign Language Programs at Japanese Universities Utilizing a Spanish Speech Recognition System and Corpora of Academic Spanish. *The EUROCALL Review, 16.*

http://www.eurocall-languages.org/review/16/index.html#ishikawa

Ishikawa, Yasushige, Mutsumi Kondo, and Craig Smith. (2010) Design and Implementation Issues of Interoperable Educational Application: An ICT Application for Primary School English Education in Japan. In F. Lazarinis, S. Green, and E. Pearson (eds.), *Developing and Utilizing E-learning Applications,* pp.100–124. Hershey: Information Science Reference.

Ishikawa, Yasushige, Craig Smith, Mutsumi Kondo, Ichiro Akano, Kate Maher, and Norihisa Wada. (2013a) Development and Use of a Reading Practice Application for an Android Tablet Computer. *Proceedings of the International Conference Mobile Learning 2013*: 91–100.

Ishikawa, Yasushige, Ichiro Akano, Craig Smith, Kate Maher, Masahiro Nii, and Norihisa Wada. (2013b) Development and Use of an Android Tablet Application for Reading Practices in a University EFL Course in Japan. *ICERI2013 Proceedings,* pp.6105–6112.

Ishikawa, Yasushige, Reiko Akahane-Yamada, Mutsumi Kondo, Craig Smith, Yasushi Tsubota, and Masatake Dantsuji. (2014) An Interoperable ICT Educational Application for TOEIC Preparatory Study. In M. Khosrow-Pour (ed.) , *Encyclopedia of Information Science and Technology* (3rd ed.) pp.2433–2444. Hershey, PA: Information Science Reference.

Lewis, Michael. (ed.) (2000) *Teaching Collocation: Further Developments in the Lexical Approach.* Hove: Language Teaching Publications.

Nation, I. S. P. (2006) How large a vocabulary is needed for reading and listening? *Canadian Modern Language Review,* 63 (1) : 59–82.

コーパスで発見！

野口ジュディー

1. なぜコーパスを使うのか

　コーパスと言えば、大規模なコーパスである British National Corpus (1億語) や WordBanks (5.5億語) を連想することが多いだろうが、Hunston (2002: 2) は、コーパスについてつぎのように述べている："Linguists have always used the word *corpus* to describe a collection of naturally occurring examples of language, consisting of anything from a few sentences to a set of written texts or tape recordings, which have been collected for linguistic study." すなわち、Hunston は数行の自然言語でもコーパスとして考えられるとしている。

　この考え方に従って、ミニ・コーパスを1つの言語教育ツールとして利用する方法を提案する。コーパスは ESP (English for specific purposes) 教育、特に科学技術分野の専門英語教育において、重要な意味を持つ。なぜなら、科学者が研究発表をしようと論文を書く時は、おそらく英語で書かなければならない。また、情報収集するには英語の論文を読まなければならない。世界最大の要旨データベースである Scopus に登録されている専門誌の約80％の使用言語は英語 (vanWeijen 2012) であって、科

学論文の約 98% は英語で出版されている (Engber 2013)。1 つの言語に集中している理由は、できるだけ早く研究成果を世界中の科学者に届くようにするためである。

　海外の有力な専門誌が英語を使用しているだけでなく、日本の学術団体の専門誌の多くも英文のものになっている。Swales (2004: 14) は英語への流れをドイツの専門誌で以下のように紹介している。1876 年に創立された *Zeischrift für Anatomie und Entwicklungsgeschichte* は 1974 年の Vol. 144 に英語のサブタイトル *Journal of Anatomy and Embryology* をつけた。翌年にはそのサブタイトルがメインタイトルとなり、1983 年の Vol. 166 から英語のみのタイトルになった。日本でも同じようなことが起きている。自然科学では 1877 年に設立された「東京数学会社」を前身に持つ日本物理学会では *Journal of the Physical Society of Japan* を出版している。前身の学術誌は 1888 年から日本語でなく、ヨーロッパの言語で出版されている。このような努力がノーベル賞授賞者を 7 名も輩出している 1 つの理由にもなるだろう。もっと最近の例として、日本植物生理学会の学会誌 *Plant and Cell Physiology* がある。1959 年に国際ジャーナルとして創刊されたが、1970 年代まで日本語の論文も掲載していた。1980 年代になるとすべて英文の専門誌になり、2000 年からは Oxford Academic のオンラインジャーナルになった。学術論文の重要度の尺度として使用されるインパクト・ファクターが 1998 年の 1.83 から 2000 年に 2.430 になり、現在の 5 年間の平均は 4.847 を記録している。2000 年のオンライン化あたり、編集長が日本植物生理学会会員への公開書簡で以下のように述べている (Nishimura 2000)。

> As the members of JSPP[1] and readers of PCP[2] are well aware, the advancement of the Internet technology is now beginning to radically change the way academic information is disseminated. Leading international scientific journals are already available online, and can be accessed and searched before their print versions are distributed. ... By going online, we would like to better serve the community of plant scientists in the world and also enhance PCP's visibility amongst them.

以上の説明にある "the community of plant scientists in the world" の認識が重要である。

このように研究成果の発信は英語でなければならないが日本では専門英語の教育が遅れている。そこで、必要な専門英語を効率よく身につける方法として ESP 教育がある。ESP の基本は discourse community に通じる文書を受信・発信することである (Swales 1990, Cortes 2004, Dressen-Hammouda 2008, Hyland 2008)。このコミュニティーが繰り返し使用する文書（口語のものを含む）を特定し、学べば効率よく上達ができる。この文書を「ジャンル」と言い (Swales 1990)、例として上記に述べた学術誌の研究論文、学会の口頭発表やポスター発表の申請用要旨、研究のオーラル・プレゼンテーションなどがある。

ジャンル文書には 2 つの言語特徴がある。1 つは情報の流れ（ムーヴ：筆者が意図としていること）ともう 1 つはその流れをつかさどる表現である。例を見ると一目瞭然である。以下はオープンアクセスジャーナル、*Food and Nutrition Sciences* が 2017 年に掲載した "Simultaneous Determination of Catechins and Caffeine in Green Tea-Based Beverages and Foods for Specified Health Uses" (Maruyama *et al.* 2017) の abstract である。日本の特定保健用食品についての研究から過剰飲食に注意を促している。元々一段落であったがここには流れを見せるためにムーヴ分けをしている。

ムーヴ 1（ヒントを与える表現にアンダーライン）：研究の重要性と背景の説明

Catechins in green tea have various useful features including antioxidant activity and preventive effects on metabolic syndrome. Various beverages that are enriched with tea catechins are marketed as Foods for Specified Health Uses (FOSHU) in Japan. However, recent reports have indicated that excessive consumption of green tea extracts as a dietary supplement are associated with adverse health effects such as liver disorders. Various catechins and caffeine are constituents of FOSHU tea-based beverages. The amount of catechins in FOSHU products is displayed on labels as total catechin content, but the content of individual catechins <u>are not provided</u>. Although health hazards of FOSHU products have rarely been reported, <u>precise information about</u> the content and types of catechins in FOSHU products <u>is needed to ensure</u> safety.

ムーヴ 2 & 3：研究目的と方法

<u>We used</u> high-performance liquid chromatography with a photodiode array (HPLC/PDA) <u>to simultaneously identify and quantify</u> catechins and caffeine in green tea-based popular beverages and FOSHU beverages. <u>This technique allowed</u> simultaneous quantitation of five types of catechins and caffeine in green tea without complicated sample preparation.

ムーヴ：結果と考察

Epigallocatechin gallate (EGCG) and epigallocatechin EGC were the main catechins in various FOSHU beverages and the concentrations of almost all catechins were higher in FOSHU, than in popular green tea-based beverages. The concentrations of EGCG in green tea-based popular beverages and in FOSHU beverages were 5.4–7.3 and 10.2–41.9 mg/100 mL, respectively, with the highest concentration being in a product named Healthya (approximately 147 mg/bottle). The simultaneous determination of compounds such as catechins and caffeine in FOSHU beverages <u>can help to estimate</u> beneficial and adverse effects <u>to prevent deleterious effects on</u> health and the excessive consumption of FOSHU beverages containing high concentrations of tea catechins <u>should be avoided</u>.

この abstract の情報の順番は大体どの分野でも共通している。また、各ムーヴの読み手への信号になっている表現が繰り返し使用されている。このような表現がアカデミック分野でどれだけ使用されているかは Google Scholar で検索できる。Google Scholar では「学術出版社、専門学会、プレプリント管理機関、大学、およびその他の学術団体の学術専門誌、論文、書籍、要約、記事」の検索ができる。これらの表現の hit 数は以下の通りだった（2017 年 5 月 2 日）。

have various useful features 約 22 件

野口ジュディー

have various* features	約 2,020 件
However, recent reports have indicated that	約 459 件
Recent reports have indicated that	約 8,170 件
are associated with	約 1,060,000 件
are not provided	約 70,800 件
precise information about	約 27,500 件
is needed to ensure	約 42,400 件
We used	約 2,910,000 件
to simultaneously identify and quantify	約 358 件
This technique allowed	約 18,000 件
can help to estimate	約 3,210 件
to prevent deleterious effects on	約 212 件
should be avoided	約 279,000 件

＊＝ wildcard（1 つもしくは複数の単語）

　学術論文を書くのであれば、以上のような表現を使用し、読み手に意図としている内容を分かりやすく提示する必要がある。特に、最後の文章に補助動詞の can と should が使用され、研究結果からの結論として提示している。

　ジャンルのパターン認識と使用頻度の高いフレーズを見つけるのには PAIL 目線で OCHA の手法を利用する。PAIL は Purpose, Audience, Information, Language features の頭字語で、扱っているテクストの目的、読み手あるいは聞き手、含まれている情報と言語的特徴を指す (Noguchi 1997)。OCHA も頭字語で Observe, Classify, Hypothesize, Apply を示している (Noguchi 2003)。学習者はテクストの PAIL を観察し、観察結果を分類し、表現などの使い方を仮定して、自分が受信するテクストの理解、発信するテクストの作成に学んだことを利用する。

2. どのようなコーパスをどのように使っているのか

　教室では学習者に PAIL 目線で OCHA の手法を体験させるためにミニ・コーパスの作成をさせる (Lee and Swales 2006, Noguchi 2003)。たとえば、物質工学の論文を書くのであれば、その分野のインパクト・ファクターの高いジャーナルから自分の研究に近い論文をテキストファイルや PDF ファイルとしてダウンロードする。以下で説明しているコンコーダンサーソフトで検索するために「書式なし」のテキストファイルが必要である。しかし、論文を読むためには、PDF のファイルが必要になるので、両方の形式でファイルのダウンロードをする。10 篇ぐらいでも役に立つ表現や文法傾向が見られる。

　このミニ・コーパスをコンコーダンスソフトを使って corpus discovery をする。お勧めのソフトは AntConc (Anthony 2012 *http://www.antlab.sci.waseda.ac.jp/software.html*) であるが他にも色々ある。

　ミニ・コーパスの「発見」の例として、3 つのミニ・コーパスを比較してみよう。

> Nature Podcast transcripts: 5 files; 4,006 word types; 28,443 word tokens
> 　週刊科学誌 Nature に掲載された興味深い内容の研究の紹介を研究者のインタビューを交えての約 30 分のラジオ番組のようなもので、バイオサイエンス系の内容が多い。(http://www.nature.com/nature/podcast/)
>
> Medical research papers: 4 files; 3,775 word types; 28,283 word tokens
> 　4 つの専門誌から医療関係の研究論文
>
> Case reports: 14 files; 4,581 word types; 27,850 word tokens
> 　*Journal of Medical Case Reports* からのファイル
> 　(http://www.jmedicalcasereports.com/)

表 1. Comparison of word frequencies in the three mini-corpora

	I	you	we	We	think	thought	so	therefore	Therefore
Nature Podcast transcripts	269	274	216	35	88[b]	14[c]	237[e]	2	0
Medical research papers	0	0	116	72	0	0	4	4	6
Case reports	2[a]	0	27	33	0	7[d]	3	3	7

[a] Found in section presenting patient's perspective in quote
[b] "I think" 52 hits, "we think" 10 hits
[c] "I thought" 2 hits, "we thought" 2 hits
[d] "are/is/was/were thought to", [e] "so what…" 16 hits, "so there is/was/will be/would be" 11 hits, "so I think" 5 hits, "so many" 6 hits, "so how did/do you" 4 hits.

　Oral presentation を中心としたコースであれば、Nature Podcast transcript のアナウンサーと研究者のやり取りが口語表現の参考になる。口語の場合、therefore のような重みのある表現はあまり使用されず、代わりに so のようなより口語的な副詞が使用されている。また、"I think" や "we think" は論文には例がなかった。テクストを書くのにあたって、medical research papers や case reports のコーパスが参考になる。

　学生に ESP を紹介し、discourse community やジャンル、ムーヴ、ヒント、表現の説明をした後、学生は自らコーパスを作成し、corpus discovery を行う。以下の学生の分析報告が示しているように、単語の使用例、文法の確認、用法の検索などを行う。

　Corpus Discovery 1
　論文 10 篇　　分野：海洋工学　検索単語・表現：so/therefore
　　「日本語における、「だから」は、論文では "therefore" を利用していることが AntConc を用いて分かった。逆に、"so" は、"so as to"、"so-called"、"and so on"、"so far as"、"so that" など、構文や成句として用いられていることがわかる。よって、「だから」と用いる場合、therefore を使用するべきである。また、therefore は、文頭で用いるべきか、否かについても調べたが、どちらも同じ回数くらい使われていたため、文頭で用いてもいいし、文中で用いてもいいことが分かった。」

Corpus Discovery 2

論文 5 篇　分野：生物工学　検索単語・表現：using/by using

「その研究において、一般と違うときは強調して by をつけている。また、そのような場合でも使用機器等の記述により by を使わず using のみになっていた。」

Corpus Discovery 3

論文 6 篇　分野：磁気学　検索単語・表現：show

「各論文に平均 10 回程度用いられているため、よく使われる単語であることがわかる。全体のうち受動態を含め、現在形の形で用いられているものが 60 件あり、すべて図や表の結果から言えることを指し示す場合に用いられている。過去形もしくは完了形で用いられている 2 件はいずれも過去の研究の結果を指し示す場合に用いられている。受動態の形、"as shown" の形で用いられているものがそれぞれ 28 件と 11 件あり、この形もよく使われていることがわかる。」

Corpus Discovery 4

論文 12 篇　分野：医学　検索単語・表現：we

「we は自分がやった研究に関しても、チームとして we を使う。しかしながら著者の考察に関して日本語では我々は〜だと考える、と記述するのが適切であるが実際には we thought などの表現はあまりないのではないかと考え、we の用法について勉強するために選んだ。」

「we を使う場合考察でどのように予想しているかというよりはこれまでの経験上または今後どんな検討をするべきかというような確定的なことにたいして we を使う。逆にどのように考えているかという think では even though の表現が 7/9 times であった。suggested においても we suggested that 〜ではなく 9/19 times は物、事 + be suggested の受動態。全てにおいて主語は物、事であった。indicate の用法では 〜 data indicate that 〜、〜 results indicate that 〜の表現が 9/15

times で主であり、いずれにしてもあいまいな表現の場合 we は使用されない case がほとんどであった。」

Corpus Discovery 5
論文 10 篇　分野：ニューロサイエンス
検索単語・表現：significantly
　「対象が「もの」や「現象」などの統計学的な差をみる場合、significantly の前に be 動詞が付く or 付かない時の違いが知りたい。」
　「"significantly" は主に論文において、統計学的手法を用いた結果を提示するときに用いられており、"有意に" や "顕著に" など結果を際立たせるための形容動詞である。予想していた通り、論文中では "significantly" の前に be 動詞が付くことが多かった。しかし、"significantly" の後ろに来る動詞は、be 動詞の有無に関わらず大半が過去分詞形であった。つまり、"significantly" の前部の be 動詞の有無に関わらず、"significantly" の後ろには過去分詞がくることで受身の形を表現できることが分かった。"significantly" の前部の be 動詞の使い方は未だに分からないが、今後論文を読み書きする際には、今以上に前後の文脈に注意することで違いを見つけていきたい。」

最近はインターネットで多くのオーディオファイルとその書き起こし原稿が入手可能である。理系関係の場合、Nature Podcast (http://www.nature.com/nature/podcast/), 60-second science (https://www.scientificamerican.com/podcast/60-second-science/), VOA (Voice of America) SpecialEnglish (http://learningenglish.voanews.com/) のサイエンスや健康に関するものなどがある。以下の Corpus Discovery にはスクリプトをミニ・コーパスに利用している。

Corpus Discovery 6
ポッドキャスト 10 篇　Nature, VOA Special English, Scientific American
検索単語・表現：really/actually/exactly

「いずれも強調の意味を持つ、副詞であるが、"Really"は形容詞の前に、"Actually"は動詞の前に用いられることが多い。また、前2者は文中での使用がほとんどを占めた。"Exactly"は半数で文頭に使用されている。強調したい内容により、これらの副詞を使い分ける必要がある。」

Corpus Discovery 7

ポッドキャスト 10 篇　理系分野　検索単語・表現：study

「自分の研究を説明する際に良く使う単語ではあるが、実際どの様な語と組み合わせて使うのかよくわかっていないので選んだ。」

「日本語の「この研究において」の「おいて」は英語では"in"を用いられており、頻度としては一番多かった。個人の場合は"by"、グループの場合は"from"が用いられていた。代名詞としては、"this"が用いられていることが多く、"the"は使われていなかった。"study"の後ろに続く単語としては、"study these glial cells"というような他動詞＋研究対象や"study published in 〜"と発表時期について言及するものが多かった。"suggest"、"demonstrate"など"study"を主語としている表現が見られた。"this study looked at 〜"といったややくだけた印象のある使い方もされていた。」

「〜についての研究」を日本語から英語に直接変換すると"study about 〜"と言ってしまいそうになるがこのような使い方はされておらず、"Did you study 〜"と人を主語として使うのが良いと考えられた。実際に学会などで質問する際に使うことが多い単語であり、これらを参考にして質問を構成したいと考えた。」

3. コーパスの威力と限界

以上の報告例が示しているように、コーパスを使うことによって学習者は自分の身近な分野で単語や文法の使い方が理解できる。また、辞書では違いが分かりにくい表現がコーパスで分かることがある。また、

podcast やオーディオファイルはリスニングの上達に利用できるだけでなく、口頭発表や質疑応答の表現も学べる。

　限界として、ミニ・コーパスで例の数が少ないのであくまでも参考として利用することを忠告する必要がある。しかし、論文のコーパスの場合、研究を進めていくと多くの論文を読まなければならない。論文を集めると同時にコーパスを増やしていくこともできる。

4. コーパスを使う際に注意していること

　ESP の概念を理解した上で、OCHA の手法で PAIL 目線を使って「ジャンル」を意識すると、初めて出会ったテクストでも理解しやすくなる。学習者自身が自分に必要なコーパス（論文、オーディオスクリプトなど）を作成し、1つの言語ツールとして利用することが出来る。

注

1. Japanese Society of Plant Physiologists
2. Plant and Cell Physiology

参考文献

Anthony, Laurence. (2012) http://www.antlab.sci.waseda.ac.jp/software.html

Brignac, Blake and Kayanush J. Aryana. (2012) Influence of various antioxidants on the characteristics of plain yogurt. *Food and Nutrition Sciences*, 3(9): 1277–1280.

British National Corpus 　http://www.natcorp.ox.ac.uk/

Collins Wordbanks 　http://www.collinslanguage.com/content-solutions/wordbanks

Cortes, Viviana. (2004) Lexical bundles in published and student disciplinary writing: Examples from history and biology. *English for Specific Purposes*, 23(4): 397–423.

Dressen-Hammouda, Dacia. (2008) From novice to disciplinary expert: Disciplinary identity and genre mastery. *English for Specific Purposes*, 27: 233–252.

Engber, Daniel. (2013) FYI. How did English get to be the international language of science? *Popular Science*. http://www.popsci.com/article/science/fyi-how-did-english-get-be-international-languagescience

Google Scholar　http://scholar.google.co.jp/intl/ja/scholar/about.html

Hunston, Susan. (2002) Corpora in applied linguistis. Cambridge, U.K.: Cambridge University Press.

Hyland, Ken. (2008) As can be seen: Lexical bundles and disciplinary variation. *English for Specific Purposes* 27(1): 4–21.

Lee, David and John M. Swales. (2006) A corpus-based EAP course for NNS doctoral students: Moving from available specialized corpora to self-compiled corpora. English for Specific Purposes, 25 (1) : 56–75.

Maruyama, Keiji, Fumiko Kihara-Negishi, Naoki Ohkura, Yasuhiro Nakamura, Miwako Nasui, and Moemi Saito. (2017) Simultaneous determination of catechins and caffeine in green tea-based beverages and foods for specified health uses. *Food and Nutrition Sciences,* 2017, 8, 316–325. http://www.scirp.org/Journal/PaperInformation.aspx?PaperID=74660

Nishimura, Mikio. (2000) On line service of Plant and Cell Physiology. http://www.jspp.org/10pcp/old_pcp_online.html

Noguchi, Judy. (1997) Materials development for English for specific purposes: Applying genre analysis to EFL pedagogy. *English Teaching,* 52(3): 303–318.

Noguchi, Judy. (2003) Teaching ESP writing: OCHA in a CALL class. *Cybermedia Forum,* 4. http://www.cmc.osaka-u.ac.jp/j/publication/for-2003/40–45.html

Plant and Cell Physiology　http://www.oxfordjournals.org/our_journals/pcp/about.html

Swales, John M. (1990) Genre *analysis: English in academic and research settings.* Cambridge, UK: Cambridge University Press.

Swales, John M. (2004) Research genres: Explorations and applications. Cambridge, U.K.: Cambridge University Press.

The Physical Society of Japan　http://www.jps.or.jp/english/concept.html

van Weijen, Daphne. (2012) The language of (future) scientific communication. Research Trends. https://www.researchtrends.com/issue-31-november-2012/the-language-of-future-scientific-communication/

語法研究と辞書編纂のための
コーパス利用

赤野一郎

1. はじめに

　コーパスが単に「言語資料の集まり」を指すのであれば、筆者のコーパス利用歴は長く、大学3年生の時、卒業論文作成のために興味をひいた用例を「京大型カード」と呼ばれるB6サイズのカードに記録したのがその始まりである。大学院修了後、いくつかの辞書編纂に携わることになり、用例カード作成は筆者の研究に欠かせない作業となった。その後のコンピュータとの出会いは、用例カードのデジタル化を実現し、コンピュータコーパスの普及は、辞書編纂の効率化と精緻化に貢献した。本稿では、筆者が語法研究と辞書編纂の過程で行ってきたデータ収集の方法がどのように変わり、それに伴いどのようなコーパスをどのように利用してきたかを、コーパス利用の留意点をはさみながらまとめることにする。

2. 京大型カードの活用

　「京大型カード」が紹介されたのは、1969年に岩波新書の1冊として出版された梅棹忠夫氏の『知的生産の技術』だった。手元にある背表紙が黄色くなった同書の奥付を見ると、「1970年8月10日第12刷発行」とあるので、筆者が大学3年の時に読んでいることになる。著者はその使い方として、「もってあるく」「わすれるためにかく」「1枚1項目」をあげ、「分類が目的ではない」のところで次のように述べ、カードは思考を活性化する「創造の装置」だと断言している。

　　知識と知識とを、いろいろにくみかえてみる。あるいはならべかえてみる。そうするとしばしば、一見なんの関係もないようにみえるカードとカードのあいだに、おもいもかけぬ関連が存在することに気づくのである。そのときには、すぐにその発見をもカード化しよう。(梅棹 1969: 58)

　それまで用例をノートに記録していた私にとって、1例1例用例をカードに記録していく方法は、語法研究と辞書編纂のための用例収集にぴったりだった。
　卒論作成でこのカードを大いに活用した。動詞 begin doing/to do の補文構造と意味を卒論のテーマに決め、4年生進級前の春休みから、ペーパーバックを読みながら、ひたすら begin の用例をカードに書き留める作業を続けた。夏休み頃には段ボールケース1箱ぐらいになっていた。集まったカードをめくりながら用例を観察し、begin の2つの構文が使われているコンテキストについて気づいたことを新たにカードに書き留め、再度用例を見直すという作業を繰り返した。今から思えば、仮説と検証を繰り返していたことになる。これが筆者のコーパス利用の原点である。そのとき筆者が学んだのは、データを深く読み込むことの重要性だった。

赤野一郎

3. 用例カードの優れている点と電子カード

　辞書編纂のための従来の用例収集は、個人が読書の折りに、興味を引いた用例をカードや紙片に記録する方法が一般的であった。この収集方法の欠点として、個人の読書範囲には限りがあり、したがって集まるデータに偏りが生じ包括性に欠けること、収集者の興味が反映された主観的選択になるため、珍しい語や特異な例が集まりがちであることなどが挙げられる。ところが辞書に必要な用例は、普通の語の普通の使用例である。

　しかしながら読書の過程でカードに記録し収集するこの方法にも長所がある。それは記録した例文の文脈を収集者が完全に把握しているので、語のニュアンスを実感することができるということである。研ぎ澄ました語感と、普通の用例を集めるのだという意識をもって臨めば、適切な実例を集めることができる。(1)は筆者の用例カードからの実例である。

(1) a. "You *made* Mr. Allen change his mind, did you not?" "He changed his mind. I couldn't force him. I didn't. It was his decision." (P. Margolin, *The Undertaker's Widow*)

　　b. Mogan promised to *fax* me a letter to this effect by late morning. (J. Grisham, *The Rainmaker*)

　　c. "I have some things to tell you," he said. "*I'm all ears.*" (S. Woods, *Imperfect Strangers*)

　辞書における適切な用例とは、①わかりやすいこと、②当該語の意味を正確に伝えるコンテクストを含んでいること、③使用頻度の高い典型的なものであること、などが条件である (赤野 2000: 51–52)。(1a) は force を並用することで、make の使役の意味をみごとに解説している。(1b) は fax の二重目的語構文の使用例、(1c) は「ちゃんと聞いている」意のイディオム、be all ears の対話例である。いずれもコンテクストがはっきりして

おり、わかりやすく、典型的な使用例である。

　さらに手作業で集めた数の限られた言語資料でも、言語感覚を研ぎ澄ませ、データを深く読み込むことで、言語事実を的確に把握できることがある。このことを実感したのは、Partington (1998) の happen の記述を読んだときである。Halliday and Hasan (1976) は、man, boy, place, idea, thing, matter などの指示対象の広い名詞を「一般名詞」(general noun) と呼び、それらの名詞が the, that を伴ったとき、代名詞と同じく前方照応的になり、先行文との結束性を高める機能を発揮すると述べている。この考え方を踏襲して Partington は happen と occur を、「一般動詞」(general verb) と呼び、"it [that] happens [occurs]" も前方照応的であり、先行文との結束性を高める働きがあると主張した。しかしながら、筆者はそれより 20 年早く、小西 (1980: 687) において happen の執筆を担当した折、手作業で集めた言語資料を観察し、精査することにより、同主旨以上のことを述べた。

> NB3 すでに起こった出来事を'It [This] happens'で表現し、それに副詞（句）を付加して出来事の説明〔時・場所・様態など〕を行うことがある：He doesn't respond to his name. He's also very stiff, physically. Melba says *this happens* sometime when he's out playing, but *it has never happens* in his sleep before. –Cline, *Damon*. 名前を呼ばれても返事をしません。彼の体もこわばっています。メルバの話によれば外で遊んでいるときには時々こんなことがあるのですが、寝ている時には今まで一度もなかったということです /A bright light in the room snapped on. *It happened* so suddenly, without any warning sound, that Keycase's quick thinking–on which he prided himself–failed him entirely. —Hailey, *Hotel*. 部屋の明かりがいきなりついた。何の前ぶれもなく、一瞬のことだったので、キーケースの自慢の頭はいつものようにすばやく働かなかった。

　「すでに起こった出来事を'It [This] happens'で表現し」の部分は、まさに前方照応的であることを指摘しており、さらに「それに副詞（句）を付加して出来事の説明〔時・場所・様態など〕を行うことがある」の部分は、

Partington は指摘していない happen に後続する副詞相当表現が、新情報を担っていることを述べている。"it [that] happens [occurs] は、英語では構造的に必須要素だが、新情報を伝えるための前文との単なる架け橋であり、日本語になると、第 2 例のようにこの部分は訳す必要がないことも興味深い。これには後日談がある。数年前、happen に関するこの記述を思い出し、確認のために 'it happened' を検索すると、以下のような結果が得られた。

---

1. It happened at the end of March 1996, when Julie decided to celebrate her birthday."
2. It happened at the first camp at the junction with the Guder River whilst our scientists ranged
3. It happened because he uses the muscles in his strumming arm to much.
4. it happened because she would go with him so he would not have to be alone.
5. it happened before I was even aware that it was being made.
6. It happened between 9 and 10am near a crowded marketplace."
7. it happened everywhere he went and he blessed it and loved it.
8. it happened fast, fast, fast.
9. It happened in a place called Aparri on—on the way out of Bataan.
10. It happened in Clontarf Road in the north of the city.
11. It happened in Tasmania when an unstable coalition came apart.
12. it happened late on Sunday in a raid by extremists on Mr Singh's home near Amritsar.
13. it happened on the street.
14. it happened so quickly that June did not react at first.
15. It happened so unexpectedly that for a long time I could n't talk about it at all.
16. it happened when she visited your town.

図 1. it happened のコンコーダンス

---

it happened に後続する要素が長くなっていることに注意されたい。この部分が新情報を担っている必然的結果である。さらに 14, 15 行は、「it happened so ～ that 節」の構文になっており、NB3 の第 2 例はまさにそうである。ちなみに BNC で it happened so を検索すると 18 例ヒットし、it happened so fast (that...) が 6 例、it happened so quickly (that...) が 6 例、it happened so soon が 1 例という結果で、「一瞬の出来事だった (ので…)」というのが典型的状況であることを示しており、その典型例が手作業で集めた例にも含まれていることに注意されたい。繰り返すが、大規模コーパスを利用せずとも、語感を研ぎ澄ませてデータを深く読み込めば、言語事実を的確に把握できるのである。

先程「筆者の用例カード」ということに触れたが、現在ではコンピュータで入力されデジタル化された電子カードのことである。カードは電子化されると、全文検索が可能になり、1枚のカードを何枚分ものカードとして活かすことができる。(1b) は fax だけでなく、promise, to...effect, by などのカードにもなる[1]。そのほか、電子カードは、①大量のデータ管理が容易、②検索が瞬時に可能、③一定の基準に従った分類・並び替えができるので、④1枚1枚ばらばらに存在していたデータに有機的関連性を見いだすことが可能、などの利点がある。

4. コーパス構築とインターネットの活用

　語法研究に役立てるべく、筆者は長らくコーパスの構築とその利用法を研究してきたが、最初は全く手探りの状態だった。世界で初めてのコンピュータコーパスである Brown Corpus を入手し、その構造を調べ、みようみまねで独自のコーパスを作り始めた。そのとき参考になったのが、今の Bank of English の元となった、The Brimingham Collection of English Texts の構築過程を詳述した Renouf (1987) であった。1990 年の夏に彼女から直接話を聞くために、Birmingham 大学に1ヵ月半滞在し、実際にコーパスを使い、そのシステムに関して彼女と技術者から話を聞いた。その数年後に不十分ながらも自作のコーパス (KUFS Corpus) を完成させ、今日まで語法研究などに利用してきた。

　長年にわたりコーパス構築の作業を続けてきた経験から、筆者が確立した手順は、①コーパスの領域の決定、②テキストカテゴリーの設定、③テキストの選定とサンプリング、④テキストの入力、⑤入力ミスの訂正、⑥テキスト情報の付与、⑦言語情報の付与である[2]。この中で大きく変化したのは入力作業である。キーボード入力から、スキャナーで読み込んだ画像データを文字データに変換する OCR ソフトの使用、さらにインターネット上の英語を直接ダウンロードしたり、CD-ROM のデジタルデータの活用などにより、短時間に大量のコーパス素材を獲得することができるようになった。

インターネット上には、著作権の消滅した文学作品に始まり、政府刊行物、新聞・雑誌の記事、ラジオ・テレビの放送スクリプト、電子雑誌など、膨大な数の電子テキストが存在している。決定した英語の領域に合致した種類とテーマの英語で情報を発信しているホームページを探し出すことができれば、後はひたすらアクセスしダウンロードすれば、短時間の内にコーパスの素材を集めることができる。たとえば、CNNのホームページ (http://edition.cnn.com/TRANSCRIPTS) は、ニュースを中心に、様々なトピックの英語が提供されており、現代英語の宝庫である。かつて筆者はインタビュー番組として名高い、今は終わってしまったLary King Live のスクリプトを、airWeb という Web 巡回ソフトを使って[3]、2001 年 1 月〜 2007 年 4 月までの 2600 回分をダウンロードしたことがある。短時間に 2,285 万語のインタビュー英語を集めることができ、今も活用している。

CD-ROM も形式によってはコーパスデータになりえる。CD-ROM には情報にインデックスが付与されたバイナリ形式になっており、文字データを直接抽出できないものと、文字データがコーパス化しやすいテキストファイルの形式で収められているものがある。前者の CD-ROM でも、検索結果として表示された部分は、テキストファイルとして保存できるので、手間を厭わなければ、特定の分野を代表するキーワードで検索した結果を、1 つずつファイル化していくだけで、その分野の英文を集めることができる。

CD-ROM そのものがコーパスの役目も果たす。たいていの電子百科事典には、記事に使われているすべての語句を検索する、いわゆる全文検索機能が備わっている。たとえば World Book (1999 年版) で pain を検索すると、pain を含む記事が 101 本抽出された。さらにこの事典には 2 つの語が同一文中で現れるかどうかを検索できる機能がある。たとえば「痛みをとる」という意味で "relieve...pain" のコロケーションがどの程度使われているかを調べてみると、38 本の記事が選び出され、(2) のような例文がたちどころに 50 も集まった。

(2) a. Morphine is a drug used to *relieve* severe *pain* and to treat several other medical problems.

b. Fireweed, one of many weeds used in making certain medicines, helps *relieve pain*.

5. コーパスとしての World Wide Web の活用

　日々増え続けている Web ページ全体を、言語分析のための言語資料の集まりと見なせば、World Wide Web は世界最大のコーパスと言えよう。しかしながら、コンピュータで処理可能な形式であることを除けば、厳密な意味でのコーパスとは言い難い。書き手は必ずしも母語話者であるとは限らないし、重複も多く、多種多様なテキストが偶然集まったものに過ぎない。サンプリングという計画性はなく、誤りも多く含まれている。

　しかしながら Web ページをコーパスとして活用することも可能である。利点の第 1 はその規模と多様性である。少し古いデータだが、Web ページ全体の 3 分の 2 近くが英語で書かれており、語に換算すればおよそ 3 兆語のサイズに達する (Bergh 2005: 25)。この圧倒的データ量はその質的不均衡を是正する。Sinclair (1991: 18) が "...a corpus should be as large as possible, and should keep on growing." と主張する所以である。また「多種多様なテキスト」は、見方を変えれば、既存のコーパスには収録されそうもない多様で幅広いタイプのテキストが含まれているということである。

　第 2 に Web ページは日々増え続け、絶えず修正や削除が行われる動的データの集まりであるのに対して、一般にコーパスは作られた時点までの言語の記録にとどまる静的データの集積である。コーパスとしての Web ページは、刻々と変化することばの今を監視する Sinclair (1991: 24–26) の言う "monitor corpus" の役目を果たしている。したがって新しい言い回しの収集と分析に適している。さらに、コーパスは作られた時点以降に生まれた新語を検索することはできないし、それ以前の新語であっても数はきわめて少ない。たとえば、折り畳み式になっていない棒

状の携帯電話を candy bar phone と言うが、BNC には candy bar は見いだせても、candy bar phone は見当たらない。Google で "candy bar (phone OR phones)" を検索すると、「約 7,370,000 件」と表示された[4]。ちなみに Google のイメージ検索を使えば、その形状を画像で見ることができる。

　第 3 に Web ページは、母語話者の直観が無意識に発動された産物であると言える。Web 上には公的刊行物や新聞、論文などの十分推敲された文書も多くあるが、様々な背景の多種多様な一般の人々が、それぞれの関心と興味で気軽に情報を発信しているがゆえに、自然で意識しないことばの使用が観察できる。

6. 辞書編纂にコーパスを使う

　周知の通り、OALD, LDOCE 等に代表される学習英英辞典はすべてコーパスに基づき編纂されている。なぜコーパスなのか。全面的にコーパスに依拠して編纂された『ウィズダム英和辞典』の編纂と改訂作業を通じて、その利点をあげる。辞書編纂におけるコーパス利用の利点の第 1 は、コーパスから特定の語や句が生じるすべての文脈を引き出せることである (Biber *et al.* 1998: 26)。KWIC コンコーダンスのおかげで、少数の使用例からだけでは気づかない言語事実を、われわれ非母語話者でも察知できるようになった。(3)の対話をご覧いただきたい。

(3)　　　SHARI DAHMER: Yes. He was embarrassed and ashamed that his parents were divorced. See, I did not...
　　　　KING: He was?
　　　　SHARI DAHMER: Oh, yes, very much so. He didn't want his friends to know. He–see, he withheld his true feelings. He was very good at disguising his feelings. But he was ashamed and embarrassed. (Larry King Live, 7/11/2004)

記述に値する表現が含まれているようには思えない。ところが BNC

でfeelingsを検索し、無作為に抽出した3,000行から「形容詞＋feelings」のコロケーションパターンを集計すると、上位5位の形容詞はstrong, mixed, personal, true, negativeで、上例に見られる 'true feelings' のtrueは4位に入っている。文脈を精査すると、図2の下線部が示すように、この句は感情を表に出すことのためらい、抵抗、拒否、困難さなどの否定的文脈で頻繁に使用されていることがわかる (Sinclair 2004: 35–36)。数多くのコーパスデータを得て初めて発見できる言語事実である。

```
ay be reluctant to offer their & bquo; true feelings or observations & equo; ."
   t game, and the fight to conceal his true feelings was well and truly lost."
    ad finally forced her to confront her true feelings for Arnie."" Sean was the
    ealised that she had been denying her true feelings for years."" Instead she
    smile broadened, and to disguise his true feelings he turned the smile on Mr
   ainst the humiliation of exposing her true feelings."" It was beautiful, and
   ruthlessly, turning blindly from her true feelings to hate him more."" Joan
  ploy to conceal even from herself  her true feelings & mdash; the quickening of
   "Suppression is a way of hiding your true feelings so that they remain an int
        ing at her reassuringly, keeping his true feelings from showing." First of a
          r Chester's? "She tried to mask her true feelings from her mother and sister
     mother finds it difficult to show her true feelings. & equo; " It was just a ma
```

図2. true feelings のコンコーダンス

　もう1つの利点は母語話者の直観の問題と関係する。チョムスキーが言うように、ネイティブスピーカーが母語に関する完全な知識を持っているとしても、直観による内省によってその言語知識を引き出せる保証はない。とりわけコロケーション、頻度、句表現に関して直観はあまり有効に機能しない (Huston 2002: 20)。これらのうちコロケーションに関する母語話者の直観の限界を見るために、コーパスに基づき編纂されたLDOCE 3とそれ以前のLDOCE 2の記述を比べてみよう。実例 (4) に見られるように、conveniently forget のような一見すると奇異に感じられるコロケーションがある。

(4) 　"Your Honor, " Chandler said, "Detective Bosch has *conveniently forgotten* that we had a fifteen-minutes break during the afternoon session. I should

赤野一郎

think that was ample time for the detective to fill in his attorney on such important information." (M. Connelly, *The Concrete Blonde*)

　LDOCE 2 には convenient の 2 番目の語義 'near; easy to reach' に対応する副詞として *conveniently situated in a quiet suburb* の用例が添えられているだけで、(4) に見られる用法の記載はない。ところが LDCOE 3 では、conveniently が見出しに立てられ 3 つの語義に区分され、詳細な語釈が与えられている。語義 3 では (4) と類似した用例も添えられている。

(5)　　If someone has **conveniently** forgotten, ignore, lost etc something, they deliberately do this because it helps them to avoid a problem or to get what they want: *You conveniently forgot to tell me she was Nick's sister.*

　コーパスによって編纂者が初めて気づいた言語事実だったと推測される。その証拠に、LDOCE 3 に先んじること 8 年、世界で初めてコーパスに基づき編纂された辞書、COBUILD 1 はすでに conveniently に 2 つの語義を認め、*The report conveniently fails to remember our earlier criticism.* の用例を添えている。コーパスは奥底に潜んでいる母語話者の言語直観を刺激し表に引き出し、今まで気づかなかった現象に気づかせるのである。

　母語話者には気づきにくい語にまとわりつく内包的意味を明らかにする場合にも、コーパスは威力を発揮する。図 3 の下線部に注目されたい。

```
     egation to visit Peking has had to sit through a lengthy recounting of the
ending constituents'weddings and sitting through endless meetings with co
    1991, by which time the judge had sat through four months of preparatory h
   not a part of it but compelled to sit through it, Murder in the Cathedral
   entrate on these without having to sit through lengthy periods when colleag
    ultural Revolution, and he had to sit through the shouting matches and bra
    rs are rooted to the floor as they sit through two and a quarter hours of s
```

図 3.　sit through のコンコーダンス

have to, compelled to から気の進まない態度が読みとれ、lengthy, endless の修飾語や時間表現に注意を払えば、sit through は「長々と続く退屈なイベントに辛抱して最後まで参加する」のネガティブな意味合いがあることがわる (Hunston 2002: 60-62)。辞書においては丸括弧内で解説されたり、選択制限として示される。『ウィズダム』では(6)のように解説し、用例の日本語訳でもこの語の持つ否定的意味合いを示している。

(6)　　 *sit through* A〈辛抱して〉A〈劇・演説など〉を最後まで見る［聞く］；〈いやな事など〉を終わるまで待つ：sit through the same lecture twice 同じ講義を2回我慢して最後まで聞く

　このようにコーパスは辞書編纂に計り知れない恩恵をもたらしたが、コーパスにも制約がある。第1にコーパスの大規模化に伴うデータ分析の困難さである。確かに大量の用例が簡単に手に入るようになったが、あまりにも膨大な量のコンコーダンスは分析者の手に余ってしまう。第2にコンコーダンスデータは与えられたデータなので、前後をいくら読んでも意味のつかめないケースもある。1つ目の問題に対しては、MIやt-score などの統計指標の活用や、Sketch Engine のような統計指標に基づき文法関係ごとにコロケーションを整理するレキシカルプロファイリングの手法を用いることで、データ分析の効率化が図れるであろう[5]。2つ目の問題の解決策の1つは、辞書編纂におけるネイティブスピーカーとの共同作業である。

7. おわりに

　上述したように、コーパスデータの分析には、コンコーダンスを観察・分析する方法と、統計指標によるコロケーションパターンの提示や、変数を設定しテキスト間の相関関係を統計的に算出する方法がある。前者のコンコーダンスの分析は、個人の分析能力に大きく依存し、個人によって異なる結果が導き出される危険性がある。他方、後者は主

観に陥らず、客観的結果を導き出してくれるが、得られた数値をどう読むかが問われる。両者は互いに補い合うものでなければならない。コーパス研究に従事する者も、大別するとコンコーダンス派と統計派があり、互いのアプローチを尊重しなければならないし、両者の共同研究がコーパス研究の理想的な形であろう。

注
1. データベースソフトを使った電子カード作成のノウハウについては、赤野・井上(1987)を参照されたい。MS-DOS 時代に書かれたものだが、作成の原理は今でも参考になるはずである。
2. 個々の作業については齊藤他(2005)の第3章「コーパスを編纂する」を参照されたい。
3. 今はこのソフトは入手できなくなっている。
4. 2013年8月27日現在の結果である。2017年4月に同表現を検索すると、52,900件に激減していた。この種の携帯電話がスマートフォンに取って代わられたことを物語っている。
5. 辞書編纂における統計指標とレキシカルプロファイリングについて詳しくは赤瀬川(2018)、赤瀬川他(2016)を参照されたい。

参考文献

赤野一郎(2000)「データ収集をめぐる闘い」『言語』29(5): 50–58.

赤野一郎・井上永幸(1987)「パソコンを使った語法カードの整理学」『英語教育』36(7): 78–82.

赤瀬川史朗(2018)「辞書編集に関わるコーパスツール」赤野一郎・井上永幸編『コーパスと辞書』くろしお出版.

赤瀬川史朗・プラシャント・パルデシ・今井新悟(2016)『日本語コーパス活用入門―NINJAL-LWP 実践ガイド―』大修館書店.

Bergh, Gunnar. (2005) "Min (d) ing English language data on the Web: What can Google tell us?" *ICAME Journal* 29: 25–46.

Biber, Douglas, Susan Conrad and Rardi Reppen. (1998) *Corpus linguistics: Investigating Language Structure and Use*. Cambridge: Cambridge University Press.

Halliday, M. A. K. and Ruqaiya Hasan. (1976) *Cohesion in English*. London: Longman.

Hunston, Susan. (2002) *Corpora in Applied Linguistics*. Cambridge: Cambridge University Press.

小西友七編(1980)『英語基本動詞辞典』研究社.

Partington, Alan. (1998) *Patterns and Meaning: Using Corpora for English Language Research and Teaching*. Amsterdam/Philadelphia: John Benjamins.

Renouf, Antoinette. (1987) Corpus Devlepment. In John Sinclair (ed.) *Looking Up: An account of the COBUILD Project in lexical computing*. London/Grasgow: Collins, 1–40.

斎藤俊雄・中村純作・赤野一郎 (2005)『英語コーパス言語学—基礎と実践—』(改訂新版) 研究社.

Sinclair, John. (1991) *Corpus, Concordance, Collocation*. Oxford: Oxford University Press.

Sinclair, John. (2004) *Trust the Text: language, corpus and discourse*. London/New York: Routledge.

梅棹忠夫(1969)『知的生産の技術』岩波書店.

単なる用例集ではなく代表性を有した分析対象としてのコーパス

井上永幸

1. はじめに

　私のコーパス利用の話をする前に、しばしの道草をお許しいただきたい。私がそもそも英語研究にコンピュータを利用するようになった切っ掛けは、1985年当時非常勤講師として通っていた京都外国語大学にある情報処理の部屋で、赤野一郎先生より MS-DOS 上で動くミクロコスモス (μCOSMOS) を見せていただいたことに始まる。しばらくその部屋に通うにつれ、是非自分のパソコンで英語の語法データベースを構築したいという思いに駆られるようになった。そしてついに、当時最新の NEC 9800 シリーズとデータベースソフト「桐」(株式会社管理工学研究所) を手に入れ、入手した用例とそれにまつわる語法情報を入力し始めた (cf. 赤野・井上 1987)。しかしながら、手作業による入力は時間がかかる上、集まる情報は自分が読んだものに限られるという、必ずしも効率のよいものとは言えない状況であった。しばらくすると、スキャナで読み取った画像データをテキストデータに変換できる OCR (Optical Character Reader) が現れ、英文を入力する効率は多少とも改善されたが、

当時のデータベースソフトは上述の「桐」でさえも1項目内に入力できる文字数が1,000文字程度に限られ、語法に関する細かい情報を記録するには分量的に不安のぬぐえないものであった。そこで私は方針を変え、語法・文法参考書などの索引をOCRで読み込み、そのデータベースを構築することにした(cf. 井上1994)。このデータベースは、管理するソフトは「DBPro」(株式会社ソフトヴィジョン)に変更したものの、現在でも増殖中で7万件を超えるものとなっている。

さて、その間、イギリスで大規模なコンピュータコーパスの構築が本格化し、大型コンピュータではなく、ネットワークに繋がったパソコンからそれらを利用できるようになった。赤野先生や当時徳島大学におられた中村純作先生が英国のBirmingham大学へ行かれて日本人による英語コーパス研究の先陣を切られ、私も続いて1993年に同大学で研究をする機会を得た。その後、インターネットが本格的に普及し、日本からでもWordbanks*Online*〔旧称COBUILD*direct*〕等の大規模コーパスへアクセスできるようになった。以下の節で、私のコーパス利用について紹介させていただく。

2. なぜコーパスを使うのか

私がコーパスを使う理由について、2つの観点から考察してみたい。まず、コーパスが使えるようになるまでは、語法研究者は日頃の読書によって集めた語法カードをもとに語法研究を行っていた。当然、個人の好みによるデータの偏りもあるし、そもそも1人の人間が行う読書の量には限りがある。読書による語法カード採取は文脈を理解した上での採取が可能なことは有利な点であるが、仮に、コーパス以前の語法研究とコーパスを活用した語法研究で同じ結果が示されたとすれば、広く代表性のあるバランスのとれたコーパスを適切に利用した後者の語法研究の方が汎用性の点で勝っていることは言うまでもないであろう。ましてや語法カード採取に要した時間のことを考えれば、なおさらである。

もう1つは、一般にコーパスを使えば母語話者が発信のために自然に

発した言語を分析対象とすることができるという利点がある。かつては非母語話者が語法研究をする場合、英語母語話者が内省的な正誤判断を示すために作成した用例が絶対的根拠として用いられることが多かったが、近年コーパスを検索することによってその反例に遭遇する経験をすることも少なくない[1]。たとえ英語母語話者による正誤の判断であっても、自分の論理展開に有利なようにバイアスがかかることも否定できないし、方言や個人的な癖の可能性もあるであろう。特定の表現がコーパスにないからといって、その可能性を否定することはできないが、一般性や慣用性を問題にすることは可能であろう。

3. どのようなコーパスをどのように使っているのか

　私がコーパスを利用する主な場面は、シノニム・語法研究、辞書編集、教育である。以下に、それぞれについて、どのようなコーパスをどのように使っているのかを略記しておきたい。

(1) 　シノニム・語法研究：Wordbanks*Online*, BNC〔その他、Sketch Engine から利用できるもの〕、COCA〔その他、CORPUS. BYU. EDU から利用できるもの〕、独自に集めたテクストなど〔TXTANA, WordSmith Tools などを利用〕；KWIC 表示や各種統計値を利用。
(2) 　辞書編集：出版社提供のバランストコーパスを中心に、その他コーパスを確認用に用いる；KWIC 表示や各種統計値を利用。
(3) 　教育：専門の授業で Wordbanks*Online*, BNC；教養教育の授業で「用例コーパス」〔http://wisdom.dual-d.net/corpus/〕を使った小テスト作成。

4. コーパスの威力と限界

　第 1 節でふれたように、私は 1993 年から 1994 年にかけての在外研究

以来、コーパス検索ツールが提供する各種統計値を適宜参考にしながらコーパスデータを読み込むという手法で、一貫してシノニム・語法研究を行ってきた。ここでは、井上 (2010b) で行った quiet と silent に関する分析の一部を紹介しながら、コーパスの威力と限界について考えてみたい。Bank of English〔2010 年 3 月現在のデータ（5 億 2,000 万トークン）〕に拠っている。

表 1 は quiet と silent の直後に生起する名詞を意味分野別に分類したものである。

表 1. quiet および silent の t-score picture コラム R1 に現れる名詞の分類

	quiet		silent
場所	place, corner, room, street (s), spot, country, cul-de-sac, residential (area [street]), town	行為	prayer, auction, reading, protest, treatment, tribute, tears, scream, contemplation, revolution, vigil
時	night (s), day, time (s), moment (s), period, evening	映画	film (s), movie (s), era, screen, cinema
事	life, revolution, trading, drink, game, contemplation, determination	人など	son (s), majority, witness, partner, type, killer, man
感情・態度	satisfaction, confidence, dignity, way, desperation	時	night, spring
人	man, person	場所	room
その他	ones		

quiet の方は、人に関する分野やその他に分類した文法的代用形である ones を除いて、場所、時、事、感情・態度などの分野に比較的バランスよく分布している。一方、silent の方は、行為を表す名詞が最も多い。ここに分類されている名詞の多くは、silent prayer（黙祷）、silent auction（書面で入札をする競売）、silent reading（黙読）、silent protest（無言の抗議）、silent treatment（(喧嘩の後などで) 口をきかないこと）、silent tribute（無言の賛辞、黙祷）、silent tears（(声を上げず泣いて) 涙を流すこと）、silent revolution（無言の革命）、silent vigil（無言の抗議行動）など、通例は言語や

音声を伴う行為が何らかの理由で無言あるいは無音で行われているものである。なお、silent contemplation（黙考）のように、本来無言あるいは無音で行われるものにあえて silent が強意的に付け加えられることもある。

表 2 は、quiet と silent の直前に現れる語の MI-score 順リストから程度副詞のみを抜き出して表示したものである。順位を書き入れていないものは、MI-score の 50 位までにランクされていないため、抽出したそれぞれ 14,741 行の KWIC 表示から手作業で数え上げたものである。

表 2. 程度副詞

	quiet				silent		
	L1	freq.	MI-score		L1	freq.	MI-score
11	awfully	7	7.2394	32	utterly	28	7.0665
12	relatively	105	7.1476		very	46	—
18	fairly	57	6.5309		relatively	8	—
22	comparatively	6	6.4034		fairly	3	—
33	very	559	5.3042		comparatively	3	—
36	pretty	57	5.2094		pretty	2	—
47	extremely	23	4.7933		extremely	2	—
	utterly	1	—		awfully	1	

quiet の方は、一般的な very, pretty, fairly といったものから、やや程度が甚だしい状態を表す awfully、極大詞（maximizer）である extremely、相対的な評価であることを表す relatively, comparatively などがリストアップされているが、silent の方は極大詞の utterly のみがリストアップされている。quiet が幅広い副詞の修飾を受けやすいのに対して、silent はもともと意味が強いためか、極大詞の utterly のみがリストアップされている。silent がなぜ quiet の方にリストアップされている extremely ではなく、utterly の方と相性がよいのかについては、極大詞の意味分布に関わる問題なので、稿を改める必要がある。

表 3 は、quiet と silent の直前に現れる語の MI-score 順リストの内、静

けさや沈黙について話し手・書き手の何らかの評価を示す副詞のみを抜き出したもので、quiet と silent に共通して現れる副詞については網掛けしてある。

表3. 話し手・書き手の何らかの評価を示す副詞

	quiet					silent		
	L1	freq.	MI-score			L1	freq.	MI-score
1	eerily	28	10.2850		6	eerily	34	10.5652
2	deathly	11	9.9644		7	spookily	5	10.2322
3	unnervingly	3	9.7160		9	deathly	9	9.6749
4	unnaturally	6	8.7533		12	conspicuously	14	9.0784
5	uncharacteristically	8	8.6829		13	unnaturally	7	8.9757
6	unusually	39	8.0361		15	uncharacteristically	8	8.6829
7	deceptively	5	7.6069		16	strangely	53	8.6676
9	strangely	24	7.5245		21	ominously	7	7.9368
10	unbelievably	5	7.2677		29	curiously	15	7.2993
17	noticeably	4	6.7411		38	noticeably	4	6.7411
24	remarkably	11	5.9423		40	oddly	10	6.5232
26	curiously	5	5.7141		48	mysteriously	3	6.0997
28	deadly	12	5.6824					
29	oddly	5	5.5231					
31	reasonably	11	5.4430					
32	surprisingly	13	5.3094					
35	normally	26	5.2311					
38	unexpectedly	4	5.2041					
40	wonderfully	4	5.1676					
41	amazingly	3	5.1006					
44	traditionally	8	4.9491					
48	incredibly	6	4.7782					

表3のリストで、quiet と silent の両方にランクされている副詞には、

eerily（不気味なほど）、deathly（死んだように）、unnaturally（異様に）、uncharacteristically（珍しく）、strangely（奇妙なくらい）、curiously（妙に）、noticeably（人目を引くほど）、oddly（常軌を逸するくらい）など、静けさの様子を比喩的に表現したり、静けさの程度が正常な状態や期待される状態を越えることを表現する副詞が含まれる。quiet に特有の副詞としては、unnervingly（度肝を抜くほど）、unusually（いつもと違って）、deceptively（見かけと違って）、unbelievably（信じられないほど）、remarkably（著しく）、deadly（死んだように）、reasonably（ほどよく）、surprisingly（驚くほど）、normally（普通に）、unexpectedly（予想外に）、wonderfully（すばらしく）、amazingly（たまげるほど）、traditionally（伝統的に）、incredibly（とてつもなく）などがあがっており、異常さを訴える副詞が多いものの、中立的あるいは肯定的な評価を表す副詞も現れている。一方、silent に特有の副詞としては、spookily（不気味なほど）、conspicuously（際だって）、ominously（不吉なほど）、mysteriously（不可解なほど）などがあがっており、静けさの程度が正常な状態や期待される状態を越えることを表現する副詞も含まれるものの、その静けさの状態を不思議に思ったり恐ろしく思う気持ちを表す副詞があがっている。詳しくは井上（2010b）に譲るが、一言で言えば、静かさを表す語として無標の quiet に対して、無音や無言をことさら強調する silent ということになる。このように，前後に生起する語との関係を効率的に吟味しながら対象となるシノニムペアについて、その使用分布を客観的かつ科学的に判断することができるのは、語法カードでは実現できないコーパスの威力と言ってよいであろう。

　一方、表 4 は quiet と silent の直後に生起する語の *t*-score リストであるが、興味深いことに、quiet では 15 位に、silent では 5 位に as がリストアップされている。

表4. quiet および silent の直後に生起する語の t-score リスト

	quiet R1	freq.	t-score		silent R1	freq.	t-score
1	and	1,302	26.3911	1	for	746	22.5437
2	life	238	14.7869	2	and	907	18.5041
3	about	255	13.9931	3	on	501	17.6969
4	but	304	13.4457	4	sons	267	16.3137
5	man	158	11.8137	5	as	418	16.2845
6	revolution	97	9.7876	6	about	251	13.8517
7	place	104	9.5225	7	majority	187	13.5847
8	night	99	9.2444	8	film	186	13.4180
9	corner	86	9.1535	9	movie	170	12.9459
10	for	281	8.9921	10	prayer	122	11.0188
11	day	98	8.7280	11	night	129	10.7398
12	voice	79	8.6651	12	films	101	9.9760
13	word	75	8.4220	13	witness	100	9.9543
14	time	112	8.3577	14	spring	101	9.9463
15	as	192	7.7175	15	movies	97	9.7939

※網掛け部分は両方に共通して現れる語。

　その理由の1つは as quiet as と as silent as という句が用いられているからである。しかも、両者の表現は頻度の上では大差ないにもかかわらず〔それぞれ45例（as quiet as を除く）と44例〕、問題は quiet の方にだけ as ... as possible の形が現れていることである。コーパスを眺めていてこういった事実に気づかされるのが、まさにコーパス駆動的（corpus-driven）な視点を実感できる瞬間である。(4)を見られたい。

井上永幸

(4)　　as quiet as possible

```
30   . in a ceremony that he kept as quiet as possible, Brecht married the five months'
31     there and were warned to be as quiet as possible. But Lucy found the thought of c
32   s her thigh. He tried to be as quiet as possible, but she mumbled, seeming to sen
33    ve done our best to keep it as quiet as possible, but they made a circus of it."
34     Lake wanted everything kept as quiet as possible. He was due for retirement in tw
35   ake, and to rest and remain as quiet as possible. Hospital admission is essential
36   ake, and to rest and remain as quiet as possible. Hospital admission is essential
37     equipment is designed to be as quiet as possible. However, when a submarine is ca
38      against her mouth, she kept as quiet as possible so as not to disturb her sleepin
39    d that a computer"should be as quiet as possible so that it is welcome in the kit
40    e and mouth, keep the animal as quiet as possible until help arrives or until it i
41    nd space in which to teach. As quiet as possible, using soundproofing to stop sou
42    /one it is better to keep it as quiet as possible. We must wait for the referee' s
```

しかし、なぜ as quiet as possible が見られて、as silent as possible が見られないのかといった疑問への答えは、コーパスから直接得られるものではなく、quiet や silent と直接関係の無い as (... as possible) の振る舞いに気を配る深い洞察力がコーパス利用者に求められる。

5. コーパスを使う際に注意していること

最後に、私がコーパスを使う際に注意していることを 2 つ紹介して、筆を置くこととしたい。

まず最初は、コーパスを単なる用例集としてではなく、また、既存の辞書・参考書・論文等の記述の検証用としてだけでなく、分析対象として用い、日本人英語学習者に必要な情報を抽出し一般化を目指すということである。井上 (2010a: 16–18) から、as in... の例を紹介しよう。

as は頻度が高い上、意味用法も多く、思い通りに使いこなすのはなかなか難しい。ここでは、「…(する)ように、…(するの)と同様に、…とおりに」といった意で用いられる様態を表す as が、後に前置詞 in を伴う形について見てゆきたい。

(5)　　In science *as in* manufacturing, quality control filters the good from the bad.

（BNC: CER）

上のような用法は、接続詞用法の as の延長線上の用法で、文脈から明らかな部分が省略されているわけであるが、下に紹介する 2 つの用法は、上のような用法がさらに拡張されて用いられるようになったものである。

　まず、1 つ目は、例を挙げるときに、「(たとえば) A みたいに」の意で用いられる用法である。上で挙げた「…におけるのと同様に」の意が、比較対照の意図を失い、理解を助けるための単なる例示機能に変化したものである。ダッシュに挟まれた例示表現に表れたり、話し言葉では逡巡に伴う繰り返しが起こることがある。as in の直後にコンマを伴う場合は、文法的にも独立性が高まり、後に続く要素は句だけでなく節も現れる。

(6)　Food stripped of its nutritional value--*as in* fast food, refined foods, frozen foods, processed foods, etc. --is highly imbalanced and therefore creates an imbalance in our bodies.　　　(BOE: brbooks/UK. Text: BB-Ff012260)

(7)　You, you did promise me Mr Chairman, that I could just ask a quick question.
　　Oh, sorry.
　　It was just on, on appendix one, was that, was that in total department part of the care in the community in general, or was it hospital discharge, I wasn't too clear on that?
　　General, mm, general, yes
　　Is the, is the projected grant likely to go up at the same rate *as in*, *as in* nine ninety four, ninety five?　　　(BNC: J3P)

　2 つ目は、話し言葉で、聞き手との共通知識を前提に、特定の事項を思い出させようとするときに「例の、あの」の意で用いられる用法である。(6) や (7) の例と違って、as in の独立性が高く、多くは文頭でコンマを伴って用いられる。

井上永幸

(8) "I'm not from Krasnodar." "Really? Where are you from?" "Have you ever heard of a town called Barrington?" "No. Where is that?" "Massachusetts." She thought she had misheard. Her eyes became saucers. "Massachusetts?" she gasped. "*As in*, *as in* America?" "Yes. As in America." "You're from Massachusetts, America?" Tatiana said, astonished. "Yes." For a full minute, maybe two, Tatiana could not speak.

(BOE: usbooks/US. Text: BU-F012060)

　こういった用法は母語話者にとっては当たり前すぎて、英米の ESL/EFL 辞典でさえ抜け落ちることが多く、日本の英和辞典でも取り上げられていないことが少なくない。コーパスを分析すれば、母語話者による ESL/EFL 辞典にも見られない内容が記述可能になるよい例であろう。母語話者に説明を求めれば、as in ... は 'that is ...' の意味だという説明で済んでしまうところであろうが、コーパスを分析することで、as in ... が as ならではの既出・既知の情報を意識した表現であることがわかるのである。

　次に注意していることは、コーパスソースの独自性に分析結果を左右されないようにし、目的に応じてコーパスソースに気を配るということである。井上 (1998: 82–83) から、occur が特徴的に生起する副詞について分析する例を挙げよう。表 5 は occur の前 4 語と後 4 語の範囲に生起した語を MI-score の高い順に 50 位までリストアップしたものである。

表 5. occur の MI-score リスト

	word	freq.	MI-score		word	freq.	MI-score
1	linz	3	8.605912	26	arousal	10	5.883174
2	dendritic	4	8.480368	27	outbreaks	4	5.836249
3	implantation	6	8.158408	28	breakdowns	3	5.817138
4	fertilization	10	7.944262	29	reactive	3	5.798277
5	menarche	4	7.895347	30	distancing	3	5.725206
6	ovulation	17	7.556512	31	uterus	6	5.716327
7	deforestation	4	7.392797	32	misunderstandings	3	5.690013
8	equinox	4	6.988366	33	naturally	64	5.679189
9	breakthroughs	5	6.969256	34	extramarital	4	5.634595
10	ejaculation	15	6.665979	35	precipitation	3	5.605613
11	backache	3	6.573288	36	cancers	7	5.539237
12	nio	3	6.541576	37	spontaneously	5	5.480069
13	correlations	3	6.510546	38	notification	4	5.457699
14	eclipses	3	6.450419	39	vaginal	7	5.448217
15	erikson	4	6.414073	40	defect	5	5.435671
16	menstruation	3	6.392697	41	orgasm	10	5.413973
17	leakage	3	6.337197	42	schizophrenia	4	5.403246
18	lubrication	3	6.310227	43	orgasms	4	5.361116
19	epidemics	3	6.283752	44	delusions	3	5.350773
20	pregnancies	8	6.270695	45	flare	6	5.316823
21	erection	9	6.03534	46	incident	61	5.304881
22	reflexes	4	5.988267	47	radioactive	10	5.302134
23	combustion	3	5.895148	48	diffusion	4	5.300142
24	hallucinations	3	5.895148	49	infections	10	5.286278
25	commonly	25	5.892745	50	revolutions	3	5.257655

※網掛け部分は人名または地名(の一部)。

　副詞としては、25 位に commonly、33 位に naturally、37 位に spontaneously がリストされているが、naturally と spontaneously が出来事の発生の自然さに言及する副詞であるのに対して、commonly の異質さが気にな

るところである。早速、commonly との共起例の KWIC 表示を確認してみると、(9)に示すように、同種の出典からアンケートの一部と思われる質問を含む 10 例がカウントされていることがわかる。

(9) 　　occur と commonly の共起例〔3 例のみ抜粋〕

```
Q. Name your most commonly occurring dream/nightmare. <p>A. That I'm a superhu
Q. Name your most commonly occurring dream/nightmare. <p>A. Swimming in a warm
Q. Name your most commonly occurring dream or nightmare. <p>A. The dream is th
```

　統計値のリストのみに目を奪われて分析しようとすると、思わぬ落とし穴に陥る危険性がある例であろう。1998 年当時、刊行直後の *Longman Essential Activator* (1997: 339) を何気なくめくっていて、occur について次のような解説があることを見つけて驚いた。(10)を見られたい〔下線は筆者〕。

(10) 　　FORMAL to happen—<u>use this especially about changes, chemical reactions, and other things that happen naturally</u>: *Major earthquakes like this occur very rarely.* | *The metal becomes liquid if heated, and this occurs at temperatures of over 300 ℃ .* | *Death occurred at approximately 12.30.*

先行する親辞書である *Longman Language Activator* (1993) には、意味の説明としては 'to happen' とあるだけで上のような説明はなく、この記述はコーパスのより綿密な分析による成果であることをうかがわせる。

　いくらコンピュータの進歩によって大量のデータが短時間のうちに処理できるようになったとしても、コーパスの構成によって得られる結果は当然違ってくるであろうし、コーパスからどのような結果を採用し、採用した情報をどのように分析結果に反映させるかはあくまで人間である。集めたデータを生かすも殺すも、研究者の知識や経験、そして勘によるところが大きいことは今も変わっていない。

注

1 たとえば、Banfield (1982: 35) は以下のような例を示し、reveal は間接話法のみ可能で直接話法は不可能であると述べている。

    a. John revealed that Mary had passed.

    b. *John revealed, 'Mary had passed.'

しかしながら、試みに Wordbanks*Online*〔2019 年 5 月現在のデータ（5 億 5,100 万トークン）〕を検索すれば、何例も reveal が直接話法に用いられている例を入手することが可能である。一部を紹介する。

But despite her efforts, Diana revealed, "I'm paralyzed with indecision over whether to become pregnant."   (BOE: usbooks: BU-Nf022256)

"I don't think it's necessary for strangers to know our problems," he revealed.   (BOE: usbooks: BU-Qm931357)

"I was speaking to Ian last night," he revealed, "And I'd rather play with him on some new tunes (than previous material)."   (BOE: brmags: MB3–041001)

参考文献

赤野一郎・井上永幸 (1987)「パソコンを使った語法カードの整理学」『英語教育』36(7): 78–82, 65.

Banfield, Ann. (1982) *Unspeakable Sentences: Narration and Representation in the Language of Fiction*. Boston, Mass: Routledge & Kegan Paul.

Church, Kenneth W. and Patrick Hanks. (1990) "Word Association Norms, Mutual Information and Lexicography," *Computational Linguistics* 16(1): 22–29.

井上永幸 (1994)「パソコンによる語法情報整理学—OmniPage Professional を使った語法情報索引作成—」ワークショップ、1994 年度 JACET 関西支部春季大会（1994 年 5 月；於神戸市外国語大学）.

井上永幸 (1998)「学習英和辞典における語法情報とコロケーション情報—コーパスで何ができるか—」『英語教育と英語研究』15: 71–85. 島根大学教育学部英語科教育研究室.

井上永幸 (2001)「コーパスに基づくシノニム研究—happen と take place の場合—」『英語語法文法研究』8: 37–53. 英語語法文法学会.

井上永幸 (2010a)「辞書編集におけるコーパス活用」英語語法文法学会編『英語語法文法研究』17: 5–2. 開拓社.〔平成 20 年度–平成 24 年度科学研究費補助金（基盤研究 (C)、20520442)「コーパスを活用した英語シノニム・語法研究」に基づく〕

井上永幸 (2010b)「コーパスを活用した英語シノニム・語法研究—*quiet* と *silent*—」『人間科学研究』5: 1–23. 広島大学大学院総合科学研究科紀要 I.〔平成 20 年度–平成 24 年度科

学研究費補助金（基盤研究（C），20520442）「コーパスを活用した英語シノニム・語法研究」に基づく〕

井上永幸・赤野一郎編(2019)『ウィズダム英和辞典』第 4 版. 三省堂.

Summers, Della. (ed.) (1993) *Longman Language Activator*. Harlow: Pearson Education.

Summers, Della. (1996) "Computer Lexicography: the Importance of Representativeness in Relation to Frequency," in Thomas, Jenny and Mick Short (eds.) *Using Corpora for Language Research*, Harlow: Longman. pp.260–266.

Summers, Della. (ed.) (1997) *Longman Essential Activator*. Harlow: Longman.

コーパス

British National Corpus. BNC Consortium.〔BNC〕
　　http://www.natcorp.ox.ac.uk/

Wordbanks*Online*. HarperCollins.〔旧称 Bank of English〔BOE〕〕
　　https://wordbanks.harpercollins.co.uk/

語法・文法・構文・表現研究のための
コーパス利用

滝沢直宏

1. はじめに

　本稿では、英語の語法、文法、構文、表現の研究において、(1) なぜコーパスを使うのか、(2) どのようなコーパスを使っているのか、(3) どのようにコーパスを使っているのか、(4) コーパスにはどのような威力と限界があるのか、(5) コーパスを使う際にどのような点に注意しているのか、以上5点について私見を述べる。

2. なぜコーパスを使うのか

　筆者が研究においてコーパスを用いる理由を述べると、正にコーパスが言語研究 (具体的には、筆者が関心をもっている語法、文法、構文、表現 (とりわけその慣習的側面と周辺的現象) に関する研究) で用いうる手段の1つであるから、ということになる。ここで重要なのは「手段の1つ」ということであり、「ただ1つの手段」ということではないという点である。他に言語研究の手段となりうるもので、広く用いられているも

のは、(a) 読書と (b) 内省判断の 2 つを挙げることができる。筆者自身はあまり用いることはないが、(a) や (b) 以外にも、(c) アンケート調査、(d) 誤用調査（母語話者の言い間違い・学習者の誤用）、(e) 非侵襲的な脳機能観測技術、(f) 刺激に対する反応時間の測定などによって得られる資料も研究の手段として用いうるだろう（滝沢 (2017) 第 1 章も参照）。

　これらはいずれも言語研究のための資料（全て「言語運用」に関する資料）を提供しうるが、それぞれの手段には長所・短所があり、また特徴も様々であるから、その特徴に合わせた利用法が求められる。(a) の読書は、言語研究の最初期から用いられてきた方法であり、これを行うにあたって特別な技術は不要である。しかし、どんなに多読・速読の能力があろうとも、読める分量にはおのずから制限がある。(b) の内省判断は資料入手の方法として極めて強力で、生成文法の枠組みでの研究に限らずこの手法に深く依拠している研究は多い[1]。内省が特に強力であるのは、肯定的証拠のみならず否定的証拠を得ることができる点にある。これにより、文法的な文と非文法的な文の最小対（ミニマル・ペア）を作ることができる。（コーパスからは後者の証拠を得ることはできない。）しかし、強力ではあるものの、その判断結果を鵜呑みにすることは時に危険でありうる。個人間の判断の揺れや個人内での判断の不安定性には常に留意する必要がある。誰がいつ見ても完全に容認可能あるいは不可能であるような文については、この手法を用いることに意味があるが、英語のように研究が進んでいる言語を研究対象にしている場合、判断を求める必要があるのは容認可能性が微妙な場合が多いため、内省判断から得られるデータの扱いには慎重さが必要とされる。

　それぞれの方法で得られる資料に長短がある以上、言語研究においてデータを得ようとする場合には、できるだけ多くの資料を使うことが望ましいと思われる。

　コーパスは 1960 年代から構築され始めたが、規模は当初、約 100 万語（書籍に換算して 10 冊程度）の規模であった。しかし、今日では後述の iWeb: The Intelligent Web-based Corpus のように約 140 億語（書籍換算で 14 万冊程度）のコーパスさえ構築されるようになっている。加えて、コ

ンピュータの処理速度の高速化、そして記憶媒体の巨大化は 1960 年代と比較すると隔世の感がある。以前は、手で持つことができた 10 冊程度の英語が電子化されているだけであったから、全部を目で処理することも十分に可能であった。しかし、今日の巨大なコーパスはどんなに勤勉であろうとも人間の処理能力を遥かに上回る量になっている。であればこそ、それを以前に比べ能力が格段に向上したコンピュータを用いて処理することで、従来は確認できなかったことが確認できる時代になったと言える。言語研究において重要な意味をもつものが出現した以上、短所や限界に留意することは当然のことであるが、これを言語研究の資料として使わないという選択肢は考えにくくなっていると考える。

3. どのようなコーパスを使っているのか

筆者は、「コーパス」を最も広く、「電子的に処理可能な巨大な言語資料」と解釈している。できるだけ多くの言語資料を入手し、それを(契約上、問題のない限りにおいて) 所属する研究科で所有している Linux マシンに置き、他の教員や院生とも共有している。具体的には、The British National Corpus (XML 版) や Brigham Young University から入手できる Corpus of Contemporary American English (COCA)、Corpus of Historical American English (COHA)、Global Web-Based English (GloWbE)、iWeb: The Intelligent Web-based Corpus などのテキストファイルのように、言語研究用に構築されたコーパスはもとより、Project Gutenberg で公開されている主として文学作品のテキストなどである。これらは全てテキストファイルであるから、テキスト処理ツールを用いることで自在に扱うことができる。

さらに、上記のコーパスでも規模が不十分な場合には、Google などの検索エンジンを使った例文収集も行っている。Web 上の資料は玉石混淆であることを考慮し、検索サイトや検索するファイルタイプの指定を行うことが多い。例えば、*The New York Times* 紙のページ、米国の政府機関のページ (それぞれ、site: www.nytimes.com、site: gov によって指定) や、PDF で公開されているファイル (filetype: pdf で指定) などできるだけ信頼

のおける英文を検索対象にするように心がけている。もとより Google などの検索エンジンが示す「件数」は頻度とは同じではないので、頻度の算出に検索エンジンを用いることは避けている。

　以上から明らかなように、筆者は、コーパスの利用にあたってその代表性 (representativeness) をあまり考慮していない。コーパスを構成するテキストに偏りがあっても、規模の大きさをむしろ重視している。規模が小さいと、筆者が関心をもつ例を多数抽出することが困難になるからである。代表性にこだわるのではなく、手元にある利用可能な全電子テキストから条件に合う文字列を出典と共に抽出し、その後に、出典に偏り（地域・時代・文体など）があるかどうかを吟味するという道筋をとっている。該当の表現や構文がどの資料にも偏ることなく遍在しているのであれば、それは特定の変種ではなく英語一般にあてはまる事実として認定して良いことになり、逆に何らかの偏りが見られる場合には、英語全般の特徴として考えることはできないということになる。代表性を重視し、バランスをとることによって規模を犠牲にせずとも、該当例を抽出した後にそれらの出典を仔細に吟味することで、変種への配慮を行うことができると考えている。

4. どのようにコーパスを使っているのか
汎用ツールの組み合わせによる処理

　本節では、コーパスの利用法について述べる。第 3 節でも述べた通り、コーパスは、可能な限り Linux マシン上に保存し、保存されたテキストを Linux のコマンドと簡単な Perl のスクリプトで処理している。最もよく行うのは、以下のような処理である。この処理はほとんど毎日行なっている。

(1)　　　`perl -ne 'if (/正規表現/i) {print}' 〈対象ファイル〉`
(2)　　　`perl -ne 'while (/正規表現/gi) {print "$&\n"}' 〈対象ファイル〉|sort|uniq -c|sort -rn`

筆者は、正規表現を的確に用いることで、検索対象を詳細に指定することがコーパス利用による研究の成否に大きく影響すると考えている（正規表現に関しては、大名（2012）を参照）。構文の指定にあたっては、「正規表現」の箇所がかなり複雑になることも多い。
　(1)型の処理によって、〈対象ファイル〉の中から正規表現で指定した条件にマッチする表現（文字列）を含む行を抽出することができる。(2)型の処理によって、正規表現で指定した条件にマッチする表現（文字列）とその頻度を得ることができる。その結果を検討し、質的に検討するという道筋をとる。
　何らかのコーパス分析用のツールを使うのではなく、汎用ツールを用いるのは、自らの研究目的に合致した処理が行い易くなるからである。
　このように、汎用ツールによる小さな処理の組み合わせで処理をすることによって、自分に必要な情報を必要な形式で獲得するようにしている。その利点は、段階を踏んで処理することによって途中段階での微修正も容易に行うことができるという点（例えば、大文字を小文字に直して集計する、などの微調整をするには、間に別の処理を追加するだけで良い）に加え、処理のブラックボックス化を避けることができるという点にある。
　先ほど(1)(2)型の処理を多用すると述べたが、ここでは「正規表現」の箇所に何を指定するかに関して述べる。筆者がよく行う処理は、2つある。
　1つは、読書によって興味をもった表現を正規表現によって一般的に記述し、同類の表現・文を抽出することである。例えば、読書の過程で、以下のような文に出会ったとする（下線は筆者、以下同様）。

(3)　　　Story after story was refused. Finally the great day came when one was accepted.
　　　　　　　（Carnegie, Dale. 2010. *How to Win Friends and Influence People*, p. 228）

　ここでは、Story after story という N after N のパターンが生じていて、そ

の後には Finally という語が現れている。この英文を読んで、N after N と finally は不連続な共起傾向があるのかという問題意識をもったとする（実際、この問題意識は西脇幸太氏によるものである）。このような例は、読書の過程で頻繁に出会うわけではないので、コーパスで調査することが重要である。具体的には (1) 型を用いて、以下を実行する。検索ファイルは COCA の full text (COCA-FullText と表記) である。(以下では、見易さのため正規表現中の半角のスペースは␣で示している。)

```
perl -ne 'if (/\b([a-z]+)␣after␣(?i)\1\b.+␣finally\b/i)
{print}' COCA-FullText
```

これによって類例が抽出され、共起傾向の存在が示唆される。ここでは 2 例のみ示す。

(4) <u>Drawer after drawer</u> he searches for clues, <u>finally</u> he finds Andris's wallet and sifts through it. (COCA: fiction)
(5) Then <u>year after year</u> for decades, they will have jobs, and I <u>finally</u> thought I didn't understand it. (COCA: spoken)

さらに、(2) 型の処理によって、N after N のパターンの後ろに生じる ly 語を抽出する。

```
perl -ne 'while (/\b([a-z]+)␣after␣\1\b.+␣([a-z]+ly)\b/gi)
{$a=lc $2; print "$a\n"}' COCA-FullText | sort | uniq -c |
sort -k 1,1nr -k 2,2
```

結果として、以下のような語が上位に来る（スペースの関係で少々整形し、頻度 20 以上のみを示す）。

only (121), really (52), family (45), finally (39), simply (32), actually (24), eventually

(22), especially (20), nearly (20)

ここで family は ly で終わっているとはいえ、ly 副詞ではないので無視すると、finally やそれと類義の eventually が上位に来ていることから、N after N と finally とは共起傾向にあると考えて良いことになる。このように日常の読書から問題意識をもち、それを (1) 型、(2) 型の処理で一定の解決を図るということを日常的に行っている。

　もう1つ例を挙げる。日常の読書で、以下のような少々特殊な one's way 構文に出会ったとする。

(6) 　　... Graham was making his bleary-eyed way into the kitchen, ...
(The Daily Yomiuri, 8/23/2017, p.7)

この文では、way に対して修飾語句が付加されている。way 自体が bleary-eyed ということはありえないので転位修飾の例である。このタイプは普通の one's way 構文に比べ遥かに低頻度であるため、読書によって類例に出会うことはそれほど頻繁ではない。そこで、このパターンを正規表現で指定し、大規模コーパスから類例を抽出するという作業が妥当である。

```
perl -ne 'if (/\b(?![io]n\b) [a-z]+_(my|our|your|his|her|its|their)_[a-z]+_way\b/gi) {print}' COCA-FullText
```

例えば、以下のような例が抽出される。

(7) 　　He wriggled up to the straw-strewn roof, threaded his tottering way to its peak, and struggled through the window. 　　(COCA: fiction)
(8) 　　Ten years to the week after the release of Pretty Woman, when the toothy 22-yearold from Smyrna, Ga., first wobbled her stiletto-heeled way into the big time, Roberts has never been on firmer ground. 　　(COCA: magazine)

このような方法を採ることによって、読書ではなかなか見付けられない現象の実例を多数収集し、また必要に応じて、該当箇所に現れる語を見ることができる。

周辺的現象（や一般的な構文の周辺的用法）は、頻度が低く（＝読書による例文収集の限界）、また母語話者の判断も揺れ易い（＝母語話者の内省判断の限界）ので、コーパスの利用以外に妥当な研究方法は考えられない。コーパスのお蔭で、研究不可能だった対象が研究可能な対象に質的変容を遂げることになる（田野村（2004）、滝沢（2010, 2017））。また、こうした周辺例を前後の文脈の中で観察できるというのはコーパス利用の大きな利点である。

今1つ筆者がよく行う処理は、先行研究において不可とされているパターンを正規表現で記述し、できるだけ巨大なコーパスを検索するという方法である。もし正規表現にマッチする例が抽出されなければ、とりあえず先行研究の主張に対する反例はないことになる。しかし、例が見付かった場合には、それが真の反例かそれとも表面的な反例であるかを見極める。（母語話者がその反例についてどのような反応を示すかを調査する必要も出てくる。）真の反例の場合には、既存の仮説の微修正で済むのか、それとも全く新しい仮説が必要なのかを考察することになる。事実観察のレベルがあやふやであれば、その後の研究の基盤が盤石ではなくなるからである。

例を挙げる。英語には、zigzag、flip-flop のように同じ子音が異なる母音（第1母音が i、第2母音が a または o）を挟んで繰り返されるパターンの語がある。このタイプの語については、Jespersen (1965, §10.2–§10.4) などの伝統文法家が、第1母音が i で第2母音が a または o は許されるが、その逆は不可であるという趣旨の指摘をしている。この観察の妥当性は、不可とされているパターンを正規表現で表記し、その検索を行うことで検証できる。zigzag、flip-flop を逆転させると zagzig、flop-flip となるが、このタイプを正規表現で表記すると以下のようになる。（ここでは、flop-flipped のように屈折接辞が付いた語は無視している。）

\b([a-z]+)[ao]([a-z]+)-?\1i\2\b

　実際に巨大なコーパスを対象にしてこの検索を行うと、この正規表現にマッチする英語の単語は、tactic にほぼ限定されることが分かる (この語も元来ギリシャ語に由来するので真の例外ではない)。つまり、先行研究の指摘は (少なくともそのコーパスを観察する限りにおいては) 妥当であると言える。この検証を経た上で、なぜそのような順番なのかの検討を行うことになる。この場合は、先行研究に不備がないことが確認できたわけだが、常にそうとは限らない。先行研究の記述自体を洗い直した上で「なぜ」を問うことはコーパスのお蔭で行い易くなったと言える。

5. コーパスにはどのような威力と限界があるのか

　コーパスの威力としては、読書、内省判断など他の手法ではなかなか得にくい情報を得ることができるという点を指摘できる。内省判断は強力ではあるが、母語話者であっても特に慣習的・周辺的事例においては自らの言語知識を意識化できるとは限らないという点に留意すべきであろう。母語話者が脳内にもっている言語知識が無意識に発動された結果物である実例を大量に集めたものがコーパスであるのだから、コーパスを利用することで、母語話者の「無意識の知識のあぶり出し」を行うことができるということである。

　また、具体的な語や表現を越え、ある条件を満たすパターンの (特定資料内での) 網羅的抽出を可能にすることも、コーパスの威力である。例えば、abundantly がどのような形容詞と共起するかは、読書を数年行い、出会うたびに例を書き留めていくことで調査が可能である。しかし、具体的な語を指定することなく「副詞＋形容詞」の連鎖を網羅的に抽出することは、コーパス無しでは事実上、行い得ないであろう。網羅的抽出を行い、その結果を検討することで、それまで意識にのぼっていなかった連鎖にも注意を向けることができるようになる。また、コーパスによって網羅的抽出ができれば、その頻度が分かるだけではなく統計処

理も可能となる。"very clear"と"abundantly clear"を比較すると、前者の方が遥かに高頻度だが、統計処理を施すとむしろ後者の方が2語の結び付きが強いという意味で重要な連鎖として浮かび上がってくる。

　統計値を算出するには、共起頻度だけではなく個々の語の頻度も必要になるが、特定資料内での個別頻度を知ることは、やはり機械の力を借りなくては行えない。

　コーパスの限界としては、既に随所で述べられていることではあるが、どんなに巨大でも可能な言語表現を網羅してはいないという点と、否定的証拠が得られないという2点を指摘しておくに留める。(否定的証拠を得ることはできなくても、間接否定証拠は得られる可能性はある。)これらを克服するには、内省を活用する以外にはないと思われる。

6. コーパスを使う際にどのような点に注意しているのか

　日頃のコーパス利用に際して注意していることは多々あるが、ここでは主なもののみを述べる(滝沢(2016)も参照)。

　まず、コーパス検索の手順、特に利用した正規表現を記録に残すことをできるだけ行うように心掛けている。これを行うことによって、自らの検索手順を後で検証できるだけではなく、他者に対して処理の妥当性を検証する手立てを提供することが可能となる。

　なぜ正規表現の明記が重要かと言うと、英文法や言語学上の概念に直接対応した検索は、ほとんどの場合、不可能だからである。正規表現で書き表されていれば、どの範囲を検索対象としているかが一義に決まるので、どのような「漏れ」(抽出されるべきだが抽出されない例)や「ゴミ」(抽出されるべきではないが抽出される例)が生じうるかを見極めることができる。微量の漏れやゴミは大きな問題を生じさせることはないとしても、それらが多く生じる場合には誤った結論に至る可能性も否定できない。量的にコーパスを利用し、統計処理を施す場合には特に注意が必要である。

　現在、コーパスの利用は一般的になってきているが、正規表現の単純

な利用を超えた複雑な利用は、あまり行われていないのが現状であると思われる。これを使っての明示化は、検証可能性を確保するために是非とも必要なことである。

　なお、言うまでもなく、どのような「漏れ」や「ゴミ」が生じうるかを見極める力は、機械的な処理能力とは無縁であり、研究対象にしている言語それ自体への知識や洞察力から生まれうるものである。したがって、コーパスの研究利用は、日頃の読書や英語学的・言語学的訓練が前提になる。

7. まとめ
コーパスの「消極的」利用

　コーパス利用に関する筆者の立場を端的に述べると、「1年の読書で何とかなるなら、コーパスを使わず1年かけましょう。10年かかるなら諦めてコーパスを使いましょう。」となる。この意味で、筆者の利用はコーパスの「消極的」利用と言えるかもしれない。なぜ「消極的」なのかと言えば、コンピュータの勉強にかける時間と労力、コーパスの利用環境を整えるにあたって必要とされる手間暇が、言語研究に割ける時間を大幅に削減することにつながるからである。できればコーパスを使わずにその分の時間と経費と労力を読書や言語研究自体に使った方が有意義であろう。しかし、それでは、(筆者の場合には)資料が得られず自分の関心事を研究対象にすることができなくなってしまう。筆者は、自らの研究課題がコーパス利用を必要としているので、その利用を行っているが、言語研究自体とどのようにバランスをとるかに日々苦慮している。

注

1. 勿論、内省による判断が生成文法で言うところの「言語能力」の直接的反映ではないし、生成文法研究においても資料の1つであるという点で他の資料と質的に変わるところはない。この点に関して、Chomsky (1965: 18–19) は、"..., the actual data of linguistic

performance will provide much evidence for determining the correctness of hypotheses about underlying linguistic structure, along with introspective reports (by the native speaker, or the linguist who has learned the language)."と述べているが、actual data of linguistic performance には当然、コーパスからの例も含まれる。

参考文献

Chomsky, Noam. (1965) *Aspects of the Theory of Syntax*. Cambridge, MA: MIT Press.
Jespersen, Otto. (1965) *Modern English Grammar VI*. London: George Allen & Unwin.
大名力 (2012)『言語研究のための正規表現によるコーパス検索』ひつじ書房.
滝沢直宏 (2010)「周辺部を記述するための大規模コーパスの利用―その方法と留意点―」『英語語法文法研究』17: 23–37.
滝沢直宏 (2016)「コーパスからの情報抽出と抽出データの意味づけに関わる諸問題」『英語コーパス研究』23: 45–60.
滝沢直宏 (2017)『ことばの実際 2 コーパスと英文法』(シリーズ英文法を解き明かす―現代英語の文法と語法 10) 内田聖二・八木克正・安井泉 (編). 研究社.
田野村忠温 (2004)「周辺性・例外性と言語資料の性格―その相関の考察―」『日本語文法』4, (2): 24–37.

理論に求める切り口

深谷輝彦

1. はじめに

　英語コーパス言語学とは何かという問に対し、「英語の電子コーパスを検索して英語の分析・記述を行うもの」(齊藤 2005: 3)と答えるところから本稿の議論を始めることとする。そうすると、この定義について次の疑問を発することができる。

(1) a.　コーパスとは何か。
　　b.　どのような検索をするのか。
　　c.　どのような分析・記述をするのか。

(1a)について、梅咲(2005: 23–25)は、汎用コーパスと特殊目的コーパス、共時コーパスと通時コーパス、文字言語コーパスと音声言語コーパスという大分類が代表的である、という。実際のコーパス編纂の際には、そのデザインが問題となる。いわゆる Brown コーパスファミリーは、15の書き言葉カテゴリーから集めた 500 テキスト(それぞれ約 2,000 語ず

つ)から成り立っている。さらに、(1b)に関連して、付与されるテキスト情報、言語情報も重要である。つまり、コーパスから、どのような言語の特性をどのように検索するかという課題は、コーパス言語学が常に検討しなければならない。コーパス検索ソフトウェアの1つであるAntConc 3.2.2w は、

(2)　　　Concordance, Concordance Plot, File View, Clusters, Word List,
　　　　 Keyword List

という検索機能を備えている。これらの検索が、どれほど正確に言語学者が求めるデータを抽出できるのか、さらにどのような新しい検索機能が必要なのか、検索データをさらにどのような統計処理でふるいにかけたらいいか、等の問いかけは常になされるべきである。

　そして本稿が取り組むのが、(1c) の課題である。McEnery and Wilson (2001: 109–110) は、コーパスを利用した文法記述について、第一に、コーパスは分析対象となる言語変種を代表しているという前提があるので、英語ならば英語全体を対象にした量的分析ができる、第二に、言語理論から導かれた仮説をコーパスという経験的データで検証できる、という2つの特徴をあげている。このうち、第二の特徴は、コーパス側から言い換えると、言語理論から得られる仮説がコーパスに新しい切り口を提供する、と言える。そしてその切り口から、これまで着眼してこなかった言語事実が発掘され、仮説の検証に貢献する。以下では、選択体系機能言語学の「文法的メタファー」という切り口から英語学習者コーパスを分析する研究実例を提示することとする。

2. 文法的メタファーという切り口

　コーパス検索のスタンダードとして、検索する語句を予め想定し、該当する例文コンコーダンスを求めるという作業がよく行われる。コーパス言語学の教科書といえる石川 (2012: 201f) は、検索語として一語助動

詞・準助動詞のペアすなわち、will/be going to, must/have to, can/be able to を選び、その意味の相違点を探っている。つまり、助動詞・準助動詞の形式からその意味を調べるという方向性を取っている。

　しかしながら、「形式から意味へ」とは逆の方向、すなわち「意味から形式へ」という見方を採用することで、コーパスの新しい側面を発見できるかどうか、という可能性を探ることとする。「意味から形式へ」の具体例として「文法的メタファー」を導入する。この概念を Halliday and Matthiessen (2013: 718) は" grammatical metaphor of the ideational kind is primarily a strategy enabling us to transform our experience of the world … " と説明する。さらに安井 (2008: 165) によれば、

　　　文法的メタファーというのは、上から下をみたときに生じてくる概念である。「上から下をみる」というのは、「意味の面から、語形、あるいは文構造をみる」ということである。通常の解釈文法が「形あり、意味を求む」ということを目指しているとするなら、文法的メタファー論は、「意味あり、形を求む」という側面に光を当てようとしているものである。(中略) まず意味がある。(中略) それを、いわば、もっとも直線的に、すなわち無標な形で表現したときに得られる形が、「整合形」(congruent form) の名で呼ばれるものである。整合形からずれている形式は、ずれ幅の大小に関わりなく、文法的メタファーの名で呼ばれる。

ここで注目したいのが「整合形」と「非整合形」という概念である。参与要素を名詞群で、過程を動詞群で、状況要素を副詞群や前置詞群で表現すれば、「整合形」となり、そこからずらした表現を文法的にメタファーがかっている、すなわち「非整合形」と考える。次例を参照したい。

(3) 　　【整合形 (congruent form)】
　　　　The soldiers invaded the town//and they destroyed the buildings//and stole many precious artifacts.

(4)　【非整合形 (noncongruent form)】
The soldiers' invasion of the town caused the destruction of the buildings and the theft of many precious artifacts.

　(3) と (4) を比べると、(3) が 3 つの節を等位接続しているのに対し、(4) は 1 つの節に圧縮している。さらに文法的メタファーが適用されている (4) では、invade, destroy, steal という過程が動詞ではなく、名詞で表現されている。また (3) の A and (B and C) という因果関係が (4) の cause という動詞へ変換されている (Christie 2012: 27)。

　このような文法的メタファーは、オーストラリアの子供たちの言語発達、特に小学校から高校までの作文力発達を調べる Christie (2012: 120) が注目している。たとえば、第二次世界大戦時における検閲法を論じなさい、というエッセイを書く課題では、(5) の太字にあるような評価表現が不可欠である。その評価に伴い、評価されるものすなわち主語を表現するときに文法的メタファーの活用が要請され、(5) のイタリック部分のような非整合形が用いられる。

(5)　[*prevention of important or critical information from falling into the wrong hands*] was **definitely a competent move** on the Federal government's part.

すなわち (5) の歴史的エッセイというジャンルの作文を書く際に、検閲法という歴史的出来事に関してエッセイ筆者は a competent move と評価している。その際に (5) の筆者は主語イタリック部分に文法的メタファーを適用し、名詞化を実行している。

3. コーパス検索方法

　英語話者の文法的メタファーの発達研究によれば、9 歳から 12、13 歳のあたりでこのメタファーが発達し始めることが確認されている。そ

れでは、日本の中学生、高校生はどうであろうか。英語話者と同様に学年が上がるにつれて文法的メタファーの利用が活発になるのだろうか。以下では、中学1年生から高校3年生が書いた英作文約70万語弱というサイズの Japanese EFL Learner コーパス（以下 JEFLL コーパスと省略）を利用し、文法的メタファーの発達を追いかけることとする[1]。

「意味から形式へ」という方向性を取るとき、JEFLL コーパスをはじめとする現在の学習者コーパスの検索方法は最善とはいえない。つまり「形式から意味へ」が基本であり、調べたい語句を入力し検索すると、その語句を含むコンコーダンスが漏れなく列挙されるという検索方法である。そこで、本稿では、次善の策として次の2種類のコーパス調査を行う。

(6)　　評価形容詞 important の主語にみられる文法メタファー
(7)　　of を含む名詞化表現

(5)で見たように、評価語の主語は文法的メタファーにとって好都合な環境であるので、important の主語のうち、非整合形に注目する。また(4)、(5)の例文が示すように、of が非整合形を形成する重要なつなぎ語となっている。of のコンコーダンスから名詞化表現を集め、学年による発達度合いを調べる。

4. 結果と考察

important の主語位置に生起する名詞群を整理するときに、Ross (1973)が提案する名詞性 (nouniness) の階層を利用する。

(8)　　that>for to>Q>Acc Ing>Poss Ing>Action Nominal>Derived Nominal>Noun

いうまでもなく、breakfast/money/my life (is important) のような名詞((8)の Noun) が最も高頻度で生起する。その名詞よりも名詞性が薄い埋め込み

要素の形式と頻度を JEFLL コーパスで調べた結果が表 1 である。

表 1. important の主語に見られる埋め込み

高校 3 年生

1. it	is (not) (very) important	that we knew safety of...	1
2. to eat breakfast			1
3. it		for me to play with them	7
4. it		to buy a new CD	11
5. eating breakfast every morning	is very important		4
6. all things which is around me		to survive the disaster	4
7. Information of the disaster	is one of the most important thing	to survive the disaster	1
[Total]			29

中学 3 年生

8. I can play baseball	very important		2
9. It		that we have breakfast	1
10. To have a breakfast	is (not) (very) important		4
11. it		for me to eat breakfast!	2
12 So it		to bring out my cards	5
13. taking breakfast		(for us)	7
[Total]			21

　高校 3 年生と中学 3 年生のデータを比べると、that 節、to 不定詞、動名詞を主語として活用している点では共通していることが読み取れる。他方で次のような相違点も指摘できる。第一に高校 3 年生の方が、埋め込みを高頻度で行っている。第二に主語の位置に that 節、to 不定詞、動名詞を残すのか、それとも仮主語 it を立て、これらの埋め込み要素を文末に後置するのか、という語順選択について、高校 3 年生が後者を多用しているのが分かる。中学 3 年生段階では、表 1 の 8 にみられるように、補文標識 that が欠如し、important の前に is が省略されている文が産出されている。第三に、(8) の Derived Nominal は高校 3 年生の 7 にのみ観察できる。最後に (8) の階層では Noun に入る高校 3 年生の 6 の例、

すなわち things という主要部を関係節が修飾するタイプの埋め込みは、中学3年生コーパスから得られない。

文法的メタファーの発達という視点からいうと、表1の1から13の分類のうち、文法的メタファーと言えるのは7のみである。What you know about the disaster という意味を節という整合形ではなく、information of the disaster という非整合形で表現している。

それでは表1の1-6、8-13の埋め込み文は文法的メタファーの発達に関係ないのだろうか。いや大いにある。なぜならこれらの埋め込みは、本来 important の主語として整合的には名詞句が来るべき所に、階層下降 (rankshifting) により that 節、to 不定詞、動名詞という形式で実現している。つまり名詞句という整合形ではなく、それより階層が上の節や不定詞、動名詞という非整合形を配置している点では、文法的メタファーと共通している。英語母語話者のデータでも、Derewianka (2003: 192) によれば、メタファーの理解が始まる9歳ぐらいになると、埋め込み文の使用が急増する。つまり埋め込み文は文法的メタファーへの前段階として機能していると考えられる。

次に of を含む名詞化表現、すなわち広い意味での 'thing' への移行を伴う文法的メタファーの調査結果を提示する。

表2. 文法的メタファー：'thing' への移行

Semantic shift	Class shift	Example	高校3年生 Frequency	中学3年生 Frequency
1. quality	adjective > noun	safe > safety	9	2
2. process	verb > noun		21	7
	i) process + range	rid > get rid of	4	6
	ii) 'doing' process	celebrate > celebration	9	1
	iii) 'sensing' process	know > knowledge	5	0
	iv) 'relating' process	lack > lacking	3	0
3. phase of process (time)	verb > noun	finish > end	11	2
		[Total]	41	11

表2の最終行にある[Total]の総頻度数から明らかなように、ofを含む名詞化表現は高校3年生の方が中学3年生の4倍近くの高頻度で使用している。この頻度差をさらに確認するために、表2の総頻度数が学年ごとの作文コーパス中のofの頻度にしめる割合を調べると、高校3年生で約4.5%、中学3年生で1.4%と3倍以上の差がみられる。この結果、学年の上昇とともに文法的メタファーの発達が促進されているのが明らかであろう。

　表2の中学生の頻度の内で、process（過程中核部）＋ range（作用域）の頻度が6と過半数に達している。この範疇では、exampleにあるridで見ると、ridという過程中核部になれる本動詞がありながら、それを作用域の名詞とし軽動詞のgetを新たにつけ加えている。中学3年生ではtake care of と get rid ofの2種類の動詞句が、それぞれ4例、2例ずつ観察されている。こうしたprocess＋rangeの構文は、英語母語話者の幼少時代から産出される。したがってこの表現は、本稿でとりあげる文法的メタファーの前段階にあるものだといえる。日本の中学生3年生の動詞からの名詞化にみる文法的メタファーの半数以上がprocess＋rangeの例である点から、中学3年生のメタファー発達が初期段階にあることが読み取れる。高校3年生の作文に目を移すと、take care of のようないわゆるイディオム以外に、have practive (*sic*) of basket ball (*sic*) や had a tour of egypt (*sic*) のように、話者がpracticeやtourに名詞化メタファーをかけて作っている例も実現している。

　さらに、表2のprocessの意味下位区分 (ii) から (iv) をみても、中学3年生の使う名詞化はdemonstrationだけであるが、高校3年生は、celebration/loss/delight/knowledge/lacking/smellと多様である。語彙が増加しているだけでなく、それを文法的メタファーとして活用できている証拠である。1のqualityにも同様の相違点がみられる。中学3年生の使う形容詞から派生された名詞はdifference/immortalityの2語である。一方、高校3年生は、importance/melancholy/mystery/nonexistence/safety/shortageと意味の世界が広がりを見せてくれる。

　最後に表2の3. phase of process (time) で中学3年生と高校3年生を比べ

てみる。中学 3 年生コーパスでは、this is the beginning of…/At the beginning and ending of the play の 2 例のみである。さらに 3 年間、英語学習を積んだ高校 3 年生のコーパスから、at/in the beginning of the (new) year という化石化したメタファーの例が 7 例収集でき、さらに coming of a new year/the start of the year/a start of this dream/a sad ending of it と応用例の幅も広い。

5. まとめ

　本稿の目的は、コーパス言語学で常識的に用いられる「形式から意味へ」とは逆の「意味から形式へ」という切り口を提供する文法的メタファーが、中学生・高校生の英作文に基づく JEFLL コーパスで発達することを例証することにあった。JEFLL コーパスの研究事例書である投野 (2007) が取り上げる文法的トピックは、品詞の発達、名詞の発達から始まり、形容詞、副詞、動詞、決定詞と続き、助動詞、前置詞で終わる。このように品詞タグを頼りに形式で該当例を抽出し、発達のプロセスを解明する言語研究が重要であることは言うまでもない。しかしながら、今後は学習者コーパスに意味のタグを付与し、そこから学習者の発達を追求する研究方法もぜひ取り組みたいものである。

　この小論で試みた評価語 important の主語調査、of を含む名詞化という調査方法では、コーパスに潜む文法的メタファーの世界の一部にしか接近できていない。しかし、それでも、派生名詞という文法的メタファーの中核部の周辺には、表 1 が示すように、前段階の that 節、to 不定詞、動名詞が広がっており、さらに表 2 で分かるように、of のコンコーダンス中の派生名詞に注目すると、中学 3 年生の基礎的メタファーが高校 3 年生の意味的に多様なメタファーに発達しているという景観が十分に示せたと思う。

　最初に触れたように、実際に話し、書かれた言語資料であるコーパスは言語学者の様々な (heterogeneous) 用途に十分に対応できる柔軟性を備えている。言語学者の仕事は、その課題にふさわしいように、コーパスを作り上げ、コーパスから言語学的に興味深いデータを発見する方法を

生み出し、収集した言語データを記述・説明することにある。本稿では Halliday が提案している文法的メタファーという切り口からコーパスデータを掘り起こすという研究事例を紹介した。そして英語コーパス研究の潜在力の一端を垣間見せることができたとすれば、それこそが「私のコーパス利用」だと言える。

注

1. 本研究に使用したデータは、投野由紀夫氏を中心として構築された中高生の英作文コーパス Japanese EFL Learner (JEFLL) コーパスに基づくものである。検索ツールは、JEFLL コーパスの web 検索システム（小学館コーパスネットワーク）を利用した。

参考文献

Christie, Frances. (2012) *Language Education Throughout the School Years: A Functional Perspective.* Chichester, U. K.: Wiley-Blackwell.

Derewianka, Beverly. (2003) Grammatical Metaphor in the Transition to Adolescence. In Anne-Marie Simon-Vandenbergen, Miriam Traverniers and Louise Ravelli (eds.) *Grammatical Metaphor,* pp. 185–219. Amsterdam: John Benjamins Publishing Company.

Halliday, M. A. K and Christian M. I. M Matthiessen. (2013) *Halliday's Introduction to Functional Grammar.* 4th edtion. London: Routledge.

石川慎一郎 (2012)『ベーシックコーパス言語学』ひつじ書房.

McEnery, Tony and Andrew Wilson. (2001) *Corpus Linguistics.* 2nd edition. Edinburgh: Edinburgh University Press.

Ross, John R. (1973) Nouniness. In Osamu Fujimura (ed.) *Three Dimensions of Linguistic Research,* pp.137–257. Tokyo: TEC Company Ltd.

齊藤俊雄 (2005)「英語コーパス言語学とは何か」齊藤俊雄・中村純作・赤野一郎編『英語コーパス言語学―基礎と実践―』(改訂新版) pp.3–20. 研究社.

投野由紀夫編著 (2007)『日本人中高生一万人の英語コーパス―中高生が書く英文の実態とその分析―』小学館.

梅咲敦子 (2005)「コーパスとは何か」齊藤俊雄・中村純作・赤野一郎編『英語コーパス言語学―基礎と実践―』(改訂新版) pp.21–48. 研究社.

安井稔 (2008)『英語学の見える風景』開拓社.

ニュージーランド英語における
マオリ語の影響

山﨑俊次

1. はじめに

　世界の共通語となっている英語を俯瞰的に見た場合、ニュージーランド英語は、Kachru (1985) で提唱された3つの同心円 (inner circle, outer circle, expanding circle) による英語の使用の図で言えばその中心円 (inner circle) であり、その中でもおそらく最小の中心円であることが推測されるが、しかし他の英語変種に見られない特殊性を持っている。ニュージーランドの歴史を概観すると、英国人が移り住む前に、先住民族ポリネシア系マオリ人がすでに住んでいたという歴史的事実を勘案すると、日常的にマオリ語が混ざり合った英語変種がニュージーランド英語の特徴となっているということが言える。他の英語変種に見られないニュージーランド英語の特殊性を探求する時に、下にあげた最近の新聞記事を概観してもその特徴を容易に把握することができる。総語数74語のうちマオリ語起源の単語が15語使われていて、特別な言語理解と訓練がないとその理解に苦しむこともまた事実である。このようにニュージーランド英語はマオリ語が影響した世界でも稀有な英語変種であり、それが大きな特

徴となっている ('Loan words from Maori make up the most outstanding feature of the distinctive New Zealand English vocabulary', Deverson 1984: 4)。

> Bill English says his first Waitangi Day as Prime Minister at Orakei Marae and at Hoani Waititi has been positive. English attended events at Orakei Marae and at Hoani Waititi after deciding not to attend events at Waitangi. Two screaming protestors were removed from the grounds outside Te Whare Rūnanga, the carved meeting house, as the Waitangi dawn service ended this morning. About 250 were welcomed into the dawn service by a traditional powhiri (*New Zealand Herald*, Feb 6, 2017).

　本稿では、このような特殊性を持ったニュージーランド英語におけるマオリ語が与える影響と役割を調査するために、コーパス利用の例としてマオリ語借り入れの研究をあげる。そのためにニュージーランドで編集された英語辞書とニュージーランドで集積された書き言葉と話し言葉のウェリントンコーパス、およびニュージーランドで発行された書物などのコーパスを利用して比較研究することによって、ニュージーランド英語の実相を探求し、本研究におけるコーパス利用の有用性を明確にすることを目的とする。

　マオリ語のニュージーランド英語への影響を述べる前に、英国人の移住以前にまずマオリ人がどのようにしてこの地に渡来したかを述べたい。そしてニュージーランドに英国人が入植したあと社会・経済、政治的に大きな変革が起こっている。そのように時代と共に大きく変化してきたニュージーランドにおいて、英国人の英語と先住民族の言語マオリ語の言語接触を歴史的に概観したい。

2. 英語とマオリ語の接触

　ニュージーランドの歴史を概観すると、ポリネシア系民族マオリ人は紀元 800 年頃東ポリネシア (*The Society Islands, Cook Islands, Marquesas*) から初

めてカヌーでニュージーランドに渡ってきた (Oliver 1981、マオリ人の口承伝説では、ハワイキ (Hawaiki) から渡ってきた伝説があるが学説的な証拠はない) と伝えられているが歴史的には定かでない。一方世界地図上にその存在が初めて記載されたのは、オランダ人探検家タズマン (Abel Tasman) が 1642 年にオーストラリアから航行してニュージーランド南島西岸を発見し、上陸を試みたことに起因する。タズマンはマオリ人の激しい抵抗にあって上陸はかなわなかったが、オランダとの関係で言えば、その後ニュージーランドの国名 (New Zealand) がオランダの一地方 (Zeeland, 'sea-land') から命名されたこと、さらにニュージーランドの特に南島の地名にタズマンの名前が多く残っている (Mount Tasman, Tasman Bay, Tasman Glacier) ことを考えると、その関係の深さを窺い知ることができる。

英国からのニュージーランド探検は、1769 年にジェイムス・クック (James Cook) がタヒチから Endeavour 号で南下してニュージーランド北島東海岸、Poverty Bay に到達したのが初めてであり、南北両島全体の地図を完成させるほど詳しく探検した。それによって、英国はこの島は英国君主の国であると一方的に宣言した。クックのニュージーランド探検は幾度となくなされ、タズマンと同様多くの地名にその名前を残している (Cook Strait, Mount Cook)。その後、英国からの移住が頻繁になり、英国各地方から多くの開拓者が新天地ニュージーランドでのより良い生活を求めて、オーストラリアを経由して移り住むようになった (Sinclair 1959, Reed 1945)。その結果、先住民族マオリ人と白人 (Pakeha、正確にはマオリ人でない人) の間で、土地、主権をめぐり争いが絶えなかったが、英国君主は、1840 年にマオリ人の土地と文化の継承を約束し、多くのマオリ族の首長等とワイタンギ条約 (Treaty of Waitangi) を結んで、ここにニュージーランドは実質的に英国領となった。

ワイタンギ条約締結は、ニュージーランドにおける歴史の転換点であるが、英国政府からマオリ人に対してその条約で約束されたことが充分に顧みられることはなく、その後マオリ人は土地、文化、使用言語 (マオリ語) など社会的、政治的、経済的、文化的に満足のいく扱いを受け

山﨑俊次

ていないとして長年抵抗運動を続けることになった (Kawharu 1989)。その中には、その条約により没収された土地所有の問題、さらに教育現場におけるマオリ語の使用禁止など同化政策 (assimilationism) があり、またマオリ語の使用人口の急激な減少にみまわれ (Benton 1981)、教育の恩恵を受ける率の低さなど諸問題があった (Ewing and Shallcrass 1970, Bender 1971, Barrington and Beaglehole 1974)。その後、それら問題解決に向けてかなりの範囲で政治的な解決方法を模索し改善はみられてきたが、しかし現在でもワイタンギ審判所 (Waitangi Tribunal) を通してマオリ人の社会・経済的な発展と要求を求める運動は継続している。

　現在のニュージーランドの総人口は、約 450 万人 (*2013 Census*, Statistics New Zealand) で、そのうちマオリ人は全人口の 15.3％を占めていて、全人口比率では微増を続けている。しかし、国勢調査で帰属する民族の質問に対してマオリ人であると自己登録したマオリ人の中で、マオリ語を話せるという人の割合が毎年微減している現状に鑑みて抜本的な改善策が必要であることは言うに及ばない。ニュージーランドの公用語は、長年英語のみであったが、政府はマオリの歴史と伝統を守るために、文化継承の最重要課題である使用言語マオリ語を公用語とすることを決定した (*Māori Language Act 1987*)。それによって、政府機関、公共機関等の表示を英語・マオリ語両言語で併記し（例えば、Ministry of Education, *Te Tāhuhu o te Mātauranga*）、また種々の会合の場において初めの挨拶をまずマオリ語で始めるという習慣が一般化してきた。この法制化に伴い、言語学的に特筆すべき側面は、マオリ語の長母音の表記が統一されていなかった点を指摘 (Maori という語の母音の 'a' は英語化された表記であり、Maaori と綴られた場合もあった) して、統一的に長音表記マクロン (macron) を使用することを推奨し、Māori 表記が一般的になった。

　さらにニュージーランドが世界に先駆けてニュージーランド手話 (New Zealand Sign Language) も公用語 (2006) としたことも特筆すべき言語政策の一つと言えるだろう。

3. ニュージーランド英語とマオリ語の研究

ニュージーランド固有の英語 (New Zealandisms) についての言語学的な研究は 1960 年代以降盛んになり、オーストラリア英語とも多少言語学的な差異があるといった言語学研究の著書論文が多く書かれるようになった。言語学の全般的な書物としてターナー (Turner 1966) を始め、ゴードン (Gordon 1982)、ウォール (Wall 1966) が詳しく、ニュージーランド英語はオーストラリア英語と同様音声学的には英国のコックニー・アクセント (cockney accent) の影響が強いと述べてられている。しかし、ニュージーランド英語の発音は、容認発音 RP (Received Pronunciation) と比較して母音の発音に特徴があり、母音は移動 (raised) して、例えば *pan* が *pen* に聞こえ、*pen* が *pin* に聞こえ、*pin* は *pun* に聞こえるいわゆる 'rotational shift' が起こり、/æ/ → /e/ → /ɪ/ → /ə/ (*pun* の発音は /ʌ/ よりも /ə/ の音質を持つあいまい母音 'schwa' の多用の傾向にある) 等の母音変化を起こす (Gordon 1982, Yamazaki 1991)。その後、発音に関する音声学・音韻論研究が盛んになりニュージーランド発音の特徴が明らかにされてきた (Gordon and Deverson 1985, 1989, Bauer 1986)。このように、ニュージーランド英語は、その音声学的特徴に他の英語との大きな差異を見出すことができる。さらに、移民が持ち込んだ牧場用語 (*bush-jacket, bush-line*)、地方住居状況用語 (*back settler, townie*) 等独特な語彙が使用されている。

マオリ語はハワイ語、トンガ語、サモア語等と同様ポリネシア語派に属し、口承言語であったが、英国政府とマオリ族首長等で結ばれたワイタンギ条約締結 (1840) 前から宣教師がマオリ人に対して、英語を通して教育し、マオリ語の文字化を図り、教育・言語両面で積極的な交流を行っていた。その際に多くのマオリ語が英語の中に借入されたことは容易に推測できる。最初のマオリ語テキストは 1815 年に出版され (*A Korao no New Zealand*, Kendall)、1820 年にはキリスト教宣教師協会で文法書 (*A Grammar and Vocabulary of the Language of New Zealand*, Kendall) が出版されている。しかし、そのような平和的な交流も、1860 年代以降になってマオリ人が所有する土地の売買等をめぐってマオリ人との間で戦争 (Land

Wars）が多発し、マオリ語の英語への借用も 1970 年代までその勢いが衰えていくことになる。マオリ人自身も、社会・経済的な理由でマオリ語ではなく英語学習に重点を置いたことで、マオリ語話者の激減の大きな要因となった。

　1973 年に英国がヨーロッパ共同体（EC）に加盟したことで、ニュージーランドの太平洋での位置付けの再変革を余儀なくされ、またマオリ人の都市化に伴い、マオリ人の社会・経済的な立場の強調により、マオリ語の再認識とマオリ語・英語のバイリンガル教育等といった新しい動きが出てきた。1981 年に最初のマオリ語のみを使った幼児教育機関（ko-hanga reo）、小学校教育（kura kaupapa Maori）と生涯学習機関（whare wananga）が 1989 年と 1990 年にそれぞれ設立され、マオリ語復活運動が開始された（Yamazaki 1987a, 1987b）。また、このような状況の変化は、マオリ語の大型辞書、文法書の発刊でも実感できる（*A Dictionary of the Maori Language* H. W. Williams 1975, *The Reed Dictionary of Modern Māori* P. M. Ryan 1995, *The Reed Reference Grammar of Māori* W. Bauer 1997）。

4．ニュージーランド英語の辞書編纂とコーパス

　ニュージーランド英語へのマオリ語の影響の歴史を言語学的に研究する方法を模索し、特に語彙の影響、換言すれば借入語としてのマオリ語を概観するとき、その研究方法として、ニュージーランド英語の中に使われているマオリ語の語彙を列記してその影響を考察する方法、つまり「印象的アプローチ」がある。すでに 19 世紀後半に Morris（1898: xv）はマオリ語の語彙が多く借入されていることを述べており（'But in New Zealand Maori is much more widely used in the matter of vocabulary than the speech of the aborigines is in Australia'）、Andersen（1946: 141）もマオリ語がニュージーランド英語に深く浸透していることを説いている（'Many Maori words are now in such common use that they may be regarded as incorporated in the English language'）。その後の借入語の研究で Deverson（1984: 4）はマオリ語語源の語彙約 40 語〜 50 語はニュージーランド英語の中に借入されていると述べ

('Perhaps 40 or 50 such words are commonly understood; beyond that loans from Maori have tended to remain in more restricted circulation, among Maoris themselves or botanical experts, for example')、さらに Deverson (1991: 18) は、'After generations of suppression and neglect, te reo Maori, the Maori language, is everywhere in the public eye and ear' と力説している。

しかし、ニュージーランド英語におけるマオリ語の影響を科学的に研究する方法として、ニュージーランドにおいて大型辞書編纂が本格化したのを受けてそれらの辞書に出現する語彙の研究、さらに 20 世紀後半になると、コンピュータが急速に発展してそれら高速化したコンピュータを利用して計画的に集積されたコーパスを使った語彙研究をする方法が一般化してくる。それらの辞書編纂とコーパス利用という観点から科学的な研究方法について述べてみたい。

4.1.　ニュージーランド英語辞書

ニュージーランド英語の本格的な大型辞書編纂の歴史は浅く、オーズマン (H. W. Orsman) が 45 年掛けて 6,000 語の見出し語の英語辞書 *The Dictionary of New Zealand English* (DNZE) (Orsman 1997) を出版したのが初めてである[2]。この辞書は、他の英語変種には見られないニュージーランド特有の語彙を集めた特筆すべき初めての本格的な英語辞書という評価を受けている。ニュージーランド辞書センター (New Zealand Dictionary Centre) 元所長のケネディは review (Kennedy 1997) の中でこの辞書について次のように表現している。

> *The Dictionary of New Zealand English* is a splendid gift from Harry Orsman to his fellow New Zealanders, a national *taonga* which will provide enjoyment and enlightenment, and serve as a benchmark for further study of English in New Zealand. (Review of *The Dictionary of New Zealand English* edited by H. W. Orsman. Auckland: Oxford University Press, 1997)

見出し語 6,000 語のうち約 12.4％ (746 語) がマオリ語で、そのうち約

69％のマオリ語は植物相（Flora、例えば *kumara* サツマイモ）と動物相（Fauna、例えば *kiwi* キーウィ）であり、17.6％はマオリ概念（*Tikanga Maori*、例えば *hapu* 部族、*wharenui* 集会所）で、12.6％は一般語（General, 例えば *puku* お腹、*reo* ことば）である。この辞書は、Oxford English Dictionary の辞書編纂の歴史的原則（historical principles）の伝統に従って編纂され、18 世紀後半のキャプテン・クックのニュージーランド探検以来、多くの英国人がニュージーランドに移り住み、そして使用言語である英語の中にいかに多くのマオリ語を取り入れ、ニュージーランド独特の英語変種を作りあげていったかを如実に示している辞書である。

また、この Orsman 辞書では、ニュージーランド英語変種の中で重要な語彙であり使用頻度の高い *kiwi*（主な意味は、飛べない鳥、ニュージーランド人の別称）の説明に、1 ページ縦 3 段組みの辞書で 11 段を使って説明し、*Maori*（マオリ人、マオリ語）の説明に至っては、22 段を使って説明していて、ニュージーランド英語変種に知識を持たない読者に対しても親切な語彙説明を行っている。

その後ニュージーランド英語変種を総合的にまとめた本格的な辞書（*The New Zealand Oxford Dictionary*, T. Deverson and G. Kennedy 2005）が、Victoria University of Wellington に設置されたニュージーランド辞書センター（New Zealand Dictionary Centre）で編纂され、Oxford University Press から出版された。10 万語の語彙の中には、1.2 万語のニュージーランド特有の単語（*Beehive, biddy-bid, capping, growl, jandal, scarfie, six o'clock closing* 等）が含まれ、マオリ語からの借入語（*totara, pipi, Taupo, haka, hongi, kuri* 等）も入っている。しかし、マオリ語の説明は、Orsman 辞書に比して余りページを割かず、*kiwi* は 1 ページ縦 3 段組みの辞書で 1 段の半分、*Maori* は約 1 段説明しているだけで、辞書編纂の方針の違いが見て取れる。

4.2.　ウェリントンコーパス

ニュージーランド英語変種に含まれるマオリ語の位置を確認するのにもう 1 つの重要なデータが、ニュージーランドで集積された約 100 万語のニュージーランド英語コーパスである。つまり 'Brown family corpus' を

模した書き言葉コーパス Wellington Corpus of Written New Zealand English (WWC) (Bauer 1993) と話し言葉コーパス Wellington Corpus of Spoken New Zealand English (WSC) (J. Holmes, B. Vine and G. Johnson 1998) の2つのニュージーランド英語コーパスがヴィクトリア大学で集積された。

英語辞書の見出し語として使われている語彙とコーパスに実際表れる語彙の実相を比較研究するのに、Orsman 辞書とこの2つのニュージーランド英語コーパスに表出するマオリ語を比較することにより、ニュージーランド英語変種におけるマオリ語の位置が明らかになってくる。

4.3. 他のコーパスを使ったマオリ語の英語への借入研究

マオリ語のニュージーランド英語への影響についてコーパスを利用した研究は、1998年に北アイルランドのベルファーストで行われた第19回 ICAME Conference で発表されたケネディ・山﨑の研究論文[3]以来盛んに行われるようになり、特にマカリスターの研究 (Macalister 1999, 2000, 2007) はマオリ語の借入について歴史的に詳細に述べていて、卓越した研究である。また、マカリスターの辞書 (Macalister 2005) は、マオリ語の見出し語に英語で丁寧に説明を付けたニュージーランド英語への影響に関する辞書としては画期的な辞書である。また、ホフマン (Hofmann 2006) は、ニュージーランド英語にマオリ語がどのように借入され、そしてどのようにしてその地位が確立されていったかを歴史的に述べている。さらに、最近ニュージーランド英語を音声学・音韻論のみならず統語的に分析し、その特徴を表した画期的な書物が出版された (Hay, Maclagan, and Gordon 2008)。

ニュージーランド英語へのマオリ語借入の際に形態論的に注意すべき特徴がある。マオリ語の複数形を表すのに英語の複数語尾の特徴である屈折接辞 (-s) を付けた語彙 (*pipis, kiwis, maraes*) が使われており、それに対して一部マオリ長老の中には文化的同化政策の一環ではないかと異議を唱える人もいる。これは、ニュージーランド英語のウェリントンコーパスを分析することで明らかになり、話し言葉コーパスに130回、書き言葉コーパスには160回もこの屈折接辞が表出している (Kennedy and

Yamazaki 2000: 42)。

　1907年以来、ニュージーランドではニュージーランドの作者によって書かれた英語の読み物である School Journal が発行され、全てのニュージーランドの初等教育の国語の授業で使われている。内容は、英国との関係の歴史や、ニュージーランド固有のマオリ人の伝説・歴史、また文化人類学的な内容が含まれていてとても読みやすく、読み物としての教科書になっている。その1990年代の School Journal をコーパスとしてニュージーランド英語におけるマオリ語の語彙の影響を研究した論文 (Macalister 1999) と、Orsman 辞書、2つのウェリントンコーパスとの分

表1. 辞書・コーパスに含まれるニュージーランド英語に入っているマオリ語の比率 [4]

	Dictionary of NZ English (1997)	Wellington Corpus of Written NZ English (1993)		Wellington Corpus of Spoken NZ English (1998)		School Journals 1990s	
	N. (%)	Types (%)	Tokens (%)	Types (%)	Tokens (%)	Types (%)	Tokens (%)
Flora and fauna	512 (68.7)	57 (5.7)	310 (5.2)	44 (5.7)	134 (2.6)	27 (13.0)	110 (12.2)
Trees and plants	263 (35.3)	28 (2.8)	149 (2.5)	19 (2.4)	74 (1.5)	7 (3.4)	31 (3.4)
Fish and shellfish	108 (14.5)	11 (1.1)	33 (0.6)	9 (1.2)	15 (0.3)	4 (1.9)	11 (1.2)
Birds	115 (15.4)	12 (1.2)	114 (1.9)	13 (1.7)	26 (0.5)	11 (5.3)	23 (2.6)
Other creatures	26 (3.5)	6 (0.6)	14 (0.2)	3 (0.4)	19 (0.4)	5 (2.4)	45 (5.0)
Place-names	8 (1.1)	404 (40.4)	1,660 (27.9)	292 (37.6)	1,326 (26.1)	50 (24.0)	107 (11.9)
Names of persons	0	232 (23.2)	1,040 (17.5)	161 (20.7)	545 (10.7)	67 (31.7)	394 (43.9)
Other proper nouns	*	*	*	*	*	13 (6.3)	42 (4.7)
Structural words	0	29 (2.9)	555 (9.3)	54 (6.9)	535 (10.5)	10 (4.8)	65 (7.3)
Tikanga Maori	132 (17.6)	142 (14.2)	633 (10.6)	99 (12.7)	785 (15.5)	23 (11.1)	91 (10.1)

| General | 95
(12.6) | 137
(13.6) | 1,754
(29.5) | 127
(16.3) | 1,751
(34.5) | 19
(9.1) | 89
(9.9) |
| Total | 747
(100) | 1,001
(100) | 5,952
(100) | 777
(100) | 5,076
(100) | 209
(100) | 898
(100) |

＊*School Journals 1990s* 以外は、項目が設定されていない。

析はマリオ語の比率について以下のように詳細な結果を示すことができる（表1）。

　この辞書と3つのコーパスの異なり語数（type）を比較することによって、辞書とコーパスは語彙編纂・集積の原理・方法が違うことは自明の理だとしても、表出に明白な差異が出ていることが分かる。書き言葉と話し言葉の2つのコーパスは類似した意味カテゴリーの語彙分布になっているが、辞書には動植物相（Fauna, Flora）が約70％近く入っていて、語彙分布に大きな差異がある。また、コーパスには地名（Place names、例えば *Rotorua*）、人名（Names of persons、例えば *Paora, Paul*）、機能語（Structural words、例えば *te*）などが多く含まれ、約66％を超えている。さらにコーパスを細かく分類してみると、地名、人名の総語数（token）は異なり語数（type）の比率より低い（27.9％ vs 40.4％、26.1％ vs 37.6％、11.9％ vs 24.0％）が、一般語（General）は2つのコーパスでの総語数が約2倍使用（29.5％ vs 13.6％、34.5％ vs 16.3％）されていることが分かる。また、ウェリントンコーパスの書き言葉と話し言葉を比較すると、話し言葉における総語数（token）は動植物相（Fauna, Flora）（trees and plants, fish and shellfish, birds）が低く、マオリ概念（*Tikanga Maori*）と一般語（General）は頻度が高いという特徴がある。　また、辞書には原則的に地名、固有名詞などは含まれないが、書き言葉・話し言葉コーパス・*School Journals* には多くの地名（それぞれ1,660回、1,326回、107回）、固有名詞（それぞれ1,040回、545回、394回）が使われているのが特徴と言える。

　コーパスの異なり語数（type）から概算すると、ニュージーランド英語において書き言葉の1,000語のうち6語、話し言葉の1,000語のうち5語はマオリ語であること（Kennedy and Yamazaki 2000）は、驚くべきことであり、いかにマオリ語がニュージーランド英語変種に数多く入っている

かが窺える。この現象は、近年さらに増加傾向にあり、マカリスター (Macalister 1999) は、高年齢の英語話者は動植物相 (Fauna, Flora) の語彙に対する認識度が高いが、若年層の英語話者は、マオリ概念 (*Tikanga Maori*) や一般語 (Genera) の語彙を多く使用する傾向にあると述べている (Macalister 2007)。

また、ニュージーランド英語にどのくらいのマオリ語源の語彙が含まれているかということに関して、Deverson (1984: 4) はマオリ語語源の語彙約 40 語〜50 語はニュージーランド英語の中に借入されていると述べているのに対して、Macalister (2004: 72) は 'the standard estimate of the loan-word vocabulary of an average New Zealander as 40–50 words other than place names is conservative' と述べ、Macalister (2004: 73) は 'a more accurate assessment might be familiarity with 70–80 Maori words' とさらに多く (70 語〜80 語) のマオリ語の語彙がニュージーランド人の日常的な英語の中に借入されているということを説いている。

ニュージーランドの学校教育で英語の読み物として使われる *School Journal* コーパスの 1960 年代と 1990 年代を比較分析することによって、マカリスター (Macalister 2000) はその違った年代に英語に入ったマオリ語には、大きな変化があると力説している（表 1、表 2）。マオリ語のおよそ 3 分の 2 は固有名詞 (proper nouns) であり、Flora, Fauna よりもマオリ概念 (*Tikanga Maori*) や一般語 (General) が増えていて、英語においてマオリ語の位置が強化され、さらにニュージーランドにおいてマオリ語・英語のバイリンガル化の傾向が顕著に表れていると述べている。

表2. 1960年代と1990年代の School Journal コーパスにおけるマオリ語の変化[5]

1960s Corpus	1990s Corpus
Words of Maori origin: Predominantly found in informative prose	Words of Maori origin: More likely to be found in imaginative prose
Maori people and culture: Marked as different	Maori people and culture: Little marking for difference
Maori portrayed as inhabiting a traditional, rural world	Maori portrayed as inhabiting a contemporary, urban world
Words of Maori origin used to add 'colour'	Authentic use of Maori words
Non-Maori writing about Maori	Maori writing about Maori

4.4. 特殊コーパス

マオリ語の借入を歴史的に比較するために1850年から2000年の150年間のマオリ語借入を3種類の特殊コーパスを集積して比較した卓越した研究がある (Macalister 2001, 2006a, 2006b)。この研究で、主要都市の新聞4紙 (*New Zealand Herald, The Dominion, Otago Daily, Wanganui Chronicle*) から取った新聞コーパスで370万語、国会議事録 (Hansard) で59万語、学校教育の Reading 教材として使われる *School Journal* (1910–2000) で約100万語のコーパスを集めて、特殊コーパスを集積しマオリ語の借入を調査した。

これら歴史的なマオリ語借入の比較研究の結論として以下のことが明らかになった (Macalister, 2001, 2004, 2006a, 2006b)。

1). 時代の3分割

マオリ語の借入を時代的に3分割し、政治・経済・社会的な観点から比較分析して興味ある結論を導き出している。

(1) 1840–80：植民地段階 (colonisation phase) で、この時期はマオリ語からの借入に積極的であった。興味あることは、特に英国からの '*pakeha*' (白人、正確にはマオリ人でない人) が熱心であった。

(2) 1880–1970：再植民地段階 (recolonisation phase) で、マオリ語借入に抵抗があった (この時期の同化政策 (assimilationism) によりマオリ語使用禁止運動が大きく影響したことが推測される)。

(3) 1970–：非植民地段階 (decolonisation) で、この時期はマオリ語借入に積極的になって来た（マオリ語再認識、マオリ教育の復興などが影響していると推測される）。この時期は、'Maori'（マオリ人）のマオリ語借入の積極さが顕著であることが特徴としてあげられる。

また、意味カテゴリーの分布で、地名・人名などの固有名詞 (proper noun; ex. *Rotorua, Mihaere*) の割合は依然大きいが、徐々にその割合に変化が出てきて、マオリ特有語 (Tikanga Maori (Macalister (2006a) はこれを Social Culture と呼ぶ) ; ex. *utu* 補償、*tapu* 神聖、*korero* ことば、*haka* ハカ（踊りの名前）、*kaumatua* 長老) の急増を述べている ('there has been in recent years a marked upsurge in loanwords pertaining to Maori social culture' (Macalister 2006b: 21)）。

5. まとめ

　今まで述べたように歴史的にニュージーランドにおいては、英国人の入植前後から英語へのマオリ語の借入は濃淡こそあれ継続している。特に 1970 年代以降、ニュージーランドは英国との政治・経済関係の変化、マオリ人の都市化等社会・経済的な変革等の要因によって、ニュージーランド全体においてマオリ語に対する認識が大きく変化してその重要度が増大し、マオリ語復権運動に加えて、マオリ語・英語のバイリンガル教育の推進も大きな前進を見せた。やはり最大の要因は Maori Language Act (1987) が法制化されたことであり、それによってマオリ語の地位が確立し、ニュージーランドの少数民族マオリ人の言語マオリ語は、英国民の移住以前からのニュージーランドに居住していた民族の言語としてその保持政策が取られた。

　本稿では、コーパス利用の例として、ニュージーランド英語に影響を与えたマオリ語借入れの研究をするために、ニュージーランド英語の辞書、ウェリントンコーパス、School Journal 等を使った。そのことによっ

て、ニュージーランド英語は言語学に他の英語変種とは違ったニュージーランド英語独特の特徴を持った、いわゆるマオリ語が影響した英語変種 (New Zealandisms) としての特殊性があることが分かり、よってコーパス利用の有用性が明確になった。

注
1. 筆者は 1970 年代初頭に初めてニュージーランドでの語学研修で訪問した後、1980 年代後半まで現地校での教育、大学院での研究のために長期に滞在した経験から、ニュージーランドが英国から社会・経済的に自立し、太平洋の一国となって大きな変革を遂げてきた歴史を体験することができた。
2. しかしこれ以前に、H. W. Orsman 1979 *Heinemann New Zealand Dictionary*, I. A. Gordon 1982 *Collins Concise Dictionary of the English Language* New Zealand Edition, *Macquarie Dictionary* 1981, R. Burchfield 1986 *The New Zealand Pocket Oxford Dictionary*, E. and H. Orsman 1994 *The New Zealand Dictionary* 等の中型辞書はすでに発行されていた。
3. 第 19 回 ICAME (International Computer Archive of Modern and Medieval English) Conference (May, 1998) の論文は、出版に日時を要して J. M. Kirk (ed.) 2000. *Corpora Galore: Analyses and Techniques in Describing English*. Amsterdam: Rodopi. 33–44. に収められているが、それ以前に本論文の Offprint が 1999 に一般に出回って、多くの研究者がこの Offprint を使って、'Kennedy and Yamazaki 1999' と引用している論文が多々見られる。
4. Kennedy and Yamazaki (2000: 39–40) のデータを基に作成。さらに、Macalister (1999: 40) より引用。
5. Macalister (2000: 46) より引用。

参考文献

Andersen, Johannes C. (1946) Maori Words Incorporated into the English Language. *Journal of the Polynesian Society* 55: 141–162.

Barrington, John. M. and Timothy Homes Beaglehole. (1974) *Maori Schools in a Changing Society*. Wellington: New Zealand Council for Educational Research. *Bateman New Zealand Encyclopedia* 1984. Auckland: David Bateman.

Bauer, Laurie. (1986) Notes on New Zealand English: Phonetics and Phonology. *English Worldwide*. 7 (2) : 225–258.

Bauer, Laurie. (1993) *The Wellington Corpus of Written New Zealand English*. Department of Linguistics,

Victoria University of Wellington. Wellington.

Bauer, Winifred. (1997) *The Reed Reference Grammar of Māori*. Auckland: Reed Publishing.

Bender, Byron W. (1971) *Linguistic Factors in Maori Education*. Wellington: New Zealand Council for Educational Research.

Benton, Richard. (1981) *The Flight of the Amokura*. Wellington: New Zealand Council for Educational Research.

Burchfield, Robert. (1986) *The New Zealand Pocket Oxford Dictionary*. Auckland: Oxford University Press.

Deverson, Tony. (1984) Home Loans: Maori input into current New Zealand English. *English in New Zealand* 33: 4–10.

Deverson, Tony. (1991) New Zealand English Lexis: the Maori Dimension. *English Today* 26: 18–25.

Deverson, Tony and Graeme Kennedy (eds.) (2005) *The New Zealand Oxford Dictionary*. Oxford: Oxford University Press.

Ewing, John and Jack Shallcrass (eds.) (1970) *An Introduction to Maori Education*. Wellington: New Zealand University Press.

Gordon, Ian. (1982) *Collins Concise Dictionary of the English Language*. Auckland: Collins

Gordon, Elizabeth and Tony Deverson. (1985) *New Zealand English: An Introduction to New Zealand Speech and Usage*. Auckland: Heinemann.

Gordon, Elizabeth and Tony Deverson. (1989) *Finding a New Zealand Voice*. Auckland: New House Publishers.

Hay, Jennifer, Margaret Maclagan, and Elizabeth Gordon. (2008) *New Zealand English*. Edinburgh: Edinburgh University Press.

Hofmann, Lysann. (2006) *Use and Acceptance of Maori Borrowing in New Zealand*. Germany: GRIN Verlag.

Holmes, Janet, Bernadette Vine, and Gary Johnson. (1998) *The Wellington Corpus of Spoken New Zealand English*. School of Linguistics and Applied Language Studies, Victoria University of Wellington. Wellington.

Kachru, Braj Bihara. (1985) Standards, codification, and sociolinguistic realism: The English language in the outer circle. In R. Quirk and H. G. Widdowson (eds.) *English in the World: Teaching and Learning the Language and the Literature*. pp.11–30. Cambridge: Cambridge University Press.

Kawharu, Ian Hugh. (1989) *Waitangi: Māori and Pākeha Perspectives of the Treaty of Waitangi*. Auckland: Oxford University Press.

Kendall, Thomas. (1815) *A Korao no New Zealand*. (Full title: *A Korao no New Zealand; or, the New Zealander's first book; being an attempt to compose some lessons for the instruction of the natives*). Sydney: G. Howe.

Kendall, Thomas. (1820) *A Grammar and Vocabulary of the Language of New Zealand*. London: R. Watts.

Kennedy, Graeme and Shunji Yamazaki. (2000) The Influence of Maori on the New Zealand English Lexicon. In J. Kirk (ed.) *Corpora Galore: Analyses and Techniques in Describing English*. pp.33–44.

Amsterdam: Rodopi.

Kennedy, Graeme. (2001) Lexical borrowing from Maori in New Zealand English. In B. Moore (ed.) *Who's Centric Now?: The Present State of Post–colonial Englishes*. pp.59–81. Oxford: Oxford University Press.

Macalister, John. (1999) Trends in New Zealand English: Some Observation on the presence of Maori Words in the Lexicon. *New Zealand English Journal*. Vol. 13.38–49.

Macalister, John. (2000) The Changing Use of Maori Words in New Zealand English. *New Zealand English Journal*. Vol. 14: 41–47.

Macalister, John. (2001) Introducing a New Zealand Newspaper Corpus. *New Zealand English Journal* 15: 35–41.

Macalister, John. (2004) A Survey of Maori Word Knowledge. *English in Aotearoa* 52: 69–73.

Macalister, John. (2005) *A Dictionary of Maori Words in New Zealand English*. Australia: Oxford University Press.

Macalister, John. (2006a) The Maori Lexical Presence in New Zealand English: Constructing a Corpus for Diachronic Change. *Corpora* 1.1: 85–98.

Macalister, John. (2006b) The Maori Presence in the New Zealand English Lexicon, 1850–2000. *English World-Wide* 27: 1–24.

Macalister, John. (2007) Revisiting Weka and Waiata: Familiarity with Maori words among older speakers of New Zealand English. *New Zealand English Journal*. Vol. 21: 41–50.

Māori Language Act 1987. New Zealand Government.

Morris, Edward Ellis. (1898) *Austral English*. London: Macmillan.

New Zealand Herald, Feb 6, 2017.

Oliver, William Hosking. (1981) *The Oxford History of New Zealand*. Wellington: Oxford University Press.

Orsman, Harry W. (1979) *Heinemann New Zealand Dictionary*. Auckland: Heinemann.

Orsman, Harry W. (ed.) (1997) *The Dictionary of New Zealand English*. Auckland: Oxford University Press.

Orsman, Elizabeth and Harry Orsman. (1994) *The New Zealand Dictionary*. Auckland: New House Publishers.

Reed, Alfred Hamish. (1945) *The Story of New Zealand*. Wellington: Reed.

Ryan, Peter M. (1995) *The Reed Dictionary of Modern Māori*. Auckland: Reed Publishing.

Sinclair, Keith. (1959) *A History of New Zealand*. England: Penguin Books.

Turner, George W. (1966) *The English Language in Australia and New Zealand*. Longman.

Wall, Arnold. (1966) *An Encyclopedia of New Zealand*. Wellington: Government Printer.

Williams, Herbert W. (1975) *A Dictionary of the Maori Language*. Wellington: Government Printer.

Yamazaki, Shunji. (1987a) Preservation of the Maori Language. *Gogakukyoikuronso*. Vol. 4. Daito Bunka University.

Yamazaki, Shunji. (1987b) Te Kohanga Reo: Indications of Maori Determination to Preserve their

Language. *Daito Bunka Daigaku Kiyo*. 25: 425–438.

Yamazaki, Shunji. (1991) New Zealand English Accent: Its Characteristics of Pronunciation in Comparison with Received Pronunciation. *Gaikokugo gakkaishi*. 20: 33–42. Daito Bunka University.

2013 Census, Statistics New Zealand.

3つの柱「テクストの読み、言語理論、コーパスの利用」

堀正広

1. はじめに

　筆者の専門は英語学・文体論で、主に英米文学作品の文体分析を行っている。本稿は、筆者自身がコーパスを使う際に気をつけていることをタイトルにしている。つまり、3つの柱「テクストの読み、言語理論、コーパス利用」がコーパスを使って文体分析をする場合には重要である、と考えているからである。この3つの柱に沿って実際に分析した論考が本シリーズの第5巻『コーパスと英語文体』の第6章「新渡戸稲造著 *Bushido* の英語」である。

　名英文家として知られる新渡戸稲造の英語、とくに不朽の名作といわれる *Bushido* の英語は、依然として高い評価を得ている。それではその英文とは一体どのような英語の特徴を持っているのか。その目的を達するために、*Bushido* のテクストを何度も精読した。その精読と文体論の視点から、*Bushido* の英語の文体の特徴は、とくに語彙、引用、変奏 (elegant variation)、コロケーションに現れていると判断した。その特徴を明らかにするために、比較として岡倉天心の *The Book of Tea* (1906) と Henry

David Thoreau の *Walden* (1854) を用い、各作品の電子テキストを分析するためにコンコーダンサー AntConc3.3.4w (http://www.laurenceanthony.net/software.html) を使った。また、語長を調べるためにコンコーダンサー CasualConc (https://sites.google.com/site/casualconcj/) を使用した。このようにして、コーパスを利用して得られた客観的なデータとテキストの読みに基づき、文体論の考え方と手法を援用して、新渡戸稲造の *Bushido* の英語の文体的特徴を明らかにしているのが第 5 巻の第 6 章である。

　本稿では、次の点から筆者のコーパス利用について述べていく。2 節「なぜコーパスを使うか、コーパスを使うまでの経緯」、3 節「どのようなコーパスをどのように使っているか」、4 節「コーパスの威力」、5 節「コーパスの限界」、6 節「3 つの柱—テクストの読み、言語理論、コーパスの利用」、そして最後に、7 節「これからのコーパス研究—共同研究の勧め」である。

2. なぜコーパスを使うか、コーパスを使うまでの経緯

　コーパスを利用する以前は、文学作品を丁寧に読みながら興味深い表現をカードに書き込んでいった。カードには、作品名、章、用例、そしてコメントを書き込んだ。そのカードをいくつかに分類し、それぞれに考察を加えて論文を書いた。1 本の論文を書くために、数百枚から千枚のカードを使っていた。

　ところが、コロケーション研究を始めた 1991 年からは、興味深い表現だけでなく一般的なコロケーションや同じコロケーションを異なった章や作品、あるいは同じ作家や異なった作家から収集するために、1 本の論文を書くために、2,000 枚を超すカードを使うようになり、この手法での研究に限界を感じた。ちょうどその頃にパーソナルコンピュータが普及し、Apple の Power Book をはじめて手にした。また卒業論文から研究対照としている 19 世紀英国の小説家 Charles Dickens の電子テキストを個人で作成している、本業は医者で、Dickens の研究者でもある Fred Levit 氏の存在を 1994 年にアメリカに交換教授として 1 年間赴任し

ているときに知った。Levit 氏に直接電話をかけ、その電子テキストを購入した。その電子テキストはいろいろと問題があり、かなり不完全だったが、その当時はまだ Project Gutenberg の電子テキストの蔵書目録は不十分で、Dickens の文学作品が全て電子化され一般にも利用できるのは Levit 氏のものだけだった。しかし、Levit 氏のものは、テキスト上の問題に加え、そのままでは Mac では可読できなかったので、私の日本語の授業を受講していたコンピュータ工学を専攻している学生に手伝ってもらって、Mac で使えるように変換してもらった。

　その電子テキストを Mac 用のコンコーダンスソフトウェアである CONC 1.76 を使ってコンコーダンスを作成した。Dickens の長編小説には 30 万語を超える作品もあり、それを一挙にコンコーダンスで表示できたときは、大変感動したものである。

3. どのようなコーパスをどのように使っているか

　現在の私のコーパス利用は基本的には次のようなものである。現在では電子テキストの宝庫である Project Gutenberg から必要な作品をダウンロードして、AntConc や CasualConc を使って、語数、異なり語、コロケーション、n-grams などを調べる。時には、Literature Online を使って、これまでの文学作品で、ある表現が使用されてきたかどうかを確認する。Literature Online とは、1477 年から 2015 年までの英語の文学作品、小説だけでなく、詩や戯曲を含めた 35 万以上の文学作品を一挙に調べることができる有料のサイトである。また、現在プロジェクトチームで作成中の多機能検索エンジンを搭載した The Dickens Lexicon Digital を使用している。これは、Dickens 作品からの数万のイディオムの項目と 18 世紀および 19 世紀の小説のコーパスが搭載され、様々な検索が可能である。

4. コーパスの威力

「コーパスの威力」に関して1つだけ例を挙げるとすれば、作品の機能語の分析が容易にできるという点を挙げたい。テキスト中の機能語、たとえば冠詞 the や代名詞 I や you 等の振る舞いを明らかにすることは、それまで行っていたカードの収集では不可能であった。たとえば、女性に比べ男性の会話には the が多く、とくに文学作品ではその差異は誇張され、女性の定冠詞 the の使用は、男性に比べ極端に少なくなっているという指摘は、コーパス分析で初めて言えることである。Shakespeare の作品を例にとると、女性の登場人物、たとえば Juliet や Ophelia は、Romeo や Hamlet に比べ定冠詞 the の使用は3分の2ほどである。このような機能語の頻度やコロケーションの調査はコーパスを使うことではじめて可能になる（堀 2009: 140-144）。これに関しては、齊藤俊雄先生の記念論文集 *Approaching Language Variation through Corpora* (2013) に寄稿した拙論 "Approaching Literature as a Corpus: Gender-Based Conversational Styles in Hemingway's 'Hills Like White Elephants'" では、Hemingway の短編小説の男女の会話を機能語の頻度やコロケーションの面から分析した。作家が意識していない機能語の文体の差異がコーパスを分析することによって浮かび上がって来る。これはカードを使っていたときにはできなかった、「コーパスの威力」によって書くことができた論文である。

5. コーパスの限界

「コーパスの限界」に関しては、頻度の意味について考えてみたい。頻度の解釈に関しては充分に配慮する必要があるということを指摘したい。

まず、頻度とコーパスの規模についてである。1億語のコーパス British National Corpus (BNC) において、一般的に使われる表現が低頻度、あるいは頻度ゼロということがしばしば見られる。例えば、中学生の教科書や参考書には there is 構文の例文として There is a book on the desk. がよ

く見られるが、この a book on the desk という表現は BNC には 1 例もない。4 億 5 千万語のコーパスである Corpus of Contemporary American English (COCA) でも 1 例しかない。この表現が BNC において例がなく、COCA においても 1 例しかないからと言ってこの表現は英語ではほとんど使われない、という結論に我々は到達することはないであろう。

　次に「頻度の示す意味と限界」について考えてみたい。ここでとくに指摘しておきたいことは、コーパスによって得られたデータは何も語らないということである。語らせるのは、データではなくそのデータを解釈する研究者である。たとえば、通常のコロケーションとして扱われる、「高給」を意味する fat salary は BNC では 2 例見られる。しかし、通常のコロケーションではない stout book「たくましい本」は、BNC には 1 例ある。英語のネイティブスピーカーからすれば fat salary は問題のないコロケーションだが、stout book は奇妙なコロケーションである。しかしその頻度差は 1 例である。この 1 の差をどう解釈するか。その判断は、研究者に委ねられる。

　また、同じ単語はそのコノテーションが異なっていても同じトークンの 1 としてカウントされる。文学作品の言語研究を行う場合にはとくに注意しなければならない。たとえば、Dickens の *David Copperfield* に登場するきわめて不快な人物である Mr. Murdstone の smile と天使のような存在である Miss Agnes の smile は同じように 1 としてカウントされる。一方は不快なスマイルで、他方は天使の smile である。smile だけの頻度で考察するときはその解釈に注意を要す。

　文学作品を扱う場合、このような数字の解釈には、一般的な語法研究よりも細心の注意を要する場合がある。次の表 1 は、Dickens と Austen の作品中の hand (s), head (d), eye (s) の頻度である。

堀正広

表1. DickensとAustenの作品中のhand(s), head(d), eye(s)の頻度

	A Tale of Two Cities (137,000 words)		Dickens Corpus (4,380,000 words)		Austen's works (781,000 words)	
単語	頻度	＊	頻度	＊	頻度	＊
hand(s)	370	27	8,912	20	380	5
head(s)	219	16	6,144	14	253	3
eye(s)	200	15	5,884	13	477	6

＊の項目の数字は1万語あたりの頻度である。

　表1は、Dickensの全作品とDickensの作品 *A Tale of Two Cities* のhand(s), head(d), eye(s)をAustenの8つの作品と比較している。データからはそれぞれの語の1万語あたりの使用頻度が示されている。この表によると、hand(s)とhead(s)は、DickensがAustenより4倍以上多く使っている。eye(s)も2倍以上Dickensの作品において使用頻度が高い。とくに *A Tale of Two Cities* は、Dickens全作品のコーパスよりも、hand(s), head(d), eye(s)の頻度が高い。結論として、Dickensの作品にはhand(s), head(d), eye(s)が多く、なかでも *A Tale of Two Cities* にはとくに多いということが言える。

　その結論は間違ってはいないが、もし当時の作家の中でAustenが、これらの身体語を使うことが極端に少ない作家だったらどうであろうか。身体を表す語に関しては、英米文学の小説の巨大コーパスやそのコーパスを使った研究を行っているMartin Gliserman (1996) やKorteの *Body Language in Literature* (1997) で指摘されているように、英米の小説では身体を表す語の中でもhand(s), head(d), eye(s)がとくに高い頻度で使われていることはよく知られている。18世紀や19世紀の小説家の中でも、とくにDickensは身体を表す語を多く使っている。DickensやAustenを除いた、19世紀の作家のコーパスと比較すると、hand(s), head(d), eye(s)の頻度はDickensの場合は、他の作家の2倍ほど高いことがわかる。他方、Austenの場合は他の作家の2分の1程度の頻度である。この結果は、Dickensの言語使用のひとつの特徴として、身体語の高頻度を挙げることができ、身体語がどのように使われているかは、Dickensの文体分析

においては重要な視点となる。Nottingham 大学の Michaela Mahlberg の *Corpus Stylistics Dickens' Fiction* (2013) は、cluster 分析を通して、Dickens においてはいかに身体語が多く、どのように人物描写や心理描写と関わっているかをコロケーションや n-grams を使って明らかにしている。

　Dickens の作品において身体語が他の作家に比べて多いということ、そして、Dickens だけでなく 18 世紀から 20 世紀における小説においても、身体語が多く見られるというデータは、確かに意味のある数字である。しかし、もう一方で、これらの身体を表す語が、Austen では他の作家に比べ極端に少ないと言うことも意味のあるデータである。それは、彼女の文学の言語の質は他の作家とは異なるかもしれないということを示唆している。文学性と大いに関わる問題である。Austen の場合、少ないことの方が特徴として指摘できる。

　換言すれば、データの数字は客観的な事実ではあるが、その事実の解釈には常に別の解釈も可能であるという点である。その際、分析する対象の背景的な知識が重要になることがある。とくに文学作品の文体研究においては、文化的な背景や時代的な変化、そして作家や作品のテーマに関する情報が、データの解釈に大きく関わることがある。

6. テクストの読み、言語理論、コーパスの利用

　筆者の場合、コーパスを使った研究では、分析するツールであるコーパスやコンコーダンサーが最初にあるのではない。最初にあり、そして最も重要なことは、作品のテキストの読みである。そのテキストの読みで得られた用例や視点は、その分析にふさわしい言語理論を用いて分析することが重要だと考えている。その分析に妥当性が得られれば、さらなる用例の収集やその分析を裏付ける用例収集のためにコーパスを使う。

　また、気をつけていることは、テキストの読みに関しては、言葉の文脈と背景に気をつけ、分析の際には共時的な視点と通時的な視点で見ていくということである。ある作家の文体やその作家の作品の文体、ある

いは表現は、それを特徴付けるものは、言及するかしないかは別として、同時代の作家や作品とは異なっているということ、つまり比較を前提としている。また、通時的には、その作家や作品の文体的特徴は、伝統と革新、あるいは慣習と創造性の繰り返しの時間軸の中で位置付けられる。

　言語理論に関しては、文体論の基本的な考え方、言語レベルにおける音・語彙・文構造・談話だけでなく、レジスター・地の文と会話・人物描写・方言と個人語・語りの構造・表現の時代的な変化などを考慮に入れながら分析していく。語と語の結びつきである、コロケーションに関しては、語彙的・文法的・意味的コロケーションを常に念頭に置いている。最近では、2013 年に英語コーパス学会の大会でご講演いただいたMichael Hoey 教授の *Lexical Priming: A New Theory of Words and Language* (2005) のように、語用論やテキスト全体の関係からコロケーションを考えるようになった。また、認知言語学を援用したコーパス認知文体論も視野に入れて研究を行っている。このように、作品の読みと英語学や言語学の理論的な枠組を援用しながら文体分析を行っている。

　コーパスの利用に関しては、テキストの読みの立証、あるいは裏付けのためにコーパスを使っている。その点では、私のコーパス利用は corpus-based approach である。もちろん、その収集の過程においてコーパスから浮かび上がってくる新たな分析の視点や思いがけない発見が、serendipity のように得られることがしばしばある。とくに the, you, we などの機能語の振る舞いに関しては、しばしば予想もしなかった新たな発見がある。最近では多くのコンコーダンサーに搭載されている検索機能である n-gram は、文体分析においても新鮮な視点を提示してくれる。

　もしコーパスを使う際に重要なことは何かを一言で言え、と問われれば、筆者の場合、「主体的にコーパスを使う」ということを言いたい。「主体的に」というのは、この研究においてコーパスはどのような使い方をするかをいつもはっきりさせてから使うということである。基本的には、corpus-based approach だが、corpus-driven approach においても読みの感覚を伴わない場合は踏み込まないようにしたいと考えている。

7. これからのコーパス研究
共同研究の勧め

　最後に、これからのコーパスを使った研究に関して「共同研究の勧め」を提言したい。英語コーパス研究会が設立された 20 年前に比べ、英語のコーパスは巨大化し、多様化してきた。コンピュータの性能も飛躍的に進歩し、コンコーダンサーや統計処理のソフトも使いやすくなった。理系の研究者にしかできなかったプログラミングも文系の人間でも可能になった。その結果、研究の可能性は格段に広がった。そのためにこれまで、英語の研究においてイギリス人やアメリカ人の研究者に太刀打ちできなかった研究分野において、少しずつ彼等とも対等に議論できるようになった。さらに、英米の研究者と対等に、あるいはそれ以上の研究成果をあげるためには、日本人が得意とする集団の力を発揮する、共同研究を勧めたい。その 1 例として我々のプロジェクト The Dickens Lexicon Project を少しだけ紹介したい。

　このプロジェクトに関してはすでに刊行されている本シリーズの第 5 巻『コーパスと英語文体』の第 4 章「The Dickens Lexicon Digital とその活用研究」（西尾美由紀）に詳述されているので、簡単に触れたい。Project は、1998 年に結成された。その目的は、1953 年に英米文学語学の分野では初めて日本学士院賞を受賞された山本忠雄博士が構想された The Dickens Lexicon を完成させることである。この The Dickens Lexicon のために、山本博士は約 6 万枚のカードを作られた。残念ながら、完成されることなく 1991 年に他界された。我々のプロジェクトの目的は、博士が自ら収集した約 6 万枚にもおよぶ手書きのカードをコンピュータに入力し、高機能インターフェイスを備えたデジタルディケンズレキシコンを作成し、インターネット上に公開することにある。

　メンバーには英語文体論の研究者だけでなく、Web デザインの専門家、プログラミングの専門家、数理モデルに関する機能付与のプログラミングの専門家もいる。現在、これに関わっている研究者は 25 名である。

堀正広

このプロジェクトに関してはこれまで様々な国内外の学会で発表してきた。その中でも 2010 年にロンドンの King's College London で開催された Digital Humanities のポスターセッションで選抜された 40 以上のポスターの中から最優秀ポスター賞を受賞した。

　世界を相手にして研究を進める方法の 1 つとして、個人の力だけでなく集団の力を発揮するプロジェクト形式は日本人が得意とするところではないだろうか。

参考文献

Douglas Biber and Edward Finegan. (1989) "Drift and the Evolution of English Style: A History of Three Genres." *Language* 65(3): 487–517.

Gliserman, Martin. (1996) *Psychoanalysis, Language and the Body of the Text*. Gainsville: University Press of Florida.

Hoey, Michael. (2005) *Lexical Priming: A New Theory of Words and Language*. London: Routledge.

Hori, Masahiro. (2004) *Investigating Dickens' Style: A Collocational Analysis*. Basingstoke: Palgrave Macmillan.

堀正広 (2009)『英語コロケーション研究入門』研究社.

Hori, Masahiro. (2013) "Approaching Literature as a Corpus: Gender-Based Conversational Styles in Hemingway's 'Hills Like White Elephants.'" In Yamazaki, Shunji and Robert Singley (eds.) *Approaching Language Variation through Corpora: A Festschrift in Honour of Toshio Saito*. Berlin: Peter Lang.

堀正広 (2016)「新渡戸稲造著 *Bushido* の英語」堀正広編『コーパスと英語文体』ひつじ書房.

Korte, Barbara. (1997) *Body Language in Literature*. Toronto: University of Tronto Press.

Mahlberg, Michaela. (2013) *Corpus Stylistics and Dickens's Fiction*. New York: Routledge.

西尾美由紀 (2016)「*The Dickens Digital Lexicon* とその活用研究」堀正広編『コーパスと英語文体』ひつじ書房.

Yamamoto, Tadao. (1950, 2003 3rd) *Growth and System of the Language of Dickens*. Hiroshima: Keisuisha.

歴史社会語用論研究における
コーパス利用の一例*

どんなコーパスを作り、どのように使っているのか？

椎名美智

1. はじめに

　本稿では、初期近代英語期の口語表現を集めた「社会語用論コーパス」におけるアノテーションの特徴を説明し、そのコーパスを使った事例研究を紹介する。通常、研究論文では分析結果しか報告しないが、本稿は「私のコーパス利用」がテーマなので、あえて歴史社会語用論研究においてどのようなコーパスが必要で、どのように作られ、どのように使用されているのかについて、筆者が関わったコーパスを紹介する。研究過程を明らかにすることによって、歴史語用論研究者とコーパス言語学者の共同研究の可能性と発展を促す一助としたい。筆者の携わる研究分野は現在「歴史語用論」として知られている分野で、「歴史言語学」「社会言語学」「語用論」のインターフェイスである。したがって、本来は Culpeper (2011) のように「歴史社会語用論」と呼ぶのが適切なのかもしれない。

> In sum, historical sociopragmatics concerns itself with any interaction between specific aspects of social context and particular historical language use that leads

to pragmatic meanings. Its central focus is on language use in its situational context, and how those situational contexts engender norms which speakers engage or exploit for pragmatic purposes. It can be either synchronic, describing and tracing how language use shapes and is shaped by context at a particular point of time in the past, or diachronic, describing and tracing how over time shifts in language use shape context, shifts in context shape language use, and/or shifts occur in the relationship between language use and context. (Culpeper 2011: 4)

　「歴史社会語用論」の目的は過去の言語共同体におけるコミュニケーションの様相を探ることにある。社会語用論が「標準ないし規範（norm）の位相」「偏移ないしずれ（shift）の位相」「変化（change）の位相」という3つの位相を観察するとすれば（滝浦 2016: 82–83）、そこに「時間」という位相を加えたのが歴史社会語用論である。現代の話しことばデータを分析するのであれば、音声データの録音、当該言語の話者へのインタビューやアンケートなどが利用できるのだが、歴史社会語用論の場合は、録音データのない、言語的情報提供者のいない過去を対象とすることが多いため、「何をデータとして分析するのか」というデータ問題をまず解決しておかなければならない。過去に遡って音声データが採取できない場合、当然のことながら文字に残された記録、「書かれたテキスト」を元に当時のコミュニケーション状況・コンテクストを再構築し、「話されたことば」を復元する必要がある。「「書かれたテキスト」を「話されたことば」として使用できるのか？」という問題は、歴史社会語用論研究者が解決すべき長年の課題であったが、Biber（1988）などの研究のおかげで、現在では「話しことばと書きことばを**話しことば性と書きことば性の組み合わさった連続体**として捉える見解」が支持されており、一応の解決をみたと言える（椎名 2016: 114、強調は原文通り）。

2. どんなコーパスが欲しいのか？

　歴史社会語用論研究には、歴史言語学的情報、社会言語学的情報、語

用論的情報が必要である。本節では、Uppsala 大学の Merja Kytö（メリア・クータ）と Lancaster 大学の Jonathan Culpeper が編纂した「社会語用論コーパス (Sociopragmatic Corpus)」(SPC) のアノテーションを取り上げて、どんな情報がコーパスに組み込まれているのかを概説する。SPC[1]は、次の2つのコンセプトに基づいて考案されたアノテーション付きコーパスである (Archer and Culpeper 2003)。

(1) 様々なコンテクストにおける言語使用が調査できる情報（例：話し手と聞き手の関係・社会的役割、社会的属性など）を含む。
(2) コンテクストを動的なものとして捉え、話し手の静的属性だけでなく、語用論的属性（例：同じ対話者であっても談話の進行と同時に変化する可能性のある語用論的役割など）を含む。

　コーパス・アノテーションは、電子テキストに加えられた「解釈的・言語的情報」のことである (Leech 1997: 2)。品詞などの文法的アノテーションは自動化されているが、語用論的・談話的アノテーションは、Expert Advisory Groups for Language Engineering Systems (EAGLES)[2]、BNC の会話編などの例はあるが、それほど数は多くない。社会・語用論的アノテーションが広範囲に普及していない理由は、コンテクストやテキストの解釈に機械的作業の力が及ばない部分があり、適切なアノテーションの付与にどうしてもアノテーターによるテキスト解釈が必要だからである。マンパワーによるアノテーション付与作業は、多様で詳細なアノテーションを可能にし、量的・質的分析が可能なコーパスを提供できるというメリットがある一方で、多大な手間と時間がかかるため、大規模なコーパスが作りづらい。また、テキスト解釈にアノテーターの恣意的な要素が入る可能性があるというデメリットも否定できない。分類についての方法論や形式が十分に確立されていないため、類似した研究課題を持った研究者が集まったプロジェクトチームで、コーパス作成と研究を進めながら、アノテーション・システムを修正しつつ作りあげていく共同研究が必要不可欠である。

社会語用論的アノテーションの付加された SPC の特徴は、話し手だけでなく聞き手の社会的属性、語用論的属性にも注目した点にある (Archer and Culpeper 2003)。対話者の関係は、1 対 1 の対話においても、話順が進みコンテクストが変化することによって変化する。日常生活で人々の関係が他人から知人、友人へと親疎関係が発展するのと同じである。裁判記録には、被告の妻が「妻」の役割ではなく「証人」として出廷して話をする場面や、国王が「被告」として裁判官に対している場面があり、それぞれに通常予測される場面とは異なる役割を負い、異なる話し方をしている。1 対多の場合は、話し手は同じでも聞き手が次々と変わるし、相手によって話の内容や対話者の関係や役割、言語使用が変わる。そうした動的な会話の進行の様子、ローカルな語用論的様相を観察するためには、人によるコンテクストやテキスト解釈がどうしても必要なのである。

ここで、SPC の基本的なアノテーションを見てみよう。SPC では話し手と聞き手毎に、以下の 6 フィールドのアノテーションが付加されている。

(1)　　　数(単数、複数)
(2)　　　ID 番号(テキスト出現順)
(3)　　　ジェンダー(男性、女性)
(4)　　　役割　　i：アクティビティでの役割(例：裁判官、被告など)
　　　　　　　　ii：親族関係(例：妻、夫、父、息子など)
　　　　　　　　iii：社会的役割(例：主人、使用人、商人など)
　　　　　　　　iv：演劇的役割(例：道化、悪党、じゃじゃ馬など)
(5)　　　社会的地位(例：貴族、ジェントリ、専門職、中流、平民など 6 段階)
(6)　　　年齢(例：若年層、成人層、老年層)

この 6 フィールドのほとんどはテキストを通してあまり変化することのない静的・社会言語学的属性だが、(4)のアクティビティでの役割、親族

関係、演劇的役割は、発話や聞き手によって変化する動的・語用論的属性である。

　SPC のもう 1 つの特徴としては、編纂に関わった研究者たちが自分の研究テーマに合ったアノテーションをデザインし、付与できるという柔軟性と拡張性をもっており、研究の応用範囲が広いことが挙げられる。筆者はここに紹介した 6 フィールドに、「呼びかけ語」の構造や発話内での位置や単語数など、「呼びかけ語」に特化した言語的な特徴を調べる 8 フィールドをコーパスに加えた Vocative-focussed Sociopragmatic Corpus (VSPC) を作成した。他のアノテーターも同様に、社会語用論的アノテーションに自分の研究トピックに必要なアノテーションを加えたコーパスを作成した。例えば、Archer は裁判記録の質問・応答に関する独自のアノテーションを加えたコーパスを作り、歴史社会語用論研究のデータとして利用している (Archer 2005)。

3. どんな研究ができるのか？

　ここでは、VSPC の「呼びかけ語」アノテーションを使って、初期近代英語期の you/thou 使用の分析例を紹介したい。英語史では通常 'thou' は 1700 年頃には使われなくなったとされている。たしかに、初期近代英語期は 'you/thou' の 2 つの二人称代名詞が you へと収斂していく時代である。VSPC にはまさにその過渡期、'thou' の終焉期ともいうべき 1640 年から 1760 年の演劇テキストが集められている。英語において 'you' が標準的な二人称代名詞になりつつある時代に 'thou' が使用されているとすると、それは規範化への逆行、例外的使用と解釈することができる。そこで、そこには何らかの語用論的な機能や意味合いが込められているのではないかという仮説の下に、以下のリサーチ・クエスチョン (RQ) に応えるべく、'thou' 出現例に焦点を当てて VSPC を調査していくことにする。

RQ(1)　VSPC に 'thou' は出現するのか？
RQ(2)　出現する場合、対話者の属性は何か？ そこに規則性や特徴は

あるのか？'thou'の語用論的意味・役割は何か？
RQ(3)　'thou'はどのような呼びかけ語と共起しているのか？その呼びかけ語の語用論的意味・役割は何か？

　図1は、上から下へと向かう時間の流れの中で変化してきた英語の二人称代名詞の変化を示したものである。

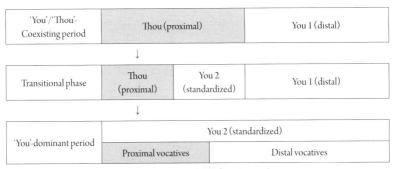

図1.　you/thouの距離感のイメージ
注：横幅は'thou''you'の使用頻度の高低を表しているわけではない。

　ここでは、T/Vシステムの上下・親疎の距離感を単純化して一元的に捉えてみたい。上段は2つの代名詞が使い分けられていた時代を示している。'thou'は近接的 (proximal)、'you'遠隔的 (distal) な代名詞だと考えられる[3]。そこから、二人称代名詞は下段が示すように'you'に収斂していく。その中間に位置するのが、初期近代英語期の転換期である。ここでは2つの代名詞が使われていた時代からの'you'と、'you'に標準化した時代に'thou'から変化した'you'が共存しており、異なる意味合いを持っていたのではないかと考えられる。この仮説に基づき、'you/thou'共存時代の'you'を'You 1'、標準化後の'you'を'You 2'と呼ぶことにする。VSPCは転換期後期に当たるので、中段の図が示すように、'You 1'と'You 2'が共存する時代である。二人称代名詞の転換期において、これまで'thou'が使われていたような発話で、これまで通りに'thou'が使用される場合と、標準化された'you' = 'You 2'が使われる場合が混在するのではないかと想定することができる。そのような標準化'You 2'は以前から使われていた遠隔的'You

1'とは異なった語用論的機能を果たしているのではないだろうか。もしそうだとすると、共起する呼びかけ語などにその痕跡や特徴が見られるのではないかという想定に基づいて、以下の調査を行なった。

その前に、呼びかけ語の分類を簡単に説明しておきたい。ここでは、ポライトネス軸に沿って呼びかけ語を並べ、対人距離を示している。

図2. 呼びかけ語のポライトネス座標軸（Raumolin-Brunberg 1996 に加筆）

VSPCにおいて呼びかけ語は2,160回使用されているが、それらの発話において、どちらの二人称代名詞が共起しているのかを調査した。その結果、'thou'のみが使用される発話が72回（3.3%）、'thou'と'you'が混在している発話が29回（1.2%）、'you'のみが使用される発話が2,061回（95.4%）と、'you'の標準化はかなり進んでいることがわかった。よって、RQ (1)の答えは「少ないが出現する」となる。

次に、RQ (2) の'thou'が使われる場合の対話者の属性を見てみよう。ジェンダー的には男性同士での使用が30回で最も多く、男性同士の親しさを示す印として使われている。親族関係では、夫婦間が14回であった。社会的役割の観点からは、性別を問わず主人から使用人へという上下関係での使用が7回あった。親疎関係を見ると、友人同士が17回、同じ階級同士が56回、同等の年齢同士が51回と、様々な面で「親近感・近距離感」を示す印として使われていたことがわかる。上下の権力関係においてよりも、親しい者同士が近距離感を示す近接化の印として'thou'を使っていることがわかる。

次に、呼びかけ語と二人称代名詞の共起を見てみよう。結果は以下の通りである。表1において、呼びかけ語と二人称代名詞の両方が遠隔的であるもの、あるいは近接的であるものは矛盾のない使用と言える。近接的呼びかけ語が遠隔的'you'と共起している網かけの強調部分が、筆者が'You 2'と呼ぶ'you'の使用である。'you'への標準化という通時的変化がな

ければ'thou'が使用されていたかもしれない場合と考えられるからである。

表1. 呼びかけ語と二人称代名詞の共起状況(1)

	遠隔的'you' token	%	近接的'thou' token	%	'thou/you' token	%
遠隔的呼びかけ語	825	99.52	1	0.12	3	0.36
中間的呼びかけ語	48	76.19	12	19.05	3	4.76
近接的呼びかけ語	344	84.11	47	11.49	18	4.4
他	40	71.43	11	19.64	5	8.93

　表1の数値が5以下のセルをまとめて呼びかけ語と二人称代名詞の共起状況の分布をカイ二乗検定にかけると、以下の結果が得られた。

表2. 呼びかけ語と二人称代名詞の共起状況(2)

	遠隔的'you'	近接的'thou'	'you/thou'
非愛称系呼びかけ語	913(**＋)	25(**－)	11(**－)
愛称系呼びかけ語	344(**－)	47(**＋)	18(**＋)

注：5以下のセルがあったので、「愛称系」と「非愛称系」の2分類にした。
　　$\chi^2(2) = 60.88, p < .01$, Cramer's V = 0.212、残差分析の結果、すべてのセルで1%水準の有意味差があり。残差分析の結果、**＋は1%水準で優意に多く、**－は1%水準で優意に少ないことを示す。

　出現数だけを見ると、どちらの呼びかけ語も'you'との共起する場合が多いが、残差分析の結果、1%水準で遠隔的'you'は非近親的呼びかけ語との共起が多く、近接的'thou'は近親的な呼びかけ語との共起が多いことがわかった。
　より詳しく呼びかけ語の種類を見たのが、表3である。頻度が5以下のセルが多いため検定にかけなかったが、参考までに発現数だけ見ておきたい。SN（Surname＝苗字の呼び捨て）、endearment（親愛語）など近接的呼びかけ語が'thou'と共起していることがわかる。これらの調査から、'thou'の語用論的意味・役割は対話者間の「親しさ」を示すことがわかった。

表3. 呼びかけ語と二人称代名詞の共起状況(3)

		遠隔的'you'		近接的'thou'		'you/thou'	
		token	%	token	%	token	%
遠隔的	敬称	672	99.41	1	0.15	3	0.44
	肩書＋苗字	153	100	0	0	0	0
中間的	総称	34	73.91	9	19.56	3	6.52
	職名	14	82.35	3	17.65	0	0
近接的	苗字	65	71.43	21	23.08	5	5.49
	名前(FN)	91	86.67	10	9.52	4	3.81
	略称(FN)	27	87.10	2	6.45	2	6.45
	友好語	19	79.17	2	8.33	3	12.5
	親族語	107	95.54	3	2.68	2	1.79
	愛称	35	76.09	9	19.56	2	4.35
他	蔑称	35	71.43	9	18.37	5	10.2
	他	5	71.43	2	28.57	0	0

ポライトネスの視点から見ると、'thou'はポジティブ・ポライトネス・ストラテジーとして使用される場合が多かったのではないかと考えられる。蔑称との共起も興味深い。ここでは紙幅の関係でこれ以上詳しく見ることはできないが、そうした結論を導くためには、個々の例を質的に分析する必要があることを付言しておきたい。

4. おわりに

本稿では、筆者の研究を例に歴史社会語用論研究に必要なアノテーションとそれを使った事例研究を紹介した。今の言語学的研究にはコーパスは必要不可欠なデータ供給源である。コーパスの作成には多くの知識、時間、マンパワーが必要だが、基礎的コーパスが完成すれば、いつでも情報を拡張することができるし、コーパス横断的な研究も可能となる。そこには様々なレベルでの共同研究の潜在的可能性があるのではな

いだろうか。

注

* 事例研究は、2017 年 3 月 20 日に開催された「明治大学国際シンポジウム」で発表した内容に基づいている。
1. SPC は初期近代英語期の会話 130 万語集めた'Corpus of English Dialogues, 1560–1760' というコーパスの時代（1640 年～ 1760 年）とテキストタイプ（演劇と裁判記録）を限定した 24.5 万語の部分コーパスである。
2. 例えば Geoffrey Leech と Martin Weisser の作った Speech Act Annotated Corpus of Dialogue Systems (SPAAC) には、スピーチ・アクトの情報が付与されている。
3. Wales (1983) では (1) 上下関係、(2) 社会的身分、(3) フォーマル度、(4) 親疎関係、(5) 感情（賞賛・軽蔑）の 5 つに分類しているが、ここでは滝浦 (2008) に倣って、それらを遠近という距離感に一元化して考えることにする。

参考文献

Archer, Dawn and Jonathan Culpeper. (2003) Sociopragmatic Annotation: New Directions and Possibilities in Historical Corpus Linguistics. In Wilson, Andrew, Paul Rayson and Tony McEnery (eds.) *Corpus Linguistics by the Lune: Studies in Honour of Geoffrey Leech*, pp.37–58. Frankfurt: Peter Lang.

Archer, Dawn. (2005) *Questions and Answers in the English Courtroom (1640–1760)*. Amsterdam: John Benjamins.

Biber, Douglas. (1988) *Variation Across Speech and Writing*. Cambridge: Cambridge University Press.

Culpeper, Jonathan. (2011) Historical Sociopragmatics: An Introduction. . In Culpeper, Jonathan (ed.) *Historical Sociopratmatics*, pp.1–8. Amsterdam: John Benjamins.

Leech, Geoffrey. (1997) Introducing Corpus Annotation. In Garside, R., Geoffrey Leech, Tonny McEnery (eds.) *Corpus Annotation: Linguistic Information from Computer Text Corpora*, pp.1–18. Harlow: Longman.

椎名美智 (2016)「歴史語用論」加藤重広・滝浦真人編『語用論研究法ガイドブック』pp.105–131. ひつじ書房.

滝浦真人 (2008)『ポライトネス入門』研究社.

滝浦真人 (2016)「社会語用論」加藤重広・滝浦真人編『語用論研究法ガイドブック』pp.77–103. ひつじ書房.

Wales, Kathleen. (1983) Thou and You in Early Modern English: Brown and Gilman Re-Appraised, *Studia Linguistica*, 37 (2) : 107–125.

オンライン版英英辞書とコーパス分析
形容詞 prone の語義定義と補部構造を例に

新井洋一

1. はじめに

　英語の意味と構造の理解のために、辞書の利用は基本中の基本であり、その辞書記述は極めて重要である。最近は、規模が大きく精選されたコーパスの利用も可能になり、その分析から辞書記述の内容はより具体化・明確化がなされ、平易でありながら実態に即して応用力の高い用例が盛り込まれるようになった。提供形態も、従来の単なる書籍版からCD-ROM 版付きのものになり、さらに 2000 年代に入ってからは、Web 上のオンライン版での提供も開始され始め、その充実ぶりは目覚ましい。現在では多くの英英辞書のオンライン版が、市販されている書籍版の内容そのままに、無料で提供されていることも少なくない。
　本稿では、Web 上に存在する多くのオンライン版の英英辞書から、重要な辞書を取りあげ、形容詞 prone を例に、その定義と用例について比較検討をおこなう。またオンライン版 OED を取りあげ、その際立つ特長や用例の検索と並べ替え方法などを紹介し、大規模コーパスの分析も参考に、prone の望ましい語義定義と補部構造記述を提示したい。

2. オンライン版英英辞書

現在インターネット上には、多くの英英辞書が存在する[1]。オンライン版になったことで生まれた利点のひとつは、多くの英英辞書の一括検索が可能になったことである。たとえば、次ページの図1に示したOneLook Dictionary Search というサイトを見てみよう。

このサイトでは、1回の検索で複数のオンライン版辞書を一括して横断検索し、該当する辞書を複数表示し、関連する該当見出しを瞬時にリストアップしてくれる。たとえば、prone という単語を検索すると、右ページの図2のように、General（一般分野）の見出しの下に、30以上もの辞書の該当見出しがリストアップされる[2]。もうひとつの利点は、図1の検索欄の下に具体的に示されているような、*や?などのワイルドカードを使った柔軟な検索を、複数の辞書に対して一括しておこなえることである。

OneLook 辞書検索は、Merriam-Webster, American Heritage, Macmillan, Collins, Cambridge などをはじめ、非常に多数の辞書を含み、これらを一括検索できるのが特に際立った特長である。しかしながら、語義の定義や、用例の提示に定評のある、MWLD (*Merriam-Webster's Learner's Dictionary*) や、Oxford 系の LDOCE (*Longman Dictionary of Contemporary English*) , OALD (*Oxford Advanced Learner's Dictionary*) などは検索から除外される。当然ながら、有料利用が原則のオンライン版 OED (*Oxford English Dictionary*) も検索対象外である。OneLook 辞書検索は、多数のオンライン版英英辞書を対象にできる一方で、語義の定義や用例の提示法に関して定評のある重要な複数の辞書は対象外であることを、じゅうぶん認識しておく必要があろう。

3. prone に関する4種類のオンライン版英英辞書記述の比較

ここでは、主要な4種類の英英辞書の内容比較をおこなってみたい。OneLook 辞書検索でも対象となるオンライン版英英辞書として、Macmillan と Cambridge を、また検索対象外となるものとして、MWLD

図 1. OneLook 辞書検索サイト (http://www.onelook.com/)

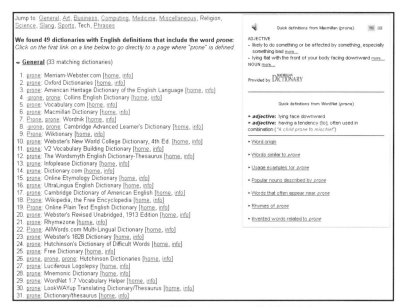

図 2. OneLook 辞書検索による prone の検索結果画面

と LDOCE をとりあげてみたい。

最初に、共通の比較項目として、形容詞の prone をとりあげ、その中でも、「～にかかりやすい・～しやすい」と訳されることが多い「性向・傾向」を意味する用法に焦点を絞って比較してみることにする。それぞれの辞書記述をまとめると以下の表 1 のようになる。

表 1. 4 種類の英英辞書における prone の語義と用例 [3]

Macmillan	likely to do or be affected by something, especially **something bad**	(a) *prone* **to**: The costal region is *prone* **to earthquakes**. (b) *prone* **to do something**: He's *prone* **to gain weight**.
Cambridge	likely to suffer from an illness or show a particular **negative characteristic**	*be prone* **to sth/do sth** (a) I've always been *prone* **to headaches**. (b) She's *prone* **to exaggerate**, that's for sure. (c) He is rather *prone* **to** <u>making</u> **tactless remarks**.
MWLD	likely to do, have, or suffer from something - usually + **to**	(a) He is somewht prone to depression. (b) Tests showed that the machine is *prone* **to fail/failer**. (c) They are *prone* to (<u>making</u>) **errors/mistakes**.
LDOCE	likely to do or suffer from somethig, especially **something bad or harmful**	(a) *prone* **to**: Some plants are very *prone* **to disease**. (b) *prone* **to do something**: Kids are all *prone* **to eat junk food**.

表 1 の中で、Macmillan は英国版と米国版の両方を有する辞書であり、画面内にあるそれぞれの国旗アイコンをクリックすることで、モード切り換えが可能になっている。MWLD は米国版のみの辞書である。Cambridge と LDOCE は英国版のみの辞書である。それぞれの語義記述の中で太字にした部分に着目すると、Macmillan は something bad、Cambridge は negative characteristic、LDOCE は something bad or harmful という記述があり、prone が「よくないもの・否定的なものなどの不快表現と共起しやすい semantic prosody（意味的韻律）という特性[4]を持つ」ことが示されている。しかしながら MWLD は、この「不快表現との共起特性」について明確な記述がなく、他の 3 つの辞書に比べて不十分な辞書であると言えよう。ただ最近では、英和辞書を含めほとんどの英語の辞書が、この点に触れるようになっているのは喜ばしい限りである。

一方、それぞれの辞書の用例部分には、prone と共起する補部構造が

示されている。to と共起する構造は、次の3種類に分類される。
(1) 　　名詞句（表1のそれぞれの(a)の用例）
　　　　to earthquakes/headaches/depression/disease
(2) 　　不定詞句（表1のそれぞれの(b)の用例）
　　　　to gain weight/exaggerate/fail/eat junk food
(3) 　　動名詞句（表1の Cambridge と MWLD に限定の(c)の用例）
　　　　to making tactless remarks/making errors/mistakes

　問題は、Cambridge と MWLD が (3) の動名詞句構造も例示しているのに対し、Macmillan と LDOCE はとりあげていない点である。英和辞書でもこの構造に触れているものはほとんどない（2019年7月現在）。利用率の高い主要な辞書の間にこのような大きな違いがあるのは、重大な問題のひとつであると共に、利用度の高い辞書であっても、その記述内容が必ずしも一致している訳ではないことを示す一例でもある。この点については、後の節でコーパスを用いてその実態調査結果を示し、望ましい記述はどうあるべきかを示すことにしたい。次に、有料ではあるが、最大のオンライン版英英辞書である OED について概観し、焦点である prone の意味記述と用例提示の実態を、観察して行くことにしよう。

4. オンライン版 OED

4.1. オンライン版 OED の特長と基本機能

　2018年11月末現在、もっとも利用されている OED の形態はオンライン版である。辞書の規模や内容を考えれば当然といえるが、前節で触れた他の2つの Oxford 系の辞書とは異なり、無料での利用はできない。利用契約を結ぶことで、教育・研究機関または個人での利用が可能である。以下の図3のカッコ内に示した URL にアクセスすると、OED の利用画面に接続できる。

図 3.　OED Online 利用画面（http://www.oed.com）

　OED が、今までに触れた他の辞書と一線を画す最大の特長のひとつは、「OED は、語句の意味変化を通時的に理解できる」ということであろう。たとえば nice を検索するために、Quick search の空欄に nice と入れ、GO ボタンをクリックすると、nice の品詞別の見出し結果が表示される。その中で形容詞の見出し部分を選ぶと、nice の形容詞の語義説明と用例が、歴史的意味変化の順番に表示される。次ページの図 4 は、その冒頭箇所の表示である。

　この辞書記述から、形容詞の最初の意味として、nice が「人について、馬鹿な、愚かな、単純な、無知な」の意味を持っていたことがわかる。また、A. adj. の下の†1. の†記号や、語義の最後にある Obs. とあるのは、この意味が既に「廃れている」(obsolete)、ということも示している[5]。また、複数の用例の年代幅から、その意味を持っていた時期が、約 1300 年〜1600 年代まで、ということも示している。意味の特定をする上で、重要な手がかりを与えてくれるものである。

　オンライン版になってから付加された機能のひとつは、語義の右側にある Thesaurus をクリックすることで、類義語リストが通時的に示され

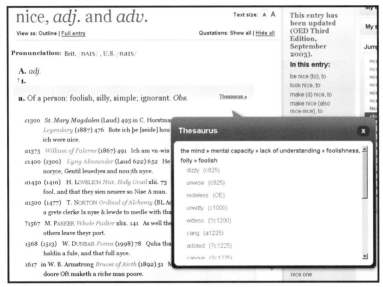

図 4. OED の nice（形容詞・副詞）の第 1 語義とその用例画面

るようになったことである。図 4 の重ね画面で示されているように、その Thesaurus は、意味の階層構造になっている上に、収録されている全語句を、語義別の年代順に俯瞰 (Historical Thesaurus) したり、各項目をクリックひとつで縦横無尽に行き来し、精読することも可能になっている。また、図の右上に This entry has been updated (OED Third Edition, September 2003) と示されているように、各語句のアップデート時期も明示され、改訂が進んでいる項目かどうかが一目でわかる工夫もなされている[6]。

4.2. OED の引用例のコーパス的利用と問題点

OED はまた、全引用例をコーパスデータとして検索して時間軸で並べ替え、特定の表現の構造や意味の通時的変化の研究にも用いることができる。従来の CD-ROM 版を使った検索・抽出方法やその応用研究例については、すでに新井 (1998, 2003, 2005) で触れられているので、ここでは、現在のオンライン版を使った引用例の検索と並べ替え（ソート）について簡単に紹介してみたい。

具体例として、第3節でとりあげた「性向・傾向」の意味を持つ形容詞 prone の補部構造について考えることにする。表1に示したように、多くの辞書では、prone の補部として「to＋名詞」あるいは「to＋不定詞句」をとるという記述がなされ、一部の辞書は、さらに「to＋動名詞句」の例を載せて、不定詞句に加えて動名詞句構造も可能であることに言及している。

さて、OED Online の形容詞の prone の記述を見てみると、以下の(4)のような記述になっていて、その下に1408 (1395)年の初例から2004年までの14の用例が通時的に示されている。このうち3例を(5)に引用しておくことにする。

(4) 　　I. 1. **Having an inclination or tendency** to something; (naturally) disposed, inclined, or liable. With ***to*** (also † *unto*) **or infinitive**.（中略）
　　　　(a) In relation to **something considered to be negative or harmful**.

(5) a. 　*a* 1616 Shakespeare *Winter's Tale* (1623) ii. i. 110, I am not <u>prone</u> **to weeping** (as our Sex Commonly are).

　　b. 　1962 J. Glenn in *Into Orbit* 85 A careless, all-thumbs mechanic who was <u>prone</u> **to make such mistakes** as installing a propeller backwards.

　　c. 　2004 *Opera Now* Mar.-Apr. 77/1 His stage manner is wooden and he's much too <u>prone</u> **to sobbing** to make the emotional points.

(4)の定義を確認すると、構造として「to または不定詞句と共に」となっているだけで、実際に(5)にあげた3例をみても、to の後に(5b)のような不定詞句 (make such mistakes) と、(5a)、(5c)のような -ing 語尾名詞 (weeping, sobbing) の例はあるものの、表1の用例(c)にあげたような明確な動名詞句 (making tactless remarks, making errors/mistakes) の例は見受けられない。

しかしながら、OED に含まれる用例について、他の見出し語内の用例も含めて検索してみると、prone to が動名詞句と共起する例がかなり存在する。結果的に OED の編纂者は、他の見出し項目下に、prone の

項目下でも使うのが適切な該当例があるのに気づかず、未に使わずに済ませてしまっていることになる。これは、「(4) の "With *to* or infinitive" という構造説明記述が適切なのかどうか」という問題にも関わるものである。

オンライン版 OED では、対象表現を含む全引用例を検索して通時的にソートするために、もっとも簡単な方法として以下の手順を踏む[7]。

①まず図 5 のように、Quick Search の検索欄に対象表現 (ここでは prone to *ing) を入れ、その右側にある ボタンを押す。

図 5. prone to *ing の検索入力画面

②図 6 のような Quick search results 画面が出て、No dictionary entries found 'for prone to *ing' という赤文字の注意表示が示されるが、ずっと下部の Widen Search? の中の quotations (26) に、他の見出し語の中も含めた全引用例の検索結果が含まれているので、その quotations (26) の部分を右クリックして「リンクを新しいウィンドウで開く」を選ぶ[8]。

図 6. Quick search results 画面と quotations リンク

③図7のような新しいウィンドウが開き、prone to *ing を含む全引用例が、見出し語順に表示される。

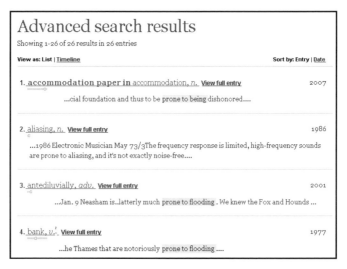

図7. 全引用例表示画面

④図7の画面の上右側の Date をクリックすると、図8のように、全用例が年代順に並べ替えられて表示される。【注意点：注8の後半部を参照】

図8. 全引用例年代順ソート（並べ替え）結果表示画面

OED Online の年代順ソートの結果、-ing 付きの単一名詞のみと複数語から成る初例は、それぞれ以下のものである。

(6) a. *a* 1616 Shakespeare *Winter's Tale* (1623) ii. i. 110, I am not prone **to weeping**... (prone, adj.; commonly, adv.)
b. 1862 *Knickerbocker* Feb. 137 She felt retrospective that night, prone **to examining her past**. (retrospective, adj. and n.)

(6a) のような単一名詞でなく、(6b) のような動名詞句を伴う例は、1988年以降に 7 例あり、そのうち代表的な 3 例を以下に示す[9]。

(7) a. 1988 J. Burchill *Sex & Sensibility* (1992) 51 The human animal is very prone **to needing to take a walk on the wild side every so often**. ('a walk on the wild side' in 'walk, n.')
b. 2003 *N. Y. Rev. Bks.* 25 Sept. 68/2 Muldoon is not himself prone **to falling into the jogtrot of the iambic pentameter**. ('iambic pentameter' in 'iambic, adj. and n.')
c. 2007 A. D. Kessler *Revol. in Commercev.* 219 Accommodation paper .. was thought ... to be prone **to being dishonored**. ('accommodation paper' in 'accommodation, n.')

これらの例は、本来 prone の見出し語の下に引用されるべきものである。またこれらの用例が 1980 年代以降増えていることを考えれば、構造に関する (4) の辞書記述 "With *to* (also †*unto*) or infinitive." の部分に、"or gerund" という構造説明も追加すべきであろう。

　この点の正しさは、たとえば、COHA (Corpus of Historical American English: http://corpus.byu.edu/coha/) という 400 万語の現代米語の史的コーパス (1810 年代〜 2000 年代) を使って調べてみると確認できる。次ページの図 9 は、prone to の後に来る、不定詞 (句) と動名詞 (句) の出現頻度数を通時的に示したものである[10]。図 9 のグラフから、動名詞 (句) の頻

度が 1980 年代から増加し、1990 年代から不定詞（句）と拮抗していることが理解できるであろう [11]。

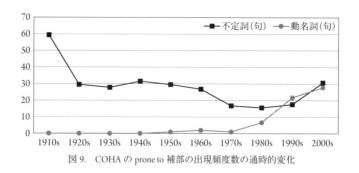

図 9. COHA の prone to 補部の出現頻度数の通時的変化

　以上の結果、prone の記述にあたっては、「不快表現との共起特性を持つこと」「補部構造として to 名詞（句）・不定詞（句）・動名詞（句）をとること」の 2 点を盛り込むことが重要ということになる。前者は、2019 年 7 月現在、英和辞書・英英辞書ともに多くの英語辞書で言及されているが、後者の動名詞（句）への言及については、英和辞書はもちろん、ほとんどの英英辞書でまだなされていない点である。特に、動名詞（句）の頻度が不定詞（句）に比べて増加傾向にある点は、今後も注視していく必要があろう。

　現在のオンライン版 OED は、実質的に OED の第 3 版である。未改訂の部分はまだまだ多く、今後も全面改訂の完成にはなお時間がかかるものの、従来の版が抱えていた欠点や弱点の矯正・補填、用例数が少ない時期の用例の補強などが着々と進められている。最後の部分で述べた prone to の問題点も、個々の研究者が指摘して通知することによって、徐々に改善されていくことであろう。いずれの英英辞書でも、大規模英語コーパスの活用による共存が、今後もますます重要になると思われる。

注

1. 以下に引用される全てのオンライン版辞書の URL は、参考文献を参照されたい。
2. 実際は、一般分野以外にも、Art, Business, Computing, Medicine, Miscellaneous, Science, Slang, Sports などの分野の辞書もリストアップされるが、ここでは省略してある。
3. 説明を明確にするために、表の中の定義部の一部省略、太字体、イタリック体、下線、および用例の順番にオリジナルと異なる箇所があるが、内容に変更はない。
4. Semantic prosody をまとめて考察した一例としては、新井 (2011) を参照されたい。
5. †以外のマークや略記として、||（外来語で未定着語）、¶（誤用）、年代の前の a (ante: 年代前)、c (circa: およその年代)、?（不確定年代）などがある。
6. たとえば cancel という単語のように、全く更新されていない項目については、This entry has not yet been fully updated (first published 1888). と表示される。
7. CD 版 OED の引用例をコーパスとして用いる際の手順、研究例の紹介、諸問題の解説については、新井 (1998, 2003, 2005) を参照されたい。それ以降の研究例としては、山崎 (2010)、Ieiri (2010) などがある。
8. 用例検索は通常、Advanced Search モードにしてから行うのが普通であるが、2019 年 7 月末現在、基本の Quick Search からの Quotations による表示結果と、Advanced Search モードの Quotation 検索による表示結果に違いがある (prone to *ing の場合、前者が 26、後者が 20) ため、ここでは前者の結果を尊重してある。

　また、後者の Advanced Search からの表示結果では、個別の用例の年ではなく、その見出し語の第 1 用例の年が表示されてしまうという、重大なバグが未だに残っている。したがって当面は、このバグが修正されるまで、Quick Search から検索し、Quotations を選ぶ方法で間に合わせることになろう。
9. 他の 4 例は以下の例である。年と用例の該当部のみを示す。

    1999 ... maybe I too would be *prone* **to presenting my penis**.　　　　　(hose, n.)
    2003 ... *prone* **to slipping out of gear at frequent intervals**).　　　　(rattlebox, n.)
    2004 ... synthetic fills were *prone* **to being heavy**, **bulky** ...　　(resilient, adj. and n.)
    2005 ... it means that the person is more *prone* **to catching colds**.　　(cooling, adj.)
10. ここで使った検索式は、不定詞については prone to_v?i*、動名詞については prone to_v?g* である。いずれの検索式のアンダーバー (_) も、半角スペースの意味である。不定詞については、頻度上位 100 位までの表現の総計であり、全体の総計はさらに大きいものであるが、動名詞補部の増加傾向に影響はなく明確なものである。
11. prone to の動名詞補部の増加については、Rudanko (2012) でも、TIME Corpus の分析から同様の指摘がなされている。Rudanko はこの現象を、Great Complement Shift と呼んでいる。

参考文献

新井洋一 (1998)「OED2-CD による電子辞書の英語学研究への応用」齊藤俊雄・中村純作・赤野一郎編『英語コーパス言語学』pp.211–232. 研究社.

新井洋一 (2003)「CD-ROM 版と Online 版 OED—用例の活用と課題—」『英語青年』149 (1): 6–9. 研究社.

新井洋一 (2005)「電子辞書の英語学研究への応用」齊藤俊雄・中村純作・赤野一郎編『英語コーパス言語学』(改訂新版) pp.231–249. 研究社.

新井洋一 (2011)「不快表現との共起指向性が高い《予兆・発生・直面》表現」〈人文科学研究所叢書 54〉『文法記述の諸相』pp.281–341. 中央大学出版部.

Ieiri, Yoko. (2010) *Verbs of Implicit Negation and their Complements in the History of English*. Amsterdam: John Benjamins.

Rudanko, Juhani. (2012) Exploring Aspects of the Great Complement Shift, with Evidence from the TIME Corpus and COCA. Terttu Nevalainen and Elizabeth Closs Traugott (eds.) *The Oxford Handbook of the History of English*, pp.222–232. Oxford: Oxford University Press.

山崎聡 (2010)「BYU-OED を利用した事例研究—情報源を表す According to の用法の発達について—」『英語コーパス研究』17: 189–204.

オンライン版辞書

American Heritage Dictionary: https://www.ahdictionary.com/

Cambridge [Advanced Learner's] Dictionary: https://dictionary.cambridge.org/

Collins [English] Dictionary: https://www.collinsdictionary.com/

LDOCE (*Longman Dictionary of Contemporary English*): https://www.ldoceonline.com/

Macmillan Dictionary: https://www.macmillandictionary.com/

Merriam-Webster Dictionary: https://www.merriam-webster.com/

MWLD (*Merriam-Webster's Learner's Dictionary*): http://learnersdictionary.com/

OALD (*Oxford Advanced Learner's Dictionary*): https://www.oxfordlearnersdictionaries.com/

OED (*Oxford English Dictionary*): http://www.oed.com/

OneLook Dictionary Search: http://www.onelook.com/

コーパス

COHA (Corpus of Historical American English): http://corpus.byu.edu/coha/

英語コーパスと私

岡田 毅

1. まえおき

　誕生から既に70数年を経た現代型コンピュータと、それを利用した言語処理の一環としてのコーパス研究にも半世紀以上の歴史がある。本稿では、そのようなコーパスに30年ほど関わってきた著者と英語コーパスの関わりについて記し、将来についての考えを述べる。

2. 研究歴とコーパス

2.1.　1980年代

　大学院で英語教育と生成文法理論を専攻した数年後の1986年に外部記憶装置にカセットレコーダを用いたNEC PC-8801mkIIを購入して蔵書管理を始めると同時に、それまで紙のカードで収集蓄積していた英文データをランダム・アクセス (random access) ファイルで扱うようになった。

2.2. 1990年から現在まで

2.2.1. コーパスとの関わり

PC-9801 シリーズに更新し、英語字幕教材の独自作成を手掛ける一方で本格的に英語をコンピュータで扱う研究を始めた。5インチフロッピー媒体の LOB や SEC 等のコーパスを導入し、内部データ構造を解析し、LOB の使用域 (register) 別の動詞用法を単に頻度ではなく、活用形別の偏り方に着目して分析した。これと並行して力を注いだのが、(1) 紙媒体上の英文書の電子データ化、(2) 黎明期のインターネット上に流布し始めた英文学作品や英文雑誌・新聞データの統一フォーマットでの蓄積、(3) 品詞標識付与プログラムの独自開発、(4) 研究成果の Web 上への公開などである。

その後、各種コーパスや自作のデータ、解析システムを用い、英語教員志望の学生用バーチャルフォーラム、日本人向け英語スペルチェッカー開発用の基礎研究、日本人 (主に理系) 研究者の英語論文執筆支援のためのシステム開発などを手掛け、現在は「学習者によるアノテーション付与コーパス」(learner annotated corpus) 構築という全く新しい視点から、日本人大学生の英語読解プロセスを解明するためのシステムを開発し、大学英語教育での実践に応用している。

岡田 (1995a) では、コーパスではなくテキストデータベースという術語を用いた。既にコーパスという術語は広まりつつあり、独自開発データをコーパスと呼べたかもしれないが、当時の著者は、代表性 (representativeness) とアノテーションの有無が、コーパスの定義に重要な意味を持つと考えた。独自編纂の電子データには、必要なアノテーションを施したし、例えば *TIME* 誌における敬称使用の時代的変遷の調査用データは、その意味での代表性を有していたといえる。しかし、Dickens の数作品中の地の文と会話文の間の質的な相違を分析するための基礎的データは、英文学作品コーパスのいわばある一部分しかカバーしないと考えた。量的・質的両方の性格を勘案し、コーパスという術語を用いなかった。

ライフワークと位置付ける英語統語論研究の目的でコーパスを利用す

ることは当然であるし、従来になかった新しいタイプのコーパスを構築し解析するシステムを開発研究するための比較検討の対象として多くの既存コーパス(システム)を利用しているといえる。

2.2.2. OCR と Line Formatter

紙媒体の英文を電子化してコンピュータに取り込む手法の１つが光学的文字認識 (OCR) であり、1990 年代前半にはこの認識精度の向上に力を注いだ。印刷上の併せ文字 (ligature) の仮文字コードでの認識と後処理での分割、印刷行末尾で生じるハイフン分割単語の連結等を実現するプログラムを、MS-DOS 上で開発した。文字認識の対象は主に (1) 米国高等学校教科書、(2)(ペーパーバック版の)英米文学作品、(3) 映画シナリオ、のように英語教育や文学・文体論研究、話し言葉研究等に繋がる領域のものであった。

コーパス(テキストデータベース)を編纂する上で重要な意義を持つ文境界 (sentence boundary) の自動認識に関して、英単語の形態のみに注目することにより、「1 行・1 文形式」での高精度の認識結果を得ることに成功した[1]。また、語頭形態を精密に検知することによる固有名詞・形容詞の認識システムも考案した(岡田 1995b)。

これらを通して、次期の研究指針が得られることになった。OCR 固有の誤認識によるスペリング過誤、対照的にキーボードを用いる人手入力時に特有の過誤などに対するスペルチェッカーの改良のためのエラーコーパスの編纂がそれである[2]。Mitton (1996) ではスペルチェッカーのアルゴリズムが精密に検討されているが、これに加えて一種のパラメタとして、OCR 生成・母語話者入力・非母語話者入力を切り替えることにより、過誤の検知はもとより、誤った綴りに対する修正候補を有効な順序で提示するための研究を Mitton 氏と共同で行った (Mitton and Okada 2007)。また、教科書やシナリオのコーパス編纂に関する研究は、文書構造や発話者に対するアノテーションのあり方についての考察を深める機会となった。

2.2.3. インターネットと電子テキスト

　1990年台後半からは、インターネット上の英文データの飛躍的な流通量の増加を受けて、Project Gutenberg や OTA (the Oxford University Text Archive) 等を活用してのデータ収集や、統一フォーマットへの整形などを行ったが、例えば紙媒体の英文学作品の内容と、(同一版であっても) 電子テキストの間には深刻な齟齬が生じることを発見したのもこの時期である。OTA から公開されていた Dickens の長編小説 *Great Expectations* の電子版と、独自にペーパーバックから OCR で生成したデータの間には、まる2頁分の不整合があった。これは、OTA での OCR 作業中で2頁分を欠落させたことが原因で、OTA に修正を促した。これも、電子化されたデータ、コーパスの共有性と真正性 (Zinsmeister *et al.* 2008) について考える契機となった。

2.2.4. 現在

　現在では、世界的に公開されているコーパスシステムを利用する他に、例えば *TOEFL*®テストの reading section に特化しての特殊コーパスを作成し、上級者向けの教材作成用支援に活用するための研究も進行中である (岡田 2011)。この前提となる入力ソースしての英文書の整備にあたり、特に非母語話者に特徴的なスペリング過誤を検知するための研究の展開 (Okada 2005) をはじめ、文境界認識プログラムを Java スクリプトの DCL (Dynamic Class Loading) 特性を活かし、ユーザーが対象に応じた処理を選択し、その適応順序を指定できる仕組みを考案した。並行する研究として、材料工学などの特定分野中の、日本人研究者の英語学術論文と英語母語話者研究者のそれを比較対照するためのコーパスを構築し、例えば *suggest, note, mention* のような伝達動詞 (reporting verb) の活用形別の出現頻度からみた使用構文の差異などを分析している。これは、日本人研究者の英語学術論文執筆を支援する目的で開発されている。

　最も力点を置いて進めている研究は、より柔軟で高い汎用性を持ったコーパス構築の手法と、その解析に準拠した英語教育分野への応用や、研究者・教育者・学習者間の協働を保証するシステム CHAPEL (Corpus

Handling and Analysis Package for E-Learning)（藤野他 2012）、およびその後継システム iBELLEs (interactive Blended English Language Learning Enhancement system) (Okada 2014、岡田 2014, 2015) の開発研究である。これは後述するように、研究者や分析者が爾後に注釈を施す従来型の学習者（産出）コーパスではなく、多くの学習者自身が自らの英語学習プロセスに関わる情報を付与するという形での、全く新しい概念の学習者コーパス構築と、階層的に管理されたアノテーション情報の管理技術に基づいた解析技術の開発によるものである。

3. コーパスを用いた研究

　ここまで述べてきた研究の経緯と傾向を踏まえて、著者が現在、コーパスを構築したり利用しながら考察しているいくつかの点について触れる。

3.1.　各種コーパスを利用しながらの考察

　古典的な Brown、LOB、SEC 等のコーパスを用いることも未だに多いし、SUSANNE や BNC (XML 版) の内部構造を観察しながらの利用に加え、SCN（小学館コーパスネットワーク）や Brigham Young 大学 (BYU) の各種コーパスを、使い易いインターフェイスを介して利用する。また、特殊コーパスとして BAWE (British Academic Written English) や T2K-SWAL (TOEFL 2000 Spoken and Written Academic Language) Corpus を分析の対象とする。話し言葉に焦点を絞る場合には MICASE (Michigan Corpus of Academic Spoken English) や、BYU からの Corpus of American Soap Operas 等を利用する。また、マルチメディアコーパスの先端例として、動画シンクロのなされた CHILDES (Child Language Data Exchange System) を頻繁に参照する。コーパスを独自に編纂するときに利用するのが Lancaster 大学 UCREL の CLAWS tag 付与や JACET Level Marker による単語難度レベル付与のサービスあり、分析には AntConc 等の公開ソフトウェア以外に UNIX 上の簡便な自作スクリプト等を用いる。

研究目的に応じて多様な形態のコーパスシステムをさまざまな処理手法を用いて利用しながら、筆者が常に念頭に置くのは、現状のコーパスシステムが抱える未解決の問題点である。詳述の余裕がないが、例えばSCN で BNC に対して特定語（句）の検索を行い、得られた結果に対して次の段階の分析を施したい場合などに感じられる隔靴掻痒感などがそれである。また、正規表現に代表されるテキストベースの拡張クエリー作成を支援する統一フォーマットがないために、システム固有の要求にユーザーが応えねばならぬことも挙げられる。BYU からは、ユーザーが個人クエリーセットを作成し、それをアップロードすることでカスタマイズされた検索が保証されるという優れたサービスが提供されているが、ユーザー間でのクエリーセット共有は実現されておらず、分析対象となるコーパスは共有されていても分析手法がスタンドアロン的で、その意味での協働性に欠けているという事実もある。

3.2. アノテーション

　単に機械可読な言語データをコーパスと呼べるか否かは Corpora-List で盛んに議論された話題でもあった。品詞、語形態、構文、意味等の標識や、データ典拠や文書構造に関する情報などの注釈を、メタデータとして付与する作業をアノテーションというが、その統一化された枠組みの策定を追求するよりむしろ、利用目的に応じた多重層のアノテーションを許し、管理できる仕組みを整備することが汎用的なコーパスシステムには求められる。異った層の注釈は同一対象データに対するものであるのに、互いに異なる個別リソースとして管理されることが多い。これをいかに包括的なコーパス資源として統合するかは大きな研究課題である。

　包括性をもたらすアノテーション間の透過性や同期性を保証するためには、予めシステム側で準備したタグセットやマークアップ手順が、ユーザー側から直観的に把握し易く、かつ複数のユーザー間で容易に共有できる必要がある。この意味で、豊富で柔軟なアノテーションを施されたコーパスを構築し整備することが重要なポイントであり、Okada and Sakamoto (2010)、岡田 (2011) では RDBMS (Relational Database Management System) を中心としたシステム開発研究を進めた。

　2.2.4 で言及した RDBMS 準拠の e-learning システムである CHAPEL では、システムの拡張性およびユーザー間での情報共有と協働とが保証されている[3]。対面形式の英語読解力養成指導の授業の中で CHAPEL は中核的な役割を果たす。そこでは教員はもとより、学習者自らが選択した英文マテリアルが統一フォーマットで RDB に格納され、統計処理や読み易さの度合い (readability)、語彙的密度 (lexical density) などの分析を受けて、共有可能な教材として活用される。そのマテリアルに対して、独自に定義可能なスキームに基づいたアノテーションを施すことができ、システムユーザーとしての教員および全学習者は互いのマークアップが閲覧可能であり、読解力向上のための協働学習が効果的に推進される。

　このような独自システムを開発・改良していく上で、既存コーパスに付加されたアノテーション特性のさらなる吟味、言語研究の重要な方法論として位置付けられるコーパスに対するメタデータそのものの性格の再検討や、その標準化に向けての研究は基礎的かつ重要な研究テーマであり続けている。

3.3.　新しい学習者コーパス開発と英語教育への応用

　CHAPEL の後継システムとして iBELLEs を開発し、2015 年 6 月から勤務先の東北大学の全学教育の英語授業で実践稼働させている。原則的にこのシステムは搭載コンテンツを選ばないが、*TOEFL®*テスト日本事務局のある CIEE の仲介で米国 ETS との契約を締結した結果利用可能となった *TOEFL®*テストの真正マテリアルを世界で初めて e ラーニングシステムの上から提供していることが大きな特徴である。iBELLEs には、教員用・学生用 2 つのモジュールがあるが、双方にハイライト機能およびアノーテーション機能が実装されている。多人数の学生は教員の指示に従う (教員が教育目的に合わせて定義するアノテーションスキームに沿って) という形で、共通の *TOEFL ITP®*テストの reading section の真正マテリアルにハイライトを施す、という形でアノテーションを付与する。

詳細は Okada and Sakamoto (2015)、岡田 (2015) に譲るが、メタ認知負荷を極力低減することによって学習者の読解プロセスを、ほぼリアルタイム的に収集し、その結果は教員画面で GI (グラフィックインターフェイス) を通して提示される。教員は、学生の読解の傾向を瞬時に把握し、動的に授業プランを選択・変更することができ、爾後の質的解析によりクラス全体および個々の学習者のプロファイリングを行うことができる。さらに学生間でも正確な読みに繋がる方略をハイライト情報の相互閲覧と交換という形で共有し学び合うことが可能となる。

このような機能は柔軟なスキーム定義の元で、コーパスアノテーションを重層的に管理する技術に根ざしているが、最も重要なのは、学習者の産出物であるエッセイや発話記録に対して教員や研究者が事後に分析情報としてのアノテーションを付与するという従来型の「学習者コーパス」とは根本的に異なり、iBELLEs で得られるデータは、共通の英文に対して多くの学習者自身が読解プロセス情報をアノテーションの形で付与した「学習者によるアノテーション付きコーパス」(learner-annotated corpus) と位置付けることができる点である。

iBELLEs は現段階では対面式の英語授業での実運用で効果を発揮しているが、次システムとして開発を進めている iBELLEs[+] には、クラス外での自律学習 (Fathali and Okada 2016) を支援するための通信機能が実装される予定である。英語クラス内・外の統合は不可欠な要素であり、真正 TOEFL®テストマテリアル以外にも、学習者の熟達レベルに応じた英文素材を自らが教材として利用し、クラスの外でもペアやグループ学習の形で共同した英語学習を支援するための包括的な教育パッケージの中で、iBELLEs[+] は中心的な役割を果たす。

4. マルチメディアコーパスについて

4.1. テキストファイルの利点と限界

PC 上で数字やアルファベットを扱うための環境の多くが ASCII で統一されているために、英語コーパスのようなデータをコンピュータで処

理しネットワークを介して共有しようとする場合に、最もシンプルでサイズも小さく、ハードウェア・ソフトウェア的な環境に依存することの少ないテキストファイルが圧倒的に広く用いられてきている。利点の反面、テキストファイルは当然の帰結として文字以外のデータは表現できないという短所を持つ。このため、一般文書の構造や形式に関わる付随情報をそれに与えるための手法として、HTMLやXMLのようなマークアップ言語がある。

　それでも、テキストファイルには、汎用性と高速性の代償としての限界がある。それが複合媒体による情報付加手法の複雑さと、その種の情報検索を実現する技術的困難さである。これは人間の言語をデジタル化するという作業それ自体が内包する意義と限界とを考察することに通じている[4]。

4.2.　マルチメディア検索の困難さ

　現代のコーパス利用においてはテキストベースの編纂や検索が標準的で、処理速度や検索システム開発にかかる低コストなどの理由で、それは大きな利点を有している。一方で、マルチメディア情報検索に関しても活発な研究が行われている。しかし、この研究にはメディアをまたいだ検索クエリーの指定や宣言の困難さがつきまとう。本来クエリーとは文字列として表現される情報要求項目のことであり、音声や画像や曖昧な概念等は、検索システムにとっての一義的なクエリーたり得ないのである(岡田 2012)。

　これは、マルチメディアコーパスに対して発行する検索処理要求が文字というメディア単独で記述可能かという循環論的な問題に陥る危険性を孕んでいる。マルチメディアコンテンツ付随の膨大なメタデータに対する検索と並んで、内容解析による検索 (CBR: Content Based Retrieval) 技術も開発されつつある (馬場口 2010, 長谷山 2010)。しかし、コーパスを用いた研究や興味の対象には大きな多様性があり、コーパス利用者全ての要求を汎用的な形でクエリー化することは現実的ではない。電子テキスト化した言語データに対するあらゆる付随情報の定式化を徹底的に追

求するよりは、複合メディアにまたがる情報は、例えば XML 文書やリレーショナルデータベースの中から外部リンクの形で参照されるべきである。

4.3. コーパスに求めるもの

　上で、「研究や興味の対象」という表現をしたが、これはマルチメディアコーパスの利用者がそれに何を求めるかという問題に繋がる。外部リンクで参照可能な画像等を検索し閲覧するだけの使用目的もあり得るし、言語構造の分析が研究目的の場合もあり得る。幅広い目的に供されるコーパスは、どこまでマルチメディア化される必要があるのだろうか。従来型のコーパス利用を想定した場合、例えば特定語(句)の出現頻度はもとより、コンコーダンスや、他の語(句)との共起関係などを精密に分析できなければ、少なくともそのコーパスは言語(学研究のため)の分析用としては不十分かもしれない。分析や研究の目的に合致したアノテーションの詳細さや階層性、複数のメディアをまたいだ検索等が、コーパス利用者側から柔軟に選択されることを保証するような仕組みが必要な所以である。

5. まとめ(そしてこれからの「コーパス研究」)

　これまで、コーパスとの関わり方、コーパス利用のあり方等を中心に述べてきた。コーパスに関する著者の重要な焦点の1つが、コーパスそのものの設計に加えて、その収集・分析・利用方法の研究である。これらは、コーパスに付与し得る情報の研究にも繋がり、文字を利用した人間知識の蓄積機構という広大で魅力的な研究対象の一側面でもある。

　コーパスを編纂・構築する際に留意している点をここで指摘する。それは「基幹(一次)データに求められる正確さとその重要性」である。言語研究の重要な方法論として位置付けられるコーパス自体の正真性や信頼性に対しては常に最大限の注意が払われるべきである。あるコーパスの分析結果にはそれに基づく新しい分析や研究が続くことが多く、基幹

データに不整合や過誤が混入していればいるほど、後続の研究成果の妥当性が損なわれてしまうからである。また、正確さと同時に基幹データに求められる付加情報量の吟味と付加情報そのものの種類や性格、そして検索・分析時の付加情報参照機能の研究が持つ重要性も看過できない。

　独自コーパスを構築するといって、単なるデータの集積体をコーパスと呼んではならない。それがデジタル特性によって広く共有されてしまう可能性があることを我々は認識すべきである。上述の iBELLEs シリーズの開発で目指しているような、コーパスフォーマットやアノテーションスキームが柔軟に定義可能で、ユーザーが明示的にそれら選択できる機能がコーパス構築システムに求められる。これは研究の最終目的に見合ったコーパスの編纂と利用の重要さをめぐる Corpora-List での議論とも合致するのである。

　コーパスを用いた言語研究の歴史は既に半世紀以上になる。現代の文脈では、例えば AI（人工知能）という言葉が一般の人々はその本当の意味を知らずにいるうちに巷に溢れ、何か漠然とした「コンピュータを使った人間の脳の代わり」のような概念で捉えられているのと同様に、「コーパス」はあまりにも身近で、それでいて漠然とした意味しか伝えない用語になりつつあると考えられる。これは、それだけコーパスやそれを用いた言語研究が市民権を得るように成長した証左でもある。

　安い労働力の奪い合いを容易にするという意味で企業が「グローバル化」という言葉を勝手に解釈し、それを推し進めたおかげで、もはや勝者も敗者もない、地球環境に危機的な影響を及ぼすだけの「グローバル」な産業構造へと世界全体がシフトしたと感じられる。言語研究に携わる我々も、そのような世界の中で、これまでにない広い社会学的な枠組みの中で、改めてコーパス言語研究を位置付けなければならない。それは移民や難民への言語政策や教育に関する研究に留まらず、近い将来の我が国で直面する介護分野を端緒とする外国人労働力の移入や、AI の本格導入による労働層の変化に伴う国家としての言語の在り方や方向性についての研究などを含んでいる。公共財としての高等教育研究機関に身

を置いてきた研究者の一人として、今こそ成熟した「コーパス研究」が人類の将来を模索する上でこれまでにない重要な役割を果たしていくべきと考えている。

　人類だけが持つ「言語」が、その持ち主である人類にどのような影響力と意味を持つのかという問いに答えるのが、私たち言語研究の徒に課された責務のひとつであり、「コーパスを利用」しながらの研究もこの責務を果たす上で重要な役割を演じなければならない。

注

1. AWK で開発したこのプログラム（LF: Line Formatter）はその後、染谷泰正氏によって Web 版にされ、現在でも公開されている。
   http://www.someya-net.com/00-class09/sentenceDiv.html
2. 英語母語話者産出のスペリング過誤と非母語話者産出のそれを扱ったコーパスは Web 上で公開している。
   http://www.elearning.he.tohoku.ac.jp/okada/corpora/Samantha/SAMANTHA-top.htm
3. ユーザーが定義可能なマークアップやアノテーション機能を実装した CAHEPL、および後継機種の iBELLEs 開発の契機となったのは Hamburgh 大学で開発された CATMA (Computer Aided Textual Markup and Analysis) である。http://catma.de/
4. 文字に転写された話し言葉コーパスは書き言葉コーパスと同様にテキスト準拠の検索の対象となり得る。しかし、話し言葉の書き写しの際に、不可避的に混入する編纂者および書き写し手の解釈のように、検索対象テキストに含まれた、非文字情報（異なったメディアによってもたらされる情報）のエンコーディング化の限界に関する問題が常に障害となる。

参考文献

馬場口登 (2010)「マルチメディア検索の技術動向」『映像情報メディア学会誌』64 (1): 58–63. 映像情報メディア学会.

Fathali, Somayeh and Takeshi Okada. (2016) On the Importance of Out-of-Class Language Learning Environments: A Case of a Web-Based E-Portfolio System Enhancing Reading Proficiency. *International Journal on Studies in English Language and Literature* 4 (8): 77–85. doi: 10.20431/2347–3134.040811.

Francis, Nelson W, and Henry Kučera. (1964) *Manual of Information to Accompany a Standard Corpus of Present-Day Edited American English: For Use with Digital Computers*. Providence, Rhode Island: Department of Linguistics, Brown University.

藤野玄大・坂本泰伸・岡田毅 (2012)「ユーザ間の情報共有に立脚した英語教育および学習支援—協働を保証する高汎用性コーパスシステムを用いて」『e-Learning 教育研究』7: 11–22. e-Learning 教育学会.

Garside, Roger, Geoffrey Leech, and Geoffrey Sampson. (eds.) (1987) *The Computational Analysis of English: A Corpus-Based Approach*. London: Longman.

長谷山美紀 (2010)「画像・映像意味理解の現状と検索インターフェイス」『電子情報通信学会誌』93 (9): 764–769. 電子情報通信学会.

McEnery, Tony and Andrew Hardie. (2011) *Corpus Linguistics: Method, Theory and Practice*. Cambridge: Cambridge University Press.

Mitton, Roger. (1996) *English Spelling and the Computer*. Harlow: Longman.

Mitton, Roger and Takeshi Okada. (2007) The Adaptation of an English Spellchecker for Japanese Writers. In *Proceedings of the Symposium on Second Language Writing: Second Language Writing in the Pacific Rim*. p.15.

Okada, Takeshi. (2005) Spelling Errors Made by Japanese EFL Writers: With Reference to Errors Occurring at the Word-initial and the Word-final Position. In Cook, Vivian, and Benedetta Bassetti. (eds.) *Second Language Writing System*, pp.164–183. Clevedon, Buffalo, Toront: Multilingual Matters.

岡田毅 (1995a)『実践「コンピュータ英語学」—テキストデータベースの構築と分析』音羽書房鶴見書店.

岡田毅 (1995b)「英語固有名詞類の計算機処理について」『山形大学紀要 (人文科学)』13 (2): 270–300. 山形大学.

岡田毅 (2011)「汎用的コーパスシステムにおけるユーザーの概念—RDBMS を中心に据えて」『e-Learning 教育研究』6: 11–24. e-Learning 教育学会.

岡田毅 (2012)「マルチメディアコーパスの意義と特性について」『国際文化研究科論集』20: 145–154. 東北大学国際文化研究科.

岡田毅 (2014)「タブレット PC を利用した新しいブレンディッド e ラーニングの構想」『e-Learning 教育研究』9: 11–20. e-Learning 教育学会.

Okada, Takeshi. (2014) EFL Reading Instruction Based on Information Sharing among Multi-purpose Corpus System Users. In O'Rourke, Bernadette., Nicola Bermingham and Sara Brennan. (eds.) (2014) *Opening New Lines of Communication in Applied Linguistics: Proceedings of the 46th Annual Meeting of the British Association for Applied Linguistics*, pp.367–380. London: Scitsiugnil Press.

岡田毅 (2015)「新しい e-learning システム iBELLEs の拓く EFL 教育支援の可能性」『第 18 回 (2015 年度) 学術講演会論文集』pp.127–135. (学会奨励賞受賞). 日本 e-Learning 学会.

Okada, Takeshi and Yasunobu Sakamoto. (2010) A New RDBMS and Flexible POS Tagging for EFL Learners and Researchers: Designing a Corpus Analysis System Based on the Three-tier Model. *CAHE Journal of Higher Education* 5: 43–52. Tohoku University.

Okada, Takashi. and Yasunobu Sakamoto. (2015) Dynamic Lesson Planning in EFL Reading Classes through a New e-Learning System. In F. Helm, L. Bradley, M. Guarda, and S. Thouësny (eds.) (2015) *Critical CALL –Proceedings of the 2015 EUROCALL Conference, Padova, Italy,* pp.444–449. Dublin: Research-publishing. net. http://dx.doi.org/10.14705/rpnet.2015.000373

Zinsmeister, Heike, Erhard Hinrichs, Sandra Kübler, and Andrea Witt. (2008) Linguistically Annotate Corpora: Quality Assurance, Reusability and Sustainability. In Lüdeling, Anke, and Merja Kytö. (eds.) *Corpus Linguistics: An International Handbook* (2 vols) , pp.759–776. Berlin, New York: Walter de Gruyter.

LOB Corpus から BNC へと移行した語彙分析の成果について

高橋薫

1. はじめに

　「これが君にはうってつけの研究だ」との言葉とともに故古橋聰氏（元中京大学教授）より5インチのフロッピーディスクを渡されたのが私のコーパス研究の始まりである。LOB Corpus を手にしたのは 1990 年初頭のことである。データ構造がテキストファイルであったため、MIFES などのエディターにより容易に内部構造を覗くことができ、これからどんな解析結果と出会うのだろうと胸の高鳴る思いがした。早速、解析に取りかかろうとするが、まずはタグ付けにおける問題点を精査することにした。たとえば、surprised を見ると、at が続けば形容詞、by では過去分詞といった曖昧性、-ing 形に動名詞、現在分詞等の区別がない、that は接続詞、指示代名詞、関係代名詞の 3 つのタグに集約されているなど。これらの点を把握した上で研究を開始すべきであるとの観点をまとめたものがコーパス研究に関する筆者初の論文となった (Takahashi 1992)。

2. LOB Corpus の解析

　LOB Corpus は社説、評論等の論述的内容 (informative prose) と物語的文章である小説類 (imaginative prose) の全 15 種類のカテゴリーで構成される 100 万語のイギリス英語である。その 1 語ごとに付加させたタグ（文法範疇標示）による検索の手始めとして、「代名詞＋ of」、「形容詞＋ of」の出現率を全データについて分析し、代名詞と形容詞についての出現頻度をカウントした。これらは句レベルの解析であったが幾分、文体の解析も可能となった。たとえば、be 動詞＋過去分詞のタグの並びにより受動態を検索することができる。ここで出現率には論述的内容と物語文では大きな相違があることを確認した（高橋・古橋 1993）。

　当時、パソコンのオペレーティングシステムは MS-DOS が主流であり、文字処理に関しては、筆者は C 言語を用いた。この頃のノウハウについて「英語教師のパソコン活用について―文字データの加工から分析まで―」にてまとめている（高橋・古橋 1994）。また、英語教育でのコーパス活用という面では、工学部専攻の学生にコーパスを用いた卒業研究を指導したことが挙げられる。将来的に機械翻訳や自然言語処理の分野を目指す学生にとっては、統語に関する学習の格好の材料となった。その後、その方面で活躍する卒業生も現れた。

　また、小説の文字媒体をデータベースとして電子化する方法について検討した。これはスキャナーで文字読み取り後、文字変換するという作業の後、小説の文章を冒頭部、中間部、結末部と分け、語彙レベルでの頻度比較をするもので、それぞれから一定の特徴語の頻度特性が現われた（長澤・高橋 1995）。

　その後、筆者の LOB Corpus の解析に際しては頻度の正規化の問題が浮かび上る。従来、頻度の正規化は、単位語数に対する頻度で表される。つまり、1,000 語に対して、出現率が 10 回といった数値表記となる。ここで文長の観点を考慮した。文長が比較的長い論説文において、述語動詞のような文構造に関する単語の単位語数の占める割合を同じ語数の小説類でみた場合、小説類は比較的文長が短いことにより、これに含ま

れるセンテンス数が多くなり、動詞など文構造に関する単語の占める割合が高まることが予想される。そこで文長の著しく異なるテクスト間の頻度の正規化は、単位センテンス数あたりの頻度を用いる方が誤差が少ないとの仮説をたて、この具体的な誤差を検証し、正規化を単位センテンス数に対する頻度で表すことの有効性を示した(高橋・古橋 1994)。

3. 多変量統計解析法の活用

15 種類のカテゴリーからなる LOB Corpus の 1 語ごとに付加させたタグの生起頻度をサンプルのカテゴリーへの反応とみなし、数量化Ⅲ類による多変量解析を行った(高橋・古橋 1995)。心理学や社会学の質問紙による意識調査の計測ではその処理に因子分析を用いるが、個体、変数同時に数値結果を得られるという点では biplot 型のコレスポンデンス解析法がコーパスの解析では有効である。そこで当時の文部省統計数理研究所の村上征勝氏より指導を受け、数量化Ⅲ類の解析プログラムにより LOB Corpus の本格的な解析を行った。

その結果、第 1 成分(寄与率 0.72)に関しては、「物語的文章型」対「論述的文章型」という言語学的な解釈が得られた。また、第 2 成分(寄与率 0.12)を「特殊主題型」対「一般的主題型」とみなした。この結果をテクストの難易度という観点から述べれば、第 1 成分の「物語的文章型」対「論述的文章型」は、統語的に構造が「単純」「複雑」という尺度で捉えることができる。第 2 成分に関しては、固有名詞を中心とした特定の主題に関する名詞、English 等の形容詞等を、「特殊主題型」を特徴づけるタグとみなし、「一般的主題」である代名詞(you)と対極の関係にあるとの解釈となった。

4. BNC への移行

筆者は 1995 年に勤務校より在外研究の機会を得て、Typology of Registers in a Written English Corpus: Multi-Feature and Multi-Dimensional Analyses

なるタイトルの論文によりマンチェスター理工科大学(現マンチェスター大学)で修士号を取得した (Takahashi 1997)。引き続き LOB Corpus の研究では、寄与率の低い第 3 成分を分析することにより、その尺度が時制に関するもので、この尺度上で小説類に過去時制の表現が多く、学術論文には現在時制が多く用いられることを確認した (Takahashi 1999)。そして、LOB Corpus の分析におけるこれまでの一連の成果を「人文学の情報処理」なる学際領域を扱った研究書に掲載した (高橋 1999)。その中では、これまでの 3 つの成分によりジャンル区分を 3 次元の散布図により視覚的に解説することにより英語文章の類型論を展開している。

　この後、筆者のコーパス研究は、The British National Corpus (BNC) に移る。

　1995 年初公開の BNC は、EU 圏外での使用に制限があったが、筆者は在外研究時の英国在学中に BNC を入手して、内部構造について分析を進めていた。2001 年に World Edition として一般公開されてから、すでにもつ解析のノウハウにより研究を本格化した。最初の成果は、Oxford 大学出版のジャーナルへの論文掲載となった (Takahashi 2005)。ここでは、BNC の社会言語学的な指標である社会階層について、その指標の有効性について実証的な研究をおこなっている。つまり、4 つの階層区分 (social class) によるタグの頻度について同様の多変量解析を実施した結果、現れた尺度が、階層順に文章を配置することが確認できた。これにより、同尺度上で配置され特徴語句がどの社会階層でより多く使用される傾向にあるのかをその尺度上で相対的に観察した。たとえば、formal 対 casual と解釈される言語スタイルでは、hmm, aargh, hm が formal の領域で使用頻度が高く、ay, cor, ta, aye などが casual に多いことが示され、さまざまな語彙に関してこのスタイルでの関連の度合いが示された。

5. Ph. D. 論文としての研究

　2001 年秋より筆者は英国ランカスター大学の Linguistics and English language 学部の博士課程に入学した。パートタイムコースでの在籍である。

研究テーマである Typology of Registers in the British National Corpus: Multi-Feature and Multi-Dimensional Analyses は、イギリス英語の文体について多変量解析法を用いて論じるという点では、従来の研究と同様であるが、1億語という大規模文章資料集の分析手法と、社会言語学視点によりスタイル論を展開するという点に特徴がある (Takahashi 2007)。まず論文の中で、さまざまな言語学者が提唱する text type と genre category の定義について概括し、それを踏まえ、社会言語学的見地から register の定義を示している。社会言語学者は、予てから使用言語の社会言語学的な指標として、time・space といった dimension の概念を提唱している。また、それらの指標の連続性に関心を示している。すなわち、使用言語のある特徴語に注目した場合、それらは、style の概念により解釈される dimension の上で、連続的に配置されるというもので、この概念を用いれば、その尺度上で特徴語の強弱の程度を同定できることが期待される。

著者は、数量化Ⅲ類の結果現れる dimension すなわち尺度に注目し、特徴語と尺度との関連を見出すことによって、言語学的な解釈を与えることができるという従来の手法を用い、それを社会言語学的な分析にも応用した。BNC のテクストには、register の指標による範疇分類指標が付加的情報として組み込まれている。この指標は社会言語学者が唱える、年齢、性差、地域、社会階層等、最も基本的な register の概念にあてはまる。この指標に基づき、仮想的にコーパスをサブコーパスに細分化し、各サブコーパスについて特徴語等を抽出し、その dimension で幾何学的に配置することで、その配置の様相によりサブコーパスとの関連性を観察しながら、尺度に言語スタイルの解釈を与える。

尺度の概念を鑑みると、古くは、Joos (1962) が、典型的なスタイルのひとつの概念として formality を挙げ、intimate, casual, consultative, formal, frozen という具体的な指標を示している。このような学説についてコーパスによりさらなる知見を与えるなどの議論は見当たらず、筆者の学位論文では、言語スタイルに関する過去の学説を提示して、上述の手法によりそれらの学説を支持する分析結果と解釈を得ることを目指した。ただし、そこに至るまでには分析手法の改良が次のようになされた。

先の社会階層による分析の他に、年齢・性差それぞれの単一指標でのスタイルの分析をおこなう中で、言語学的な解釈に結びつかない場合には、年齢と性差の2次元で仮想サブコーパスを構築して、タグの出現頻度について同様の多変量統計解析法により分析をおこなう。vernacular 対 prestigious と解釈されるスタイルが現れると、各コーパスの特徴分析を文法タグの観点から観察した後、そのタグに関連する語彙レベルでの特徴語を抽出した。具体的な解釈について次に一例を示す。

　話し言葉における年齢と性差の2次元での解析で、使用年齢が14歳までの少女のサブコーパスに I goes が頻発することが特徴として確認できた。以下に例文を挙げる。

(1)　　So I goes, you must be a pervert too and you started laughing.

　実際、I goes は15才から24才でもよく用いられており、若者の語りのスタイルでは話法の伝達部として決まり文句的に使われている。また、I goes と同時に高い頻度で現れる語（尺度上で近い位置関係にある語）として、thinks, gives, starts, loves, gets などの動詞群がある。これらは、単なる文法的誤りか、和んだ会話文での意図的な表現と考えられる。他の近似語とも絡め、この尺度でこれらの語が頻発するエリアを vernacular なスタイルと特徴づけることができる。その解釈を裏付ける別の根拠として、この尺度上で対局のエリアでは、prestigious なスタイルの特徴語としてポーズフィラーが挙げられ、一例を次に示す。

(2)　　He c–, he c–he couldn't, it don't matter what he does, he could never win a bloody war.

　同様に、tha, sh, f, wh などが確認できる。また、従属接続詞の that もまたこのスタイルの特徴であり、特に that- 補文節での that は省略されない傾向にあることが判明した。この内容については、ドイツの出版元、RAM-Verlag の学会組織の学会誌である Empirical Text and Culture Research

に掲載された (Takahashi 2010a)。

　次にスタイルの解釈には難しさがあるが、他の興味深い分析結果として、BNC の属性、spolog (dialogue, monologue) の語彙分析が挙げられる。

　文法タグの頻度を語彙レベルに広げると一人の長話と対話では、感嘆詞が顕著な違いとして現れる。対話文に有意に使用頻度が高い。not などの否定語も同様である。他の特徴語を含めたスタイルの解釈のために、会話文のドメイン (educational/informative, business, public/institutional, leisure) と dialogue、monologue により 8 つのサブカテゴリーに再区分し、同様の手続きを経てタグ頻度を高める要因となる特徴語を抽出した。その結果、business と monologue のサブコーパスでは形容詞の比較級に特徴的な差異が現れた。たとえばイギリス労働組合会議の個人の発言では、largest, lowest, easiest, strongest などが特徴語として現れた。Beard (2000, 24) によると、Political parties like to stress the importance of their views. とあるように、労働組合活動も政治活動と同様の傾向を持つと仮定すれば、これらの語彙は、Beard が提唱する degree という概念の特徴語である。また、これが言語スタイルの解釈のヒントとなることも期待できる (Takahashi 2010b)。

6. BNC 解析の問題点

　このような語彙に関する分析では、テクストサイズ規模の問題が浮かび上がる。

　上述の一連の分析では、コーパスを属性の指標によりサブコーパスに細分化し、そのため解析対象のテクスト語彙数が少なくなる。よって語彙は収束性が高まる。つまり、あるサブコーパスについて高頻度の語彙検索をすると、トピックに応じた語彙群が確認されるが、それらには何ら発見的な知見が与えられるものではなく、いわゆる自明の理とも言える結果を生み出すこととなる。上述の business × monologue のサブコーパスでは、NN2 (普通名詞複数形) のタグに特徴が示され、そのタグに関連する語彙を分析すると、このサブコーパスで 100 回を越える頻度の語

彙に、workers, patients, jobs, conditions, women, issues, members, rights が現れた。これは労働問題というトピックでの語彙収束性を確認するに過ぎない。他にも Leisure × monologue のサブコーパスでは、同様に NN2 に cells が高頻度語として現れる。以下がその一文である。

(3)　　I call this deadwood lying on your spreadsheet, cells that are using up memory,

(出典：HDV 263 Longman Group UK Ltd Lotus 123 seminar, *Leisure, Monologue*)

　実際、30 回のうち 29 回がロータス 123 のセミナーによるものである。語彙収束性の問題はそのコーパスがどのようなトピックで構成されているか、そしてテクストサイズの規模とも大いに関連する。ここで上記のテクストサイズを確認すると、monologue の全体の語数は 158 万語、対する dialogue は 876 万語である。表 1 は、独自のカウントによるサブコーパスの語数の割合である。これによると、monologue/business は 26 万語、monologue/leisure は 48 万語である。このテクストサイズが決して小さいとはいえない。それでも高頻度語に注目すると、テクストサイズが数的に優位なトピックに左右されることを念頭にいれなければならない。つまり、表 1 の scgdom1 〜 4 にあるドメインがどのようなトピックで構成されているかをあらかじめ確認することが高頻度語を扱う上での注意点となる。筆者の研究において痛感したことである。

表 1. monologue/dialogue ×話し言葉ドメインによりサブコーパスの語数割合

		spolog1 Monologue	spolog2 Dialogue	scgdom%
scgdom%		15.26	84.74	
scgdom1	Educational/informative	31.00	25.08	26.60
scgdom2	Business	16.45	22.56	20.99
scgdom3	Public/Institutional	21.87	28.69	26.93
scgdom4	Leisure	30.68	23.68	25.48
	sum%	100.00	100.00	100.00

7. まとめ

　これまで言語学者が唱える言語スタイルを筆者が既述の手法で尺度として確認したものを表2に示す。

　prestigious/vernacular style は、5段階の年齢グループと性差による10個のサブコーパスによる解析後の解釈である。元来、性差のみの二値尺度については、性差を区分する尺度が現れにくいが、年齢の属性によるさらなる区分により男女を明確に分ける尺度が現れた。次頁の図1は、数量化Ⅲ類の結果、サブコーパスそれぞれに与えられた尺度上での度合いを示す数値による散布図で、これによると縦軸のプラス側が女性の領域、マイナス側が男性の領域であることが確認できる。また、横軸については、プラスの側からマイナス側へほぼ年齢順にサブコーパスが配置されている。さらに興味深いことに、横軸においては、同年齢であれば男女ともに prestigious/vernacular style の度合いはほぼ同程度である、年齢15–34、45–59 に対して、14歳以下あるいは、年齢35–44 については、女性の方がより vernacular の度合いが高いことがわかる。同時にタグ、語彙をこの散布図上で表すことにより、相対的な位置関係がわかり、そのサブコーパスの特徴を示すタグ、語彙とみなすことができる。紙面の都合上、結果の詳細は省くが年齢のような順位尺度がその順番で配置されたように同様の傾向が年齢と社会階層についても観察された。

表2. 言語スタイルと関連する属性（筆者による解釈）

言語スタイル	属性
casual/formal style	social class
habitual style	dialogue and monologue
consultative/formal style	spoken domains
prestigious/vernacular style	age and sex

　このように BNC のもつ属性について単一ではなく複数の属性につい

てサブコーコラを構築して、言語項目の生起数について比較分析する手法は、今後注目されるであろう。その際、構築されたサブコーパスのテクストサイズのばらつきが分析結果をゆがめる可能がある。そこで、書き言葉、話し言葉それぞれについて2つの属性によるサブコーパスが実用可能であるかテクストサイズの調査をおこなった。その結果については、2012年に開催された英語コーパス学会第39回大会ワークショップにおいて公表した。

8. 最後に

　筆者がこのような研究成果を生み出すに至ったことは、学会発表や研究論文を書き上げるための技量を高めてくれた英語コーパス学会の存在なくして語れない。また、多くの尊敬すべき研究者と出会えたことも有意義であった。今後も日本のコーパス研究がますます発展するよう微力ながらお手伝いができればと考える。

　筆者は現在、引き続きBNCの解析を統語レベルで本格的に分析しようと悪戦苦闘の最中であり、それらの成果を文法教育にも生かすという第2の大目標と並行して研究を進めている。

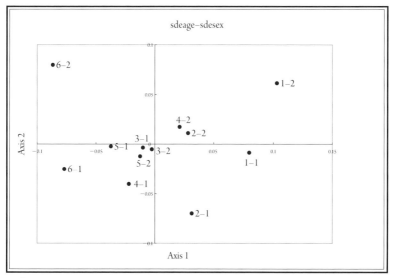

・a–b
a（年齢）1. 0−14   2. 15−24   3. 25−34   4. 35−44   5. 45−59   6. 60＋
b（性別）1. 男性   2. 女性

図1．サブコーパス（年齢×性差）の因子得点の散布図

参考文献

Beard, Adrian (2000) *The Language of Politics*. London: Routledge

古橋聰・高橋薫 (1993)「タグ付きコーパスの句レベルの解析について」『中京大学教養論叢』33 (2): 117–146.

古橋聰・高橋薫 (1994)「英語教師のパソコン活用について―文字データの加工から分析まで―」『中京大学視聴覚センター紀要』23: 24–50.

古橋聰・高橋薫 (1995)「LOB Corpus におけるカテゴリーの特徴について―多変量統計解析法による分析」『中京大学教養論叢』35 (3): 123–142.

Joos, M. (1962) The isolation of styles. *Georgetown University Monograph Series on Languages and Linguistics* 12: 107–113.

長澤唯史・高橋薫 (1995)「Micro-OCP による英語の構文解析―英語小説の文体解析―」『豊田工業高等専門学校紀要 28: 137–142.

Takahashi, Kaoru (1992) Problem Areas in the Tagged LOB Corpus. *Journal of Toyota College of technology* 25: 57–64.

Takahashi, Kaoru (1997) Typology of Registers in a Written English Corpus: Multi-Feature and Multi-Dimensional Analyses. *A thesis submitted to the University of Manchester Institute of Science and*

Technology, MPhil Document.

Takahashi, Kaoru (1999) A Linguistic Interpretation of the Third Powerful Dimension in the LOB Corpus. *English Corpus Studies*, Japan Association for English Corpus Studies 33: 33–50.

Takahashi, Kaoru (2005) A study of Register Variation in the British National Corpus. *Oxford University Press*, Literary and Linguistic Computing 21 (1): 111–126.

Takahashi, Kaoru (2007) Typology of Registers in the British National Corpus: Multi-Feature and Multi-Dimensional Analyses. *Lancaster University, Ph. D Document.*

Takahashi, Kaoru (2010a) A study of sociolinguistic variables in the British National Corpus. *RAM-Verlag, Empirical Text and Culture Research* (4): 119–134.

Takahashi, Kaoru (2010b) English Philology and Corpus Studies. *A festschrift in Honour of Mitsunori Imai to Celebrate His Seventieth Birthday*, pp.243–258. shohakusha.

高橋薫(1999)「コーパスを用いた類型論」『人文学と情報処理』pp.44–50. 勉誠出版.

高橋薫・古橋聰(1993)「タグ付きコーパスの文章解析について」『中部地区英語教育学会紀要』22: 55–60.

高橋薫・古橋聰(1994)「検索処理のおける頻度についての問題」『英語コーパス研究会紀要』1: 3–48.

高橋薫・古橋聰(1995)「文法範疇標示コーパスにおける文体的特徴の推測」『英語コーパス研究会紀要』2: 35–48.

XML 文書としての BNC

園田勝英

1. はじめに

　自分のコンピュータに保存された British National Corpus XML Edition（以下、BNC）をプログラム言語 Python でプログラムを書いて分析する実際の一部を述べて、私のコーパス利用法の紹介としたい[1]。コーパス研究を実践するときにコンピュータ利用技術の習得にどの程度時間を割くかということは、きちんとしたコンピュータ教育を受ける機会のなかった私のような古参の人文系コーパス研究者にとって悩ましい問題である。近年データサイエンスがどの分野でも必須の素養として必要とされてきており、そのためのソフトウェアツールや教育体制の整備が飛躍的に進んでいるので、一般の英語研究者がデータサイエンスの手法を日常的に駆使するようになるのも時間の問題であると思う。しかし、現在の私がやっているのは、Python を中心として整備されつつあるプログラミング環境を利用して行う初歩的なテキスト処理である[2]。コンピュータサイエンスの自然言語処理分野で威力を発揮しているという機械学習にも興味はあるが、今のところ全く無知である。ということで、コンピュー

タの利用技術に興味はあるが、いろいろな制約のために初歩的な範囲でそれを利用している一英語研究者のBNCの利用法の一端を紹介したい。

　コンピューター上の「文書」の汎用の形式は平テキスト (plain text) と呼ばれるものである。一般に Emacs, vim などのエディターと呼ばれる種類のソフトウェアで編集することができる文書を平テキストと言っている。1964 年公開の Brown Corpus 以来、今日に至るまで公開されたコーパスの大部分は平テキストである。平テキストを処理するソフトウェアとしては、UNIX 由来の各種ソフトウェアツールがある。プログラムを自分で書いてコーパスを分析しようとする場合、まずこれらのソフトウェアツールの使い方に慣れて、平テキストの扱いができるようにしなければならない。以下においては、読者が平テキスト処理のごく初歩的なところを知っていることを想定している。また、BNC (2007 年版の DVD あるいは Web からのダウンロード版) が手許にあって、実際に手を動かしながらお読みいただければ、さらに理解しやすいと思う。

　さて、BNC を構成する各ファイルはエディターで開いて編集することができる平テキストである。しかし、その中身を見るとわかるが、`<wtext>...</wtext>` のような HTML 文書にみられるようなタグが豊富に埋め込まれている。BNC は、平テキストであると同時に、XML という文書規格にしたがってタグ付けされた、XML 文書でもある。

　現在、XML 形式はインターネット上でコンピューター同士でやり取りされる文書形式として標準的なものになっている。平テキスト形式が今にいたるまでコンピューターにとって基本的な形式であるのと同じように、XML 形式も今日のコンピューターにとって基本的な形式になっている。その例証として、Google Chrome や Safari などのウェブブラウザーは XML を「話せる」ということに注意しておきたい。これらのウェブブラウザーで、BNC のどれか 1 つのファイルを開いて見ていただきたい。すると (1) に示すように XML 形式にしたがって綺麗に表示してくれる。文書要素の先頭にある三角のマークをクリックすると、その要素を折畳んだり広げて表示してくれる。この他にも、XML 文書を効率良く処理するためのソフトウェアツールが豊富に提供されている。

園田勝英

(1)　　　dck.xml を Google Chrome で開いた場合

```
▼<bncDoc xml:id="DCK">
  ▼<teiHeader>
    ▼<fileDesc>
      ▼<titleStmt>
        ▼<title>
            `A'-level history lecture. Sample containing about 2439 words speech recorded
            in educational context
         </title>
        ▼<respStmt>
            <resp>Data capture and transcription</resp>
            <name>Longman ELT</name>
         </respStmt>
       </titleStmt>
      ▼<editionStmt>
          <edition>BNC XML Edition, December 2006</edition>
        </editionStmt>
        <extent>2439 tokens; 2526 w-units; 189 s-units</extent>
      ▶<publicationStmt>...</publicationStmt>
      ▶<sourceDesc>...</sourceDesc>
     </fileDesc>
    ▶<encodingDesc>...</encodingDesc>
    ▶<profileDesc>...</profileDesc>
    ▶<revisionDesc>...</revisionDesc>
   </teiHeader>
  ▼<stext type="OTHERSP">
   ▼<u who="DCKPS000">
     ▼<s n="1">
         <w c5="ITJ" hw="yeah" pos="INTERJ">Yeah</w>
         <w c5="UNC" hw="erm" pos="UNC">erm</w>
         <pause/>
         <w c5="AT0" hw="the" pos="ART">the</w>
         <w c5="AJ0" hw="other" pos="ADJ">other</w>
         <w c5="UNC" hw="er" pos="UNC">er</w>
         <pause/>
         <w c5="NN1" hw="aspect" pos="SUBST">aspect</w>
         <w c5="PRP" hw="of" pos="PREP">of</w>
         <w c5="DT0" hw="any" pos="ADJ">any</w>
         <w c5="NN1" hw="discussion" pos="SUBST">discussion</w>
         <w c5="PRP" hw="of" pos="PREP">of</w>
         <w c5="NP0" hw="vienna" pos="SUBST">Vienna</w>
         <pause/>
```

　以上、現在の BNC は、平テキストであると同時に XML 文書であることを説明した。ふり返ると 1980 年代に細々とコーパス分析を始めて以来、文字コードの問題と文書の構造化の問題には苦しめられてきた。文字コードは多くの人たちの尽力により Unicode という形で一応の解決をみている。一方、文書構造が切実な問題となったのは、SGML によってマークアップされた BNC World edition が公開された 2000 年であった。その後 2007 年にタグ付けがさらに詳細化された XML 版の BNC が公開されて、プログラムで直接 XML 文書を扱う手法を習得せざるを得なかった。2000 年の SGML 版の BNC は平テキストを扱う手法でなんとか扱うことができたが、2007 年の XML 版 BNC は平テキストの手法では歯がたたなかったからである。

2. *Reference Guide* を読む

　BNC にはその仕様を詳細に解説した Burnard (2007)（以下、*Reference Guide*）が HTML 文書の形で付属している。その 7.1 節で "Why XML?" という表題のもとに、自分でプログラムを書いて分析を行いたい人に向けた指針が簡潔に記されている。

　その冒頭には、単純なコンコーダンス作成や語句の検索以上のことを行いたい場合は、ある程度のプログラミングを行う必要を覚悟しておいたほうがよいと述べられている。続いて、そのときの方式として 3 通りがあるという。1 つは、Perl や grep のような平テキストを処理する標準的な UNIX ツールを用いる方法である。これは前節で述べたように、不可能ではないがあまり実用的ではない。もう 1 つは、最近のプログラム言語であればほとんど全てのものに提供されている XML 文書を扱うための拡張ライブラリーを用いる方法である。例としては、Document Object Model (DOM) や Simple API for XML (SAX) が挙げられている。3 つ目として、XML 文書を他の文書形式に変換するための言語である XSLT が役に立つという。

(2)　　*Reference Guide* の挙げる 3 つの処理方法
　　a.　標準的な UNIX ツールを用いた平テキストとしての処理
　　b.　DOM や SAX などのプログラム言語の拡張ライブラリ
　　c.　XML 文書を他の文書形式に変換するための言語である XSLT

　この 3 つのうち、唯一その具体例が BNC の配布元から提供されているのは、3 番目の XSLT である。BNC には付録として 5 本の XSLT スクリプトが収められている。プログラムを自分で作って BNC を利用しようとする人はもちろん、そうでない場合でも、これらのスクリプトを自分のコンピューター上で動かしてみることをお勧めしたい。それぞれ何をするスクリプトかは、おおよそその名前から想像がつく。

(3)　BNC-XML に付属している 5 つの XSLT スクリプト
- a.　`display.xsl`(結果は HTML)
- b.　`justTheWords.xsl`(結果は平テキスト)
- c.　`oneWordPerLine.xsl`(結果は平テキスト)
- d.　`whoSpeaks.xsl`(結果は HTML、対象は Spoken texts のみ)
- e.　`justTheCodes.xsl`(結果は平テキスト)

　これらの XSLT スクリプトは Mac でも Windows でも動かすことができる。そのためには、Terminal（Mac）あるいはコマンドプロンプト（Windows）において、(4) のコマンドを実行していただきたい。xsltproc の後に、動かしたいスクリプト名、処理対象のファイル名を書き連ねる。なお、(4) ではカレントディレクトリにこれらのファイルがあると想定しているが、そうでない場合はファイル名にディレクトリ指定を加える必要がある。

(4)　`xsltproc display.xsl ABC.xml`

　Reference Guide は、「最低限のプログラミングについての知識」(minimal programming skills) があれば XSLT を使えると言っているが、私の経験では、XSLT でプログラムを書けるようになるまでにはかなりの時間と努力を要する。その理由は、XSLT はプログラム言語としてはかなり特殊な部類に入るため、基本的な仕組みを理解するのに時間がかかることと、よい入門書がないことである。XSLT をよく知っている人が手を取って教えてくれるような恵まれた環境にいればよいが、そうでない場合は苦労するだろう。さらに私の経験では、どうしても XSLT を使わなければならないということはあまり無い。したがって、XSLT のプログラミングに取組むのは後回しにして、次節で紹介するプログラム言語の拡張機能を利用して XML 文書の処理をしてみることをお勧めしたい。それは、*Reference Guide* が勧める 3 つの方法の中の 2 番目のものである。

3. XML 用拡張ライブラリー DOM

　XML 文書は、<a>...</a>のように開始タグで始まり終了タグで終わる「要素」で構成されている。1つの XML 文書は必ず全体として1つの要素である。例えば、BNC を構成する各 XML 文書は、どれも <bncDoc> で始まり、</bncDoc> で終わっているので、全体として bncDoc という要素である。XML 文書では、そのような要素が入れ子型階層構造を成している。例えば、話し言葉ファイルの場合 <bncDoc><teiHeader>...</teiHeader><stext>...</stext></bncDoc> のように、全体が teiHeader（ヘッダー）と stext（テキスト本体）の2つの要素に分かれる。このような要素の入れ子型階層構造は、生成文法における文の句構造標識やコンピューターのファイルシステムでおなじみのものである。例えば、コンピューターのファイルシステムと同じように、XML 文書を樹形図（tree）として捉えることにより、/bncDoc/teiHeader/fileDesc/titleStmt/title のように一番上の要素（ファイルシステムではディレクトリー）から出発して下の要素を順次指定することによって、簡潔に特定の要素を指定することができる。

　プログラム言語 Python には、XML 文書を扱うための拡張機能（ライブラリ）がいろいろ用意されている。その中に、XML ファイルを読み込んで、樹形図として扱うことができるようにするものがある。たとえば、DOM と呼ばれるものを用いると、ウェブ関連技術の標準化を推進する団体である World Wide Web Consortium（W3C）が定めた標準的な方法にしたがって、どのプログラム言語でも同じように XML 文書を樹形図として、検索したり、改変したり、生成することができる。以下の説明では、DOM 類似の Python の拡張機能である lxml を例として用いる。

(5)　　　　from lxml import etree
　　　　　 bnc_doc=etree.parse('KD6.xml')
　　　　　 print(bnc_doc.find('/teiHeader/fileDesc/titleStmt/title').text)
　　　　　 for w in bnc_doc.findall('.//w'):

園田勝英

```
print(w.text)
```

　(5) は lxml を用いた Python のプログラムである。第1行目で、XML 用の拡張機能(lxml の中の etree)を読込んで、プログラム内で使えるようにしている。第2行目では、その拡張機能を利用して BNC の KD6.xml というファイルを読込み、それに bnc_doc という名前をつけて樹形図として利用できるようにしている。

　第3行めは、その樹形図の最上位の要素(/)を起点として、そこから出発して /teiHeader/fileDesc/titleStmt/title で指定される title という要素の中に含まれるテキスト(6)を取出して出力している。最後の2行は、この樹(文書)全体の中に含まれる w 要素(「語」に相当する)をすべて順番に取出して、出力している。

(6)　　19 conversations recorded by 'Martin'(PS0KN)between
　　　　11 and 16 January 1992 with 8 interlocutors,
　　　　totalling 4721 s-units, 39227 words(duration not
　　　　recorded).

　以上の非常に短い紹介からも分かるように、この種の拡張機能を用いると、XML 文書中の目的の要素を直截簡明な表記によって取出して、それを既存のプログラム言語の中で処理することが可能になる。プログラム作成時の誤りも少なくなり、プログラムに要する時間も短くてすむ。主要な興味が語彙や文法項目の用例検索にある場合には、このような拡張機能は大変便利な道具である。

4. プログラムを通して見る BNC の姿

　プログラムを自分で書いてコーパスを分析する方法の長所の1つは、コーパスの中身を自分の目でしっかりと見る機会を与えてくれることである。そのような観点から重要であると思われるいくつかの点を以下に

取りあげる。それらは改めて言うまでもないくらい基本的なことに思われるかもしれないが、プログラムを通してはじめて確かめ実感できることである。

4.1. *sample = text = file*

　BNC は 1990 年代はじめからのものが 9 割以上を占むイギリス英語の「標本」(samples) の集合体である。*Reference Guide* は 1 つ 1 つの標本のことを「テキスト」(text) と呼んでいる。そして、1 つのテキストが、コンピューター上の 1 つの「ファイル」に対応している。それらの「標本＝テキスト＝ファイル (*sample = text = file*)」には、A0B、HD7、KPP などの英数字 3 文字からなる名前 (ID) が付けられている。コンピュータ上のファイルの名前は、この ID に XML 形式であることを示す拡張子 .xml がつけられて、A0B.xml、HD7.xml、KPP.xml などとなっている。

　BNC を自分でプログラムを書いて調べるときに、まずこれらのファイルを 1 つ 1 つ順番にすべて開いていかなければならない。ここで乗越えなければならない障害は、全てのファイルが 1 つのディレクトリーに収められていなくて、texts というディレクトリーの下に階層をなす 175 個のディレクトリーに分散していることである。いろいろな解決方法があるが、その一例を (7) にあげる[3]。

(7)
```
import re, os
bnc_root='BNC-XML/texts'    # 自分のシステムに合わせる
BNC_doc=re.compile(r"^[A-K]..\.xml$")
for path, subdirs, files in os.walk(bnc_root):
    for file in files:
        if re.match(BNC_doc, file):
            [ここに各ファイルに対して行う操作を記述する]
```

　なお、ファイル (*sample = text = file*) は *Reference Guide* によると、4,049 個あると書かれている[4]。これを実際に確かめたければ、(7) のプログラ

4.2. teiHeader とファイルの分類

　上で述べたとおり、BNC を構成するファイルの 1 つ 1 つは、bncDoc という要素であるが、それがヘッダーとテキスト本体の 2 つの部分に別かれている。ヘッダーの部分は `<teiHeader>` によってタグ付けされていて、その中にそのファイル（標本）について公開されている全てのメタ情報が収められている。例えば、そのテキストの話者あるいは執筆者についての情報、印刷されたテキストである場合は書誌などから、そのファイルが何時誰によって作られその後どのような改訂を経てきているかといった履歴情報まで、整然と収められている。したがって、BNC を利用する場合このヘッダーにどのような情報が格納されているかをよく理解したうえで、プログラムで必要な情報を的確に取り出す必要がある。

　さて、*Reference Guide* には次の表が出ていて、4,049 のテキストは、Spoken demographic 以下の 5 つの種類（text type）に分けられている。前節で 1 つ 1 つのファイルを開いて分析を進めていく方法を見たが、その際に開いたファイルがどの種類（text type）に属するのかを知る必要がある。ところが、これが意外に難しい。2000 年に公開された BNC World Edition には各ファイルの種類を示す一覧表が、コーパス本体とは別に付録として付いて来ていたが、現在の BNC にはそのような表はない。また、各ファイルについての各種メタ情報を細大漏らさず収めているファイルのヘッダー部分（teiHeader）にも、種類（text type）が明示的に記載されていないのである。

表1. *Reference Guide* (1.3 Composition)

	texts	w-units	%	s-units	%
Spoken demographic	153	4,322,955	4.30	610,557	10.13
Spoken context-governed	755	6,175,896	6.27	427,523	7.09
Written books and periodicals	2685	79,238,146	80.55	4,395,581	72.94
Written-to-be-spoken	35	1,278,618	1.29	104,665	1.73
Written miscellaneous	421	7,437,168	7.56	487,958	8.09

したがって、今開いたファイルが Spoken demographic なのか、Spoken context-governed なのか、あるいは Written なのかを知るためには、そのファイルの情報、特にヘッダー内の情報から、間接的に判別しなければならない。いくつかの方法が考えられるが、ここでは比較的応用のきく方法を紹介する。それは上の (5) のプログラムの3行目で得られる文字列を利用することである。ヘッダー中の title という要素 (`/teiHeader/fileDesc/titleStmt/title`) には、(8) に示すように英語でそのファイルが要約されている。

(8) a. Written books and periodical の例 (ASA)：

```
<title>How we won the open:the caddies' stories.
Sample containing about 36083 words from a book
(domain: leisure)</title>
```

b. Spoken context-governed の例 (D94)：

```
<title>Harlow Women's Institute committee meeting.
Sample containing about 255 words speech recorded
in public context</title>
```

c. Spoken demographic の例 (KC1)：

```
<title>32 conversations recorded by 'Frank'(PS09E)
between 21 and 28 February 1992 with 9
interlocutors,totalling 3193 s-units, 20607 words,
and 3 hours 22 minutes 23 seconds of recordings.</
```

```
        title>
```

　この title 要素の文字列を調べてみると、どのファイルのものも (9) にある 3 つの正規表現のいずれかにマッチすることがわかる。Written の場合は (9a)、Spoken context-governed の場合は (9b)、Spoken demographic の場合は (9c) の正規表現にマッチする。

(9) a.　Written:
```
/^\s*(.*)\s+Sample\s+containing\s+about\s+(\d+)\
s+words\s+(.*)\s+\(domain:\s+(.*)\)\s*$/x
```
　　b.　Spoken context-governed:
```
/^\s*(.*)\s+Sample\s+containing\s+about\s+(\d+)\
s+words\s+(speech\s+recorded\s+in\s+(.*)\
s+context)\s*$/x
```
　　c.　Spoken demographic:
```
/^\s*(\d+)\s+conversations?\s+recorded\s+by\
s+(.+)\s+(((between|on)\b.*)|(\[dates?\
s+unknown\]))\s+with\s+(\d+)\s+interlocutors?,\
s+totalling\s+(\d+)\s+s-units,\s+(\d+)\s+words(,\
s+and)?\s+(.+)\.\s*$/x
```

　したがって、ファイルのヘッダー中の title 要素の文字列をこれらの正規表現にマッチさせることにより、そのファイルの種類 (text type) が分かる。Written part はさらに 3 つに分かれるが、それについては、紙幅の制約のため省略する。

4.3.　s 要素の分類

　BNC の Written part の場合、テキスト本体を構成する最小の単位要素は、語 (<w>) および句読点等の表記上の補助記号 (<c>) である。これらの連なりを通常「文」と言われるまとまりに区切って、<s>...</s> とい

うタグで括っている。ところが、テキストにはふつう文とは言えない表題、見出し、箇条書きの項目、出典表示などの要素が多数含まれている。これらは文の断片あるいはそれ以下のものであるが、BNC ではこれらにも `<s>...</s>` のタグが付されている。極端な場合として、箇条書きの項目の先頭に付けられる●（黒丸印）も、これだけで s 要素になっている。すなわち、BNC においてテキストを構成する語および補助記号からなる列は、文あるいは文に準ずる単位に分割し尽され、それらは全て s 要素になっている。そして、s 要素の大部分は通常の「文」であるが、到底文とは言えないようなものも相当数含まれている。

　BNC の様々な検索は、この s 要素を単位として行うのが便利であり、また実際そのように行われている。何か語句を検索したときに、その語句を含む s 要素が結果として出力されたりする。そこで問題になるのは、上で述べたように s 要素としては文以外のものも多数混入しているため、検索結果として与えられた s 要素は地の文なのか、見出しなのか、箇条書きの項目なのか、あるいはそれ以外なのかを判別しなければならない。

　一方、BNC においては、元になったテキストの章立てや節立てからパラグラフ区切りなどの文書構造が、XML の道具立てを用いて忠実に記号化されている。例えば、部、章、節、小節などは、`<div>` が用いられ、パラグラフは `<p>` によりマークアップされている。リスト、引用、科白、詩行などにも、専用のタグが準備されている。パラグラフ以外の章などの大きな単位に表題や見出しがある場合は、それらは `<head>...</head>` によりマークアップされている。詳細に説明する余裕がないので、以下の実例を参照していただきたい。

(10) 　　B2C より
```
<wtext type="ACPROSE">
  <pb n="1"/>
  <div level="1" n="1">
    <head>
```

園田勝英

```
    <s n="1">
      <w c5="NN1" hw="introduction"
      pos="SUBST">Introduction</w>
      <w c5="PRP" hw="to" pos="PREP">to</w>
      <w c5="NP0" hw="small" pos="SUBST">Small</w>
      <w c5="NN1" hw="mammal" pos="SUBST">Mammal</w>
      <w c5="NN1-NP0" hw="taphonomy"
      pos="SUBST">Taphonomy</w>
    </s>
</head>
<p>
    <s n="2">
      <w c5="PRP" hw="at" pos="PREP">At</w>
      <w c5="DT0" hw="many" pos="ADJ">many</w>
      <w c5="NN1" hw="fossil" pos="SUBST">fossil</w>
      <w c5="NN2" hw="site" pos="SUBST">sites</w>
      <w c5="EX0" hw="there" pos="PRON">there</w>
      <w c5="VBB" hw="be" pos="VERB">are</w>
      <w c5="AJ0" hw="great" pos="ADJ">great</w>
      <w c5="NN2" hw="accumulation"
      pos="SUBST">accumulations</w>
    v <w c5="PRF" hw="of" pos="PREP">of</w>
      <w c5="AJ0" hw="small" pos="ADJ">small</w>
      <w c5="NN2" hw="mammal" pos="SUBST">mammals</w>
      <c c5="PUN">.</c>
    </s>
```

　与えられた s 要素が、地の文なのか、表題あるいは見出しなのか、あるいはそれ以外のものなのかを判別する問題の解決方法は、以上から自ずとわかる。XML 文書を樹形図と見て、s 要素の上に head があれば、

それは表題・見出しである。s 要素の上にそのようなものがなければ、それは地の文の一部である。実際はこれより複雑であるが、s 要素の分類はこのような方向で解決することができる。これも DOM あるいは類似のプログラム言語の拡張機能を用いれば、比較的容易にプログラム化できる。

4.4. Spoken demographic における付加情報

一般に話し言葉コーパスは、実際の場面での一回限りの言語運用を記録している。つまり、コーパスに記録されている各発話は、何時、何処で、誰によって、どのような場面で発話されたかが定まっている。BNC の話し言葉コーパス部分では、XML のマークアップを用いてこれらの情報が整然と記録されている。特に、Spoken demographic part において、それが見事である。

人口統計学的な (demographic) 基準に基づき、さらに地域的な偏りがないように、124 名の大人 (15 才以上) を選び、それぞれに携帯型カセット録音機の Walkman を渡して、最長 1 週間にわたって自身の発話と対話相手の発話を録音してもらった。これをコーパス化したものが、Spoken demographic part のもとになっている。これとは別に、16 才以下の個人を選出して、全く同じ方式で話し言葉の標本が作成された。これらも Spoken demographic part の中に編入されている。Spoken demographic に属するテキストのヘッダー (teiHeader) に格納された場面情報と話者情報の具体例を (11) に KD6 から引用する。そこに示されているようにヘッダーの 3 箇所に分けて格納されている。(11a) の <recording xml:id="KD6RE000"... と (11b) の <setting xml:id="KD6SE000"... は同一の場面について記述している。ここから分かるように、場面については、時間、参加話者のリスト、場所の地名、場所の種類 (ここでは自宅)、その場面で行われている活動の種類 (ここでは、テレビの視聴と食事) が記載されている。話者については、年齢、職業、社会階層、方言が分かる。また、role="self" は、この人物が録音のための Walkman を携帯していることを示している。ここには出ていないが、他の話者に

ついては、Walkman を持って録音している人物との関係 (例えば、母親、友人、兄弟など) が記載されている。また、それぞれの場面と話者に対してコーパス内で使われる ID が付与されていることにもご注意いただきたい。

(11) a. 場面情報(1)：

```
/bncDoc/teiHeader/fileDesc/sourceDesc/
recordingStmt
<recordingStmt>
<recording xml:id="KD6RE000" n="051201"
date="1992-01-11" time="13:20" type="Walkman"/>
....</recordingStmt>
```

b. 場面情報(2)：/bncDoc/teiHeader/profileDesc/settingDesc

```
<settingDesc>
<setting xml:id="KD6SE000" n="051201"
         who="PS000 PS001 PS0KN PS13K PS13L
         PS13M">
   <placeName>Leicestershire: Leicester</placeName>
   <locale>at home</locale>
   <activity spont="H">watching television and
   eating</activity>
</setting>
...</settingDesc>
```

c. 話者情報：/bncDoc/teiHeader/profileDesc/perticDesc

```
<particDesc n="4">
<person ageGroup="Ag1" xml:id="PS0KN" role="self"
sex="m"
         soc="DE" dialect="XMI">
```

```
            <age>17</age>
            <persName>Martin</persName>
            <occupation>student</occupation>
            <dialect>Midlands</dialect>
        </person>
    ....</particDesc>
```

　Spoken demographic の場合、テキスト本体 (`<stext>...</stext>`) は、場面に分割され、それぞれの下位部分は `<div>...</div>` によって括られる。さらに、場面は、同一の話者による中断のない連続した発話 (utterance) に分割され、`<u>...</u>` によって括られている。ヘッダーに記載されている場面や話者についての情報との対応は、場面の場合 `<div n="051201">` のように番号によって、発話の場合は `<u who="PS0KN">` のように話者の ID によってつけられる。

(12)　　
```
    <stext type="CONVRSN">
        <div n="051201">
          ....
          <u who="PS0KN">
            <s n="124">
              <w c5="ITJ" hw="yes" pos="INTERJ">yes</w>
              <c c5="PUN">.</c>
            </s>
          </u>
          ....
```

　このように、Spoken demographic において任意の発話について、その場面情報と話者情報が特定できるようになっている。ここでもやはり DOM などのプログラム言語の拡張機能を使うと、この種の情報を自由に取出して活用することができる。BNC の Spoken demographic の部分は、

1990年代初めのイギリス英語の話し言葉コーパスとして非常に貴重なものであることがわかる。

5. おわりに

　BNCはもはやコーパスとしての役目を終えて過去のものになりつつあると考える人がいるかもしれない。たしかに、多くの調査にとってBNCの1億語という規模は小さすぎる。また、BNCは20世紀末のイギリス英語の標本であり、今や歴史コーパスと見なすべきかもしれない。しかし、ここで見たようにXMLによるマークアップによってBNCには非常に豊かなメタ情報が格納されている。これを活用して出来る研究が多くやり残されている思われる。ただ、BNCのXML構造は非常に複雑であり、汎用のコーパスツールで取り出すのは難しく、自分でXML構造を確かめながらプログラムを書きつつ取り出す必要がある。一方、英語研究者が今後扱うことになるテキストは大部分がXML形式になることは確実である。BNCを練習台にしてXML文書の扱いに慣れておくことは、今後研究を進めていく際に役立つであろう。

注

1. 本稿は、2012年9月30日に大阪大学豊中キャンパスで開かれた第13回英語コーパス学会において「XML文書としてのBNCの利用法」と題して行われた私の発表に基づいている。あれから随分時間が経ったが、2014年にBNCがインターネット上で無料でダウンロードできるようになったこと以外、BNCそのものについては全く変化がない。その一方で大きく変化したのは、いわゆるデータサイエンスの大流行に歩調を合わせてプログラム言語Pythonの使い勝手が飛躍的に向上したことである。
2. Pythonを用いたテキストデータ分析への入門書は多く出版されているが、Jacqueline Kazil and Katharine Jarmul (2016) は初めてプログラミングを学ぶ人を対象にしている。Pythonプログラミングへの入門を終えている人には、Wes McKinney (2018) がすすめられる。なお、私が初歩的なテキスト処理と考えるものは、正規表現、XML処理、日本語の形態素解析、英語の統語解析を含むものである。

3. ここではプログラムの一部しか示すことができないが、これらを含むプログラムを https://github.com/katsonoda/BNC-XML からダウンロードできるようにしておく。
4. 実際に見ると分かるが、BNC (DVD 版、web 版とも) に収められている G3C.xml は HWX.xml とほぼ同一の内容である。BNC の編集者との私信で確認したことであるが、G3C.xml の本来の中身がいつの間にか HWX.xml の中身に置き換わってしまったためである。そして、G3C.xml の本来の中身は行方不明であるという。したがって、G3C.xml はコーパスから除いた方がよい。したがって、現在のところ texts の実数は 4,048 である。

参考文献

Burnard, Lou. (ed.) (2007) Reference Guide for the British National Corpus (XML Edition).

Kazil, Jacqueline and Katharine Jarmul. (2016) Data Wrangling with Python: Tips and Tools to make your life easier. O'Reilly Media, Inc.(『Python ではじめるデータラングリング—データの入手、準備、分析、プレゼンテーション—』、オライリージャパン)

McKinney, Wes. (2018) Python for data analysis. 2nd ed. O'Reilly Media, Inc.(『Python によるデータ分析入門第 2 版』、オライリージャパン)

『英語コーパス研究シリーズ』
総索引

＊丸囲み数字は巻数を表す。

A

<abbr> ⑦ 189
<abbreviation> ⑦ 189
abscond ③ 132
abundantly clear
　① 133, ④ 32, ④ 38, ④ 27–30
Academic Word List (AWL)
　① 74, ② 24, ② 148, ② 189
account for ③ 123–124
Adolescent Health Email Corpus (AHEC)
　⑦ 12
Advanced Search ① 197
affect ⑦ 85, ⑦ 88, ⑦ 90, ⑦ 93–94
agentive role ④ 202
agree ④ 228
agreement ④ 80
AHDS ③ 63
AIDS ⑦ 12
all ears ③ 32
always ⑥ 130
amalgamate ④ 208
ambiguity tag ⑤ 193
American College Dictionary ③ 54–55
American Dictionary of the English Language
　③ 54, ③ 56
American Heritage Dictionary of the English Language
　③ 57
American Heritage Intermediate Corpus ③ 44
American Heritage School Dictionary ③ 44
American Heritage Word Frequency Book ② 3
American National Corpus (ANC) ① 5
amplification ⑦ 92, ⑦ 93
Ancrene Riwle ⑥ 65, ⑥ 70, ⑥ 88
anime ⑦ 172–174
Anne ⑤ 5
AntConc ① 88, ① 165,
　② 184, ② 186, ④ 24, ④ 38, ⑤ 134, ⑦ 16, ⑦ 153
apologise for ④ 222–224
<app> ⑦ 195, ⑦ 206
apparatus criticus (略 app. crit.) ⑦ 195

appreciation ⑦ 86, ⑦ 91, ⑦ 93, ⑦ 94
ARCHER (Representative Corpus of Historical English Registers)
　① 4, ⑥ 9, ⑥ 10, ⑥ 132, ⑥ 164, ⑥ 175, ⑥ 171–172
are expected to ④ 240
As If clusters ⑤ 10
as in ... ① 117
as it happens ③ 125
as regards ③ 170, ③ 172, ③ 174, ③ 176–178
as regards to ③ 171–176
assimilationism ① 149
attitude ⑦ 85
attributive use ④ 198
audience ④ 82
augmentation ⑦ 92, ⑦ 93, ⑦ 94
authorship ⑤ 68
avoid ⑥ 110–113
aware ③ 9, ③ 10

B

baggage ③ 180
Bailey, Nathan ③ 45, ③ 47
ball ③ 135
ballet ③ 135
Bank of English
　① 1, ① 4, ② 158, ③ 70, ④ 34, ④ 165
BASE (British Academic Spoken English)
　② 144, ② 198
Bauer, Laurie ① 154
BAWE (British Academic Written English)
　② 144, ② 198
B-BROWN-1931 ⑥ 15
be all ears ① 97
Beal, Joan ⑥ 166
become ③ 144–146
begin ③ 23–24
be/have 自動詞完了構造 ⑥ 183
Benson, Larry D.
　⑤ 21, ⑤ 40, ⑤ 46, ⑤ 48, ⑤ 49

245

be 動詞 ⑦ 10
BFSU PowerConc ② 184
Biber et al. ④ 120
bibliographic information ⑦ 203
bigram ② 174
Birmingham Collection of English Texts ① 3
Birmingham 大学 ① 110
Blake, Norman ⑤ 21, ⑤ 40, ⑤ 46, ⑤ 49
BLOB-1901 ⑥ 15
Blount, Thomas ③ 45, ③ 47
BNC (British National Corpus)
　① 1, ① 3, ① 74, ① 216, ② 4, ② 17, ② 144,
　② 158, ③ 16, ③ 94, ③ 253, ④ 25, ④ 27, ④
　28, ④ 30, ④ 31, ④ 32, ④ 34, ④ 38, ④ 39, ④
　116, ④ 222, ⑤ 14, ⑤ 135, ⑤ 187, ⑤ 189, ⑥ 99,
　⑥ 143, ⑦ 58, ⑦ 110
BNC Sampler CG-Institutional ⑤ 165
BNCweb
　① 51, ② 196, ③ 264, ④ 116, ④ 122
BNC XML 版 ① 126, ① 225, ⑤ 216
Body Part clusters ⑤ 10
BoE ③ 253
Book of Tea ⑤ 138, ⑤ 134–137, ⑤ 139–142
BootCaT ② 199
Bottom-up ① 10
BP 分析 ⑦ 65
Brigham Young University → BYU
British Academic Spoken English → BASE
British Academic Written English → BAWE
British English 2006 (BE06) ⑥ 15
British National Corpus → BNC
broad-minded ③ 124, ③ 125
Brown Corpus ① 1, ① 17, ② 2, ② 19, ⑥ 99
Brown Family of Corpora ⑥ 15
Brown, LOB ⑥ 15
Browning, Robert ⑤ 155
budge ④ 5
Burchfield, Robert ③ 51
Burrows, John Frederick ⑤ 60
Bushido ① 164, ⑤ 14, ⑤ 134–142

But ⑦ 9
But me no buts. ④ 37
BYU (Brigham Young University)
　④ 24, ④ 38, ⑥ 209
BYU-BNC ② 190
BYU-Corpora ⑥ 16

C
C/U ③ 115, ③ 111–113
CALD4 ③ 192
CALL (computer assisted language learning)
　① 72, ② 48
Cambridge English Profile Corpus ② 94
Cambridge International Corpus (CIC) ② 64
Cambridge International Dictionary of English
　(CIDE) ② 4
Cambridge Learner Corpus (CLC)
　② 79, ② 158
can (cunnan) ⑥ 59
candy bar phone ① 103
Canterbury Tales ⑤ 21
Carlyle, Thomas ⑤ 154
carry ③ 133
CARS モデル ② 138
Carter, Ronald ⑤ 12
CasualConc ① 165, ② 184, ⑤ 134, ⑤ 138
CATMA ① 210
Cawdrey, Robert ③ 45
CCALD8 ③ 192–193
CEEC (Corpus of Early English Correspondence)
　⑥ 10, ⑥ 169, ⑦ 6
CEFR (Common European Framework of
　Reference for Languages)
　② 12, ② 92, ② 92, ② 100, ② 103
CEFR-J ① 57
Cely Letters ⑥ 71
Century Dictionary and Cyclopedia ③ 54
Century of Prose Corpus (COPC) ⑥ 171
Chambers 20th Century Dictionary ③ 52
CHAPEL ① 202, ① 205

Char-grams	②194	Comprehensive Pronouncing, and Explanatory	
Chart 機能	⑦173	Dictionary of the English Language	③56
CHILDES	①203	compromise	③11–13
childish	③124–125	computer	③136
choose/chuse	⑥177	computer assisted language learning	→ CALL
citation file	③43	concerned	④85
<cl>	⑦206	ConcGram	④5
CLAMBERING	④171	Concise Oxford Dictionary of Current English	③52
Clean Corpus	①11	Concise Oxford English Dictionary	③53
Cleary, Thomas	⑤149–150	concordancer	②182
climb	④170	Confucius	⑤148
CLOB	⑥15	constitutive role	④202
COBUILD Corpus of Spoken English	⑦107	construction	⑦54
COBUILD プロジェクト	③248	Contrastive Interlanguage Analysis (CIA)	②74
COCA (Corpus of Contemporary American English)		conveniently	①104–105, ③18–19
①126, ②144, ②189, ②190, ③252, ④38, ④24, ④222, ⑥16, ⑥210, ⑥218, ⑥225, ⑦16, ⑦159, ⑦166, ⑦173		convergent	②50
		Cook, James	①148
cockney accent	⑤138	corpus discovery	①88, ①89
COCOA 形式	⑥63, ⑥92	Corpus Discovery 2	①90
cognate object construction	④196	Corpus Discovery 5	①91
COHA (Corpus of Historical American English)		Corpus Discovery 7	①92
①126, ①195, ④24, ④38, ④92, ④222, ⑤105, ⑥16, ⑥171, ⑥213, ⑥222		Corpus Early English Correspondence Extension (CEECE)	⑥10
colligation	③139, ⑤8	Corpus Early English Correspondence Supplement (CEECSU)	⑥11
Collins COBUILD English Dictionary (COBUILD)	①3, ②3	corpus evidence	③44
Collins Wordbanks Online	②196	Corpus of American Soap Operas	→ SOAP
collocate	③139	Corpus of Contemporary American English	→ COCA
collocation	④73	Corpus of Early English Correspondence	→ CEEC
collostructional analysis	⑦62	Corpus of Early English Correspondence Sampler (CEECS)	⑥10
come to [into] NP	③205		
Common European Framework of Reference for Languages	→ CEFR	Corpus of Early English Medical Writing (CEEM)	⑥11
Compendious Dictionary of the English Language	③54	Corpus of English Dialogues (CED)	⑥11, ⑥12
complement	⑥104, ⑥122		
completely	③157, ③161–162		
composition	⑦91		

Corpus of English Religious Prose (COERP)
⋯⋯⋯⋯⋯⋯⋯⋯⋯⋯⋯⋯⋯⋯ ⑥ 169
Corpus of Historical American English
⋯⋯⋯⋯⋯⋯⋯⋯⋯⋯⋯⋯⋯ → COHA
Corpus of Irish English (CIE) ⋯⋯⋯ ⑥ 169
Corpus of Late Eighteenth-Century Prose
⋯⋯⋯⋯⋯⋯⋯⋯⋯⋯⋯⋯⋯⋯ ⑥ 171
Corpus of Late Modern British and American English Prose (COLMOBAENG) ⋯ ⑥ 14
Corpus of Late Modern English Prose ⋯ ⑥ 14
Corpus of Late Modern English Texts (CLMETEV) ⋯⋯⋯⋯⋯⋯⋯⋯⋯ ⑥ 170
Corpus of Middle English Prose and Verse
⋯⋯⋯⋯⋯⋯⋯⋯⋯⋯⋯⋯⋯⋯⋯ ⑥ 13
Corpus of Nineteenth-Century English (CONCE) ⋯⋯⋯⋯⋯⋯⋯⋯⋯⋯⋯ ⑥ 171
Corpus of Oz Early English (COOEE) ⋯ ⑥ 170
Corpus of Spoken Professional American-English
⋯⋯⋯⋯⋯⋯⋯⋯⋯⋯⋯⋯⋯⋯ ⑥ 148
Corpus of Written American Regional Dialect
⋯⋯⋯⋯⋯⋯⋯⋯⋯⋯⋯⋯⋯⋯⋯ ⑦ 5
Corpus Pattern Analysis ⋯⋯⋯⋯⋯⋯ ③ 272
Corpus Resource Database (CoRD)
⋯⋯⋯⋯⋯⋯ ⑥ 10, ⑥ 168, ⑥ 170–171
corpus-based ⋯⋯⋯⋯⋯⋯⋯⋯ ① 10, ③ 15
corpus-driven ⋯⋯⋯⋯⋯⋯⋯⋯ ① 11, ③ 15
corpus-informed ⋯⋯⋯⋯⋯⋯⋯⋯⋯ ① 10
corpus-reference ⋯⋯⋯⋯⋯⋯⋯⋯⋯ ① 10
<corr> ⋯⋯⋯⋯⋯⋯⋯⋯⋯⋯⋯⋯⋯ ⑦ 205
Coulthard, Malcolm ⋯⋯⋯⋯⋯⋯⋯ ⑦ 107
counterpart ⋯⋯⋯⋯⋯⋯⋯⋯⋯⋯⋯ ③ 123
cover partially ⋯⋯⋯⋯⋯⋯ ③ 167, ③ 168
CQPWeb ⋯⋯⋯⋯⋯⋯⋯⋯⋯⋯⋯⋯ ① 50
criterial features ⋯⋯⋯⋯ ② 12, ② 12, ② 92
Criterion ⋯⋯⋯⋯⋯⋯⋯⋯⋯⋯⋯⋯ ⑦ 139
Criterion Online Writing Evaluation Service
⋯⋯⋯⋯⋯⋯⋯⋯⋯⋯⋯⋯⋯⋯ ② 171
Critical Discourse Analysis ⋯⋯⋯⋯⋯⋯ ⑦ 7
critique ⋯⋯⋯⋯⋯⋯⋯⋯⋯⋯⋯⋯⋯ ② 174
crowd-sourced content ⋯⋯⋯⋯⋯⋯⋯ ③ 52

CROWN ⋯⋯⋯⋯⋯⋯⋯⋯⋯⋯⋯⋯⋯ ⑥ 15

D
data-driven learning ⋯⋯⋯⋯⋯⋯⋯ → DDL
Davies, Mark ⋯⋯⋯⋯⋯⋯⋯ ② 189, ④ 24
DDL (data-driven learning)
⋯⋯⋯⋯ ① 6, ② 10, ② 43, ② 149, ⑦ 166
De Cock, Sylvie ⋯⋯⋯⋯⋯⋯⋯⋯⋯⋯ ② 91
deadline ⋯⋯⋯⋯⋯⋯⋯⋯⋯⋯ ③ 141–142
"Dedication" ⋯⋯⋯⋯⋯⋯⋯⋯⋯⋯⋯ ⑤ 155
degree ⋯⋯⋯⋯⋯⋯⋯⋯⋯⋯⋯⋯⋯ ① 219
Denison, David ⋯⋯⋯⋯⋯⋯⋯⋯⋯ ⑥ 166
description ⋯⋯⋯⋯⋯⋯⋯⋯⋯⋯⋯ ⑦ 129
Deverson, Tony ⋯⋯⋯⋯⋯⋯⋯⋯⋯ ① 153
dialect variation ⋯⋯⋯⋯⋯⋯⋯⋯⋯⋯ ⑦ 5
Dickens Lexicon Digital
⋯⋯⋯⋯ ① 166, ① 172, ⑤ 13, ⑤ 73, ⑤ 81
Dickens, Charles ⋯ ⑤ 2, ⑤ 7, ⑤ 10, ⑤ 53, ⑤ 13
Dictionarium Britannicum ⋯⋯⋯ ③ 47, ③ 48
Dictionary of Old English (DOE) Corpus
⋯⋯⋯⋯⋯⋯⋯⋯⋯⋯⋯⋯⋯ ① 4, ⑥ 13
Dictionary of the English Language
⋯⋯⋯⋯⋯⋯⋯⋯⋯⋯⋯⋯ ③ 48, ③ 121
die ⋯⋯⋯⋯⋯⋯⋯⋯⋯⋯⋯ ③ 187, ③ 193
different ⋯⋯⋯⋯⋯⋯ ③ 143–144, ⑦ 153–155
digital humanities ⋯⋯⋯⋯⋯⋯⋯⋯⋯ ① 29
digital philology ⋯⋯⋯⋯⋯⋯⋯⋯⋯ ① 29
diminutive -y ⋯⋯⋯⋯⋯⋯⋯⋯⋯⋯ ⑤ 203
discourse community ⋯⋯⋯⋯ ① 85, ① 89
discourse marker ⋯⋯⋯⋯⋯⋯⋯⋯⋯ ③ 166
disparate collocation ⋯⋯⋯⋯⋯⋯⋯⋯ ⑤ 8
dispersion ⋯⋯⋯⋯⋯⋯⋯⋯⋯⋯⋯⋯ ② 27
distal ⋯⋯⋯⋯⋯⋯⋯⋯⋯⋯⋯⋯⋯ ① 179
divergent ⋯⋯⋯⋯⋯⋯⋯⋯⋯⋯⋯⋯ ② 50
Document Frequency (DF) ⋯⋯⋯⋯⋯ ⑤ 58
Document Type Definition (DTD) ⋯ ⑦ 193
domain ⋯⋯⋯⋯⋯⋯⋯⋯⋯⋯⋯⋯ ② 183
door ⋯⋯⋯⋯⋯⋯⋯⋯⋯⋯⋯⋯⋯ ③ 134
doubt ⋯⋯⋯⋯⋯⋯⋯ ⑥ 104, ⑥ 107–109
Dual 用例コーパス ⋯⋯⋯⋯⋯⋯⋯⋯ ③ 242

Dyche, Thomas ③ 47

E

E-language (E 言語)
　　　　　　　　⑦ 34, ⑦ 35, ⑦ 44, ⑦ 46
e-learning ② 151
e-rater ⑦ 139
e-rater engine ② 171
Each of ③ 14
EAP (English for Academic Purpose)
　　　　　　　　② 132, ② 136–141
Early English Books Online ⑥ 13, ⑥ 120
Early Modern English Medical Texts (EMEMT)
　　　　　　　　⑥ 11
Early Modern English Prose Selections ⑥ 102
Eastern European migrant ⑦ 8
Ebbittt, Wilma. R. ③ 57
Eder, Maciej ⑤ 60
<editorialDecl> ⑦ 202
-ed 形 ④ 83
EEBO ⑥ 120
effect ③ 7
effort ③ 4
effortless ③ 4
Eighteenth Century Collections Online ⑥ 13
EL (Ellesmere)
　　⑤ 21, ⑤ 25, ⑤ 28, ⑤ 30, ⑤ 34, ⑤ 37, ⑤ 40,
　　⑤ 45–48
elder ③ 135
elicitation test ⑥ 152
'em ③ 125
EMEPS
　　⑥ 102–104, ⑥ 106–108, ⑥ 110–114, ⑥
　　116–118, ⑥ 120
<encodingDesc> ⑦ 201–202
English for General Purposes (EGP)
　　　　　　　　② 135, ② 141
English for General Science & Technology (EGST) ② 148

English for Occupational Purposes (EOP)
　　　　　　　　② 140
English for Specific Purposes → ESP
English Profile Programme (EPP)
　　　　　　　　② 92, ② 164
entirely ⑦ 155
epistemic use ⑦ 119
equi ⑦ 83
equiprobable ⑦ 80–81
ESP (English for Specific Purposes)
　　① 83, ① 93, ② 131, ② 133, ② 137, ② 140,
　　② 141
ESP/EAP コーパス ② 11, ② 143
ESP/EAP コーパスの間接的利用 ② 148
EU ⑦ 8
EU expansion ⑦ 8
European ⑦ 8
ever ⑥ 130
<ex> ⑦ 195
examples for decoding ③ 122
examples for encoding ③ 126
expert-sourced content ③ 52
explanation ⑦ 129
expletive negation ⑥ 106, ⑥ 117
explicit knowledge ② 48
exploitations ④ 2
eyes ⑤ 108

F

face ⑤ 108
fact ③ 29
fax ① 97, ③ 32
<fileDesc> ⑦ 201
First Complement Shift
　　① 5, ⑥ 15 ⑥ 109, ⑥ 110, ⑥ 104–107, ⑥
　　114–116
fix ③ 134
FLOB (Freiberg-LOB Corpus)
　　　　　　　　⑥ 99, ⑥ 105, ⑥ 115
forbid ⑥ 104–106

forensic linguistics ⑦ 104
formality ① 217, ⑥ 150
formal role ④ 202
formulaic phrases ④ 72
FrameNet ④ 16
free combination ⑤ 88
Freiburg English Dialect Corpus ⑦ 5
frequency ② 182
Frown (Freiberg-Brown Corpus)
　　　　　① 5, ⑥ 15, ⑥ 99, ⑥ 105
frozen ③ 167
f 知識 ⑦ 38

G

game ③ 136
gap ③ 24–25
<gap> ⑦ 195
GDEX ③ 149
general monolingual dictionary ③ 122
General Service List of English Words ② 23
general verb ④ 186, ⑤ 160
Generative Lexicon ④ 201
George & Charles Merriam ③ 56
Global Web-Based English (GloWbE)
　　　　　① 126, ② 189
Glossographia ③ 47
God forbid ⑥ 105–107
gold standard ② 173
Good Dictionary Example s ③ 272
Goodrich, Chauncey A. ③ 56
Gordon, Ian ① 150
Görlach, Manfred ⑥ 166
GoTagger ② 200
grammar ⑦ 34, ⑦ 35
grammatical collocation ③ 139
Granger, Sylviane ② 73
Great Complement Shift ① 197, ⑥ 104
grep ④ 26

H

had rather ④ 175
had sooner ④ 175
Hanks, Patrick ③ 250
Hansard Corpus ⑥ 16
hapax-legomena ④ 49
happen ① 98, ① 99
Harris, Victo ⑤ 148
headword ⑤ 193, ⑤ 216
healthcare communication ⑦ 11
heavy constituent ④ 120
hedge ③ 167
Helsinki Corpus
　　① 4, ⑥ 7, ⑥ 8, ⑥ 9, ⑥ 62, ⑥ 66, ⑥ 78, ⑥
　　20–21, ⑥ 91–92, ⑥ 98–100
Helsinki Corpus of English Texts (HC) ① 23
Helsinki Dialect Corpus ⑦ 5
Hengwrt → HG
Henry Fowler ③ 57
Hepburn, J. C. ③ 60
HG (Hengwrt)
　　⑤ 21, ⑤ 25, ⑤ 28, ⑤ 30, ⑤ 34, ⑤ 37, ⑤ 40,
　　　　　⑤ 45, ⑤ 46, ⑤ 47, ⑤ 48
high ⑦ 166
Hinkel, Eli ② 85
hir eyen / greye as glas ⑤ 38
Historical pragmatics ⑦ 4
Historical Thesaurus ① 191
Historical Thesaurus of the Oxford English Dictionary
　　　　　③ 52
HIV ⑦ 12
hold against ③ 135
Holmes, Janet ① 154
Hong Kong University of Science & Technology
　　(HKUST) Learner Corpus ② 77
honorary institutional membership ① 39
Hoover, David ⑤ 60
Hornby, A. S. ③ 62
HTML ⑦ 188
Hyland, Ken ② 149

I

I know so. ③ 180
I think so. ③ 180
I-language（I 言語）
　　⑦ 34, ⑦ 20, ⑦ 35, ⑦ 44–45
ICAME (International Computer Archive of Modern and Medieval English)
　　① 3, ① 21, ① 23, ② 5, ⑥ 98
ICAME Bibliography ① 23
ICAME News 10 ① 24
ICAME website ① 24
ICAME-I ① 24
ICAME-II ① 24
ICAMET ⑥ 62, ⑥ 65, ⑥ 90, ⑥ 101
ICE-GB コーパス ⑦ 59
ICLE (International Corpus of Learner English)
　　① 6, ② 6, ② 76, ② 101, ② 161
ICNALE (International Corpus Network of Asian Learners of English) ① 7, ② 115, ⑦ 169
iconicity ⑦ 68
Idiom Principle ① 9
Idiomatic and Syntactic English Dictionary ③ 62
If me no ifs. ④ 37
(im)migrant (s) ⑦ 8
(im)migration ⑦ 8
Imperial Dictionary of the English Language
　　③ 54
Impersonal it Subject Passive Construction (IC)
　　④ 116
implicit knowledge ② 48
IMS Corpus Workbench ① 50
in regard to ③ 170, ③ 172, ③ 174–178
in regards to ③ 171, ③ 178, ③ 173–176
inductive learning ② 49
inkhorn controversy ③ 45
Innsbruck Computer Archive of Machine-Readable English Texts ⑥ 13
Innsbruck Corpus of Middle English Prose ⑥ 13
Intelligent Language Tutoring Systems (ILTS)
　　② 172

International Computer Archive of Modern and Medieval English → ICAME
International Corpus Network of Asian Learners of English → ICNALE
International Corpus of Crosslinguistic Interlanguaeg (ICCI) ① 55
Internet Explorer ⑦ 188
interoperability ① 80
introspective data ③ 3
is said to ④ 238
is shown to ④ 239
ISED ③ 97, ③ 104, ③ 110
it happened so ① 99
<italic> ⑦ 189
iWeb (Intelligent Web-based Corpus) ① 125

J

JACET8000 ① 54
JAECS ① 15
JAECS Bibliography ① 29, ① 34
Japanese EFL Learner Corpus
　　→ JEFLL (Japanese EFL Learner) Corpus
JEFLL (Japanese EFL Learner) Corpus
　　① 7, ① 55, ② 113
Jespersen, Otto ⑤ 4
John Swales Conference Corpus (JSCC)
　　② 145
Johnson, Gery ① 154
Johnson, Samuel
　　③ 121, ⑥ 178, ⑥ 179, ⑥ 188
judgement ⑦ 86, ⑦ 88, ⑦ 91, ⑦ 93
Juilland, Alphonse ② 2
Just The Word ② 191

K

keen ③ 122–123
Kennedy, Graeme ① 153
Kersey, John ③ 45
Key domain cloud ⑤ 182
keyness ⑤ 58, ⑤ 162

Keyword Analysis	② 188		① 166, ⑤ 9, ⑤ 152, ⑤ 155, ⑥ 13
Key word In Context	→ KWIC	LMEC 1	⑥ 167
kf Ngram	② 196	LMEC 2	⑥ 167
KH Coder	② 203	LMEC 3	⑥ 167
Kilgarriff, Adam	③ 254	LMEC 4	⑥ 167
Kingsford	⑦ 187	LMEC 5	⑥ 167
know	③ 8–9	LMEC 6	⑥ 167
know (-cnawan)	⑥ 59	loan translation	⑤ 141
kohanga reo	① 151	LOB Corpus (Lancaster-Oslo-Bergen Corpus of British English)	
Korte, Barbara	⑤ 11		① 3, ① 20, ① 37, ① 214, ② 3, ⑥ 99
KWIC (Key word In Context)		local grammar	④ 15
	② 185, ③ 6, ③ 258, ④ 26, ⑦ 151	location	⑦ 202
KWIC 形式	① 75	log-likelihood statistic	⑤ 165
KWIC コンコーダンス	① 7	logDice	③ 256
		London-Lund Corpus of Spoken English (LLC)	
L			① 2
Labels	⑤ 10	Long, Michael	② 141
Lampeter Corpus of Early Modern English Tracts (LC)	⑥ 12	*Longman Dictionary of Contemporary English* (LDOCE)	② 3
Lancaster-Oslo-Bergen Corpus of British English	→ LOB Corpus	Longman Grammar Corpus	② 86
language	⑦ 34–35	Longman Learners' Corpus (LLC)	② 78
large	⑦ 166	Longman Spoken and Written English Corpus	
Larry King Live	⑥ 149		① 10
Late Modern English Medical Texts (LMEMT)		Louvain Corpus of Native English Conversation (LOCNEC)	② 81
	⑥ 11, ⑥ 169	Louvain Corpus of Native English Essays (LOCNESS)	② 77
LCDT	③ 195	Louvain International Database of Spoken English	
LDOCE6	③ 192, ③ 193, ③ 195	Interlanguage (LINDSEI)	② 80, ② 161
Leech, Geoffrey	① 37, ② 3	love	⑤ 7
Lees, Robert B.	④ 116	luggage	③ 180
lem	⑦ 196	lxml	① 230
lemmatization	② 184	Lysvåg, Per	④ 118
lexical bundle	② 187, ③ 8, ④ 72	Lytton, Edward	⑤ 155
lexical collocation	③ 139	-ly 副詞	③ 74
lexical priming	① 47, ② 7		
Linguistic Atlan of Early Middly English	⑦ 6		
Linguistic Atlas of Older Scots	⑦ 6		
Linguistic Data Consortium	④ 30		
Linux マシン	① 126		
Literature Online			

M

Macalister, John ①154
machine-readable form ⑥98
Macmillan English Dictionary ③257
magician ③135
make ①97, ③32, ④37
make one's way ④191
「Many's the NP」構造 ⑤90
Māori Language Act ①149
markup ⑦59, ⑦188
Mayflower English ⑥137
MED21 ③192
Merriam-Webster Unabridged ③57, ③58
met / ⑤29
met⑦ # ⑤29
metadata ⑦186
metafunction ⑦79
metalanguage ⑦189
metaphorical（比喩的）collocation ⑤8
method ⑦202
MI ③9–10, ⑦32
MI-score
　①113–114, ①119, ①120, ③189, ③250,
　③263, ④32
MI3 ③263
MICASE (Michigan Corpus of Academic Spoken English) ②145, ②160, ②197, ⑥148
MICUSP (Michigan Corpus of Upper-Level Student Paper) ②145, ②197
Middle English Medical Texts (MEMT) ⑥11
midtail ⑤22
MMAX2 ②203
Mobile-Assisted Language Learning (MALL) ①72
mode ③136
modified idiomatic collocation ⑤9
monitor corpus ①102
MonoConc ①51, ②184
Move ②138
MT 語 ⑤26
MT 語の 5 つのカテゴリー ⑤27
multi-dimensional analysis ⑦11
Multi-Word Expression (MWE) ②149
multi-word unit (MWU) ②187
Murray, James A. H. ③50
must ⑤176
myself ③3, ③135

N

n ⑦195
N after N のパターン ①129
n-gram
　①166, ②91, ②149, ②187, ②194, ③8, ⑤9, ⑦157
Nagoya Interlanguage Corpus of English (NICE) ②110
namespace ⑦200
National Institute of Information and Communications Technology (NICT) Japanese Learners of English (JLE) Corpus ②165
need ③22, ③23
Network of Early Eighteenth-Century English Texts (NEET) ⑥171
never ⑥130
new ③134
New General English Dictionary ③47
New Method English Dictionary ③62
New Oxford English Dictionary ③53
New Pocket Oxford Dictionary ③53
New York Times ⑤1
New Zealandisms ①160
Nexis ⑦114
nice ①190
NICT JLE Corpus ①55, ②118, ⑦132
Noah Porter ③56
Nobel Symposium on Corpus Linguistics ①16
node ③139
nonsense ③135
normative corpus ②161

norms	④ 2
North American News Text Corpus	④ 30
North American News Text Supplement	④ 30
nose	⑦ 166–169
\<notesStmt\>	⑦ 202
Noun Phrase Accessibility Hierarchy (NPAH)	② 166
nouniness	① 140

O

OALD9	③ 192, ③ 194
obsolete	① 190
occult	③ 134
occupation	③ 135
occupy	③ 135
occur	① 119
OCHA	① 88, ① 93
O ＋ do	③ 99, ③ 100, ③ 101, ③ 102
O ＋ doing	③ 99, ③ 100, ③ 101, ③ 102
OED Online	① 193, ⑤ 143
OED (*Oxford English Dictionary*)	① 87, ① 189, ③ 49, ③ 53, ③ 121, ⑤ 154, ⑥ 13, ⑥ 14, ⑥ 97, ⑥ 104, ⑥ 106, ⑥ 108, ⑥ 111, ⑥ 113, ⑥ 114, ⑥ 116, ⑥ 117
OLT	③ 194, ③ 195
on 日付と φ 日付の単純型と複雑型での生起件数	④ 110
on 日付の文中での分布	④ 98
on 曜日の文中での分布	④ 103
one's way 構文	① 130, ④ 36–38
OneLook Dictionary Search	① 186
Open American National Corpus (OANC)	① 5
Orsman, Harry	① 152
Othello	⑤ 155
Others clusters	⑤ 10
overuse	② 11
overuse (過剰使用)	⑤ 58
Oxford Advanced Learner's Dictionary (OALD)	② 4
Oxford English Dictionary	→ OED
oxymoronic collocation	⑤ 8

P

\<p\>	⑦ 195, ⑦ 206
Page, Norman	⑤ 145
PAIL	① 87, ① 88, ① 93
Palmer	③ 110
Palmer, Harold	③ 62
ParaConc	① 51
Parallèle, Oral, en Langue Etrangère	→ PAROLE
Pardon, William	③ 47
parodied collocation	⑤ 9
PAROLE (Parallèle, Oral, en Langue Etrangère) corpus	② 163
Parsed Corpus of Early English Correspondence (PCEEC)	⑥ 11
partially	③ 154
partially ... partially	③ 157, ③ 160, ③ 168
partially because	③ 165
partly	③ 154
partly ... partly	③ 157, ③ 160, ③ 168
partly because	③ 165
partly because (of)	③ 169
partly cloudy	③ 169
Paston Letters	⑥ 71, ⑥ 74, ⑥ 81, ⑥ 83
Pattern Dictionary of English Verbs	③ 272
Pattern Grammar	① 11, ④ 7
\<pc\>	⑦ 195
pedagogical bilingual dictionary	③ 121
pedagogical monolingual dictionary	③ 122
pékyng /	⑤ 28
Penn Parsed Corpora of Historical English	⑥ 173
Penn Parsed Corpus of Modern British English (PPCMBE)	⑥ 164, ⑥ 172, ⑥ 175, ⑥ 192
Penn-Helsinki Parsed Corpus of Early Middle English (PPCEME)	⑥ 8, ⑥ 9
Penn-Helsinki Parsed Corpus of Early Modern	

Penn-Helsinki Parsed Corpus of Early Modern
　　English ⋯⋯⋯⋯⋯⋯⋯⋯⋯⋯⋯⋯⋯⋯⋯⋯⋯ ⑥ 53
Penn-Helsinki Parsed Corpus of Middle English,
　　2nd edition (PPCME2) ⋯⋯⋯⋯⋯⋯⋯ ⑥ 8, ⑥ 9
Penn-Helsinki Parsed Corpus of Middle English,
　　Second edition ⋯⋯⋯⋯⋯⋯⋯⋯⋯⋯⋯⋯⋯ ⑥ 34
Penn-Helsinki Parsed Corpus of Modern British
　　English (PPCMBE) ⋯⋯⋯⋯⋯⋯⋯⋯⋯⋯⋯ ⑥ 170
Perl ⋯⋯⋯⋯⋯⋯⋯⋯⋯⋯⋯⋯⋯⋯⋯⋯⋯⋯⋯⋯⋯ ④ 39
Perl のスクリプト ⋯⋯⋯⋯⋯⋯⋯⋯⋯⋯⋯⋯⋯ ① 127
Perry, William ⋯⋯⋯⋯⋯⋯⋯⋯⋯⋯⋯⋯⋯⋯⋯ ③ 185
phase structure ⋯⋯⋯⋯⋯⋯⋯⋯⋯⋯⋯⋯⋯⋯⋯ ④ 119
<phr> ⋯⋯⋯⋯⋯⋯⋯⋯⋯⋯⋯⋯⋯⋯⋯⋯⋯⋯⋯⋯ ⑦ 206
Phrase-frames ⋯⋯⋯⋯⋯⋯⋯⋯⋯⋯⋯⋯⋯⋯⋯⋯ ② 195
phraseological units ⋯⋯⋯⋯⋯⋯⋯⋯⋯⋯⋯⋯⋯ ④ 71
Phraseology ⋯⋯⋯⋯⋯⋯⋯⋯⋯⋯⋯⋯⋯⋯⋯⋯⋯ ① 11
Phrases in English ⋯⋯⋯⋯⋯⋯⋯⋯⋯⋯⋯⋯⋯⋯ ② 194
Piozzi, Hester Lynch ⋯⋯⋯⋯⋯⋯⋯⋯⋯⋯⋯⋯⋯ ③ 185
Pocket Oxford Dictionary of Current English
　　⋯⋯⋯⋯⋯⋯⋯⋯⋯⋯⋯⋯⋯⋯⋯⋯⋯⋯⋯⋯⋯ ③ 52
Pocket Oxford English Dictionary ⋯⋯⋯⋯⋯⋯⋯ ③ 53
POLARITY ⋯⋯⋯⋯⋯⋯⋯⋯⋯⋯⋯⋯⋯⋯⋯⋯⋯ ⑦ 80
political discourse ⋯⋯⋯⋯⋯⋯⋯⋯⋯⋯⋯⋯⋯⋯ ⑦ 10
pollution ⋯⋯⋯⋯⋯⋯⋯⋯⋯⋯⋯⋯⋯⋯⋯⋯⋯⋯ ③ 140
poor7 ⋯⋯⋯⋯⋯⋯⋯⋯⋯⋯⋯⋯⋯⋯⋯⋯⋯⋯⋯⋯ ⑤ 25
POS tagger ⋯⋯⋯⋯⋯⋯⋯⋯⋯⋯⋯⋯⋯⋯⋯⋯⋯ ② 200
PoS-grams ⋯⋯⋯⋯⋯⋯⋯⋯⋯⋯⋯⋯⋯⋯⋯⋯⋯ ② 194
post-lexicography ⋯⋯⋯⋯⋯⋯⋯⋯⋯⋯⋯⋯⋯⋯ ③ 218
practice ⋯⋯⋯⋯⋯⋯⋯⋯⋯⋯⋯⋯⋯⋯⋯ ③ 122–123
pre-electronic corpora ⋯⋯⋯⋯⋯⋯⋯⋯ ⑥ 2, ⑥ 18
pre-lexicography ⋯⋯⋯⋯⋯⋯⋯⋯⋯⋯⋯⋯⋯⋯ ③ 218
prediction ⋯⋯⋯⋯⋯⋯⋯⋯⋯⋯⋯⋯⋯⋯⋯⋯⋯ ⑦ 129
preference condition ⋯⋯⋯⋯⋯⋯⋯⋯⋯⋯⋯⋯⋯ ④ 172
preference rule ⋯⋯⋯⋯⋯⋯⋯⋯⋯⋯⋯⋯⋯⋯⋯ ④ 172
preference rule system ⋯⋯⋯⋯⋯⋯⋯⋯⋯⋯⋯ ④ 172
present relevance ⋯⋯⋯⋯⋯⋯⋯⋯⋯⋯⋯⋯⋯⋯ ⑥ 129
press ⋯⋯⋯⋯⋯⋯⋯⋯⋯⋯⋯⋯⋯⋯⋯⋯⋯⋯⋯⋯⋯ ③ 21
prikyng7 # ⋯⋯⋯⋯⋯⋯⋯⋯⋯⋯⋯⋯⋯⋯⋯⋯⋯⋯ ⑤ 28
Prince and the Pauper ⋯⋯⋯⋯⋯⋯⋯⋯ ⑤ 13, ⑤ 103

Professional English Research Consortium Corpus
　　(PERC) ⋯⋯⋯⋯⋯⋯⋯⋯⋯⋯⋯⋯⋯ ① 55, ② 145
prohibit ⋯⋯⋯⋯⋯⋯⋯⋯⋯⋯⋯⋯ ⑥ 118, ⑥ 113–116
Project Gutenberg
　　⋯⋯⋯⋯⋯⋯⋯⋯⋯ ① 126, ⑤ 104, ⑤ 134, ⑥ 132
prone ⋯⋯⋯⋯⋯⋯⋯⋯⋯⋯⋯⋯⋯⋯⋯⋯⋯⋯⋯⋯ ① 188
propose ⋯⋯⋯⋯⋯⋯⋯⋯⋯⋯⋯⋯⋯⋯⋯⋯ ③ 137–139
proximal ⋯⋯⋯⋯⋯⋯⋯⋯⋯⋯⋯⋯⋯⋯⋯⋯⋯⋯ ① 179
<publicationStmt> ⋯⋯⋯⋯⋯⋯⋯⋯⋯⋯⋯⋯⋯⋯ ⑦ 202
publick/public ⋯⋯⋯⋯⋯⋯⋯⋯⋯⋯⋯⋯⋯⋯⋯ ⑥ 179
put ⋯⋯⋯⋯⋯⋯⋯⋯⋯⋯⋯⋯⋯⋯⋯⋯⋯⋯⋯⋯⋯⋯ ③ 31
Pynkhurst, Adam ⋯⋯⋯⋯⋯⋯⋯⋯⋯⋯⋯⋯⋯⋯⋯ ⑤ 22
Python ⋯⋯⋯⋯⋯⋯⋯⋯⋯⋯⋯⋯⋯⋯⋯ ① 225, ⑤ 193
Python 3 ⋯⋯⋯⋯⋯⋯⋯⋯⋯⋯⋯⋯⋯⋯⋯⋯⋯⋯ ⑤ 216

　　　　　Q

qualia structure ⋯⋯⋯⋯⋯⋯⋯⋯⋯⋯⋯⋯⋯⋯⋯ ④ 201
Quick Search ⋯⋯⋯⋯⋯⋯⋯⋯⋯⋯⋯⋯ ① 193, ① 197
quiet ⋯⋯⋯⋯⋯⋯⋯⋯⋯⋯⋯⋯ ① 112, ③ 203, ③ 204

　　　　　R

R ⋯⋯⋯⋯⋯⋯⋯⋯⋯⋯⋯⋯⋯⋯⋯⋯⋯⋯ ② 204, ⑤ 196
Raised Subject Passive Construction (RC)
　　⋯⋯⋯⋯⋯⋯⋯⋯⋯⋯⋯⋯⋯⋯⋯⋯⋯⋯⋯⋯⋯ ④ 116
Randolph Quirk ⋯⋯⋯⋯⋯⋯⋯⋯⋯⋯⋯⋯⋯⋯⋯ ① 27
Random Forests ⋯⋯⋯⋯⋯⋯⋯⋯⋯⋯⋯⋯⋯⋯⋯ ⑤ 60
Random House Dictionary of the English Language
　　⋯⋯⋯⋯⋯⋯⋯⋯⋯⋯⋯⋯⋯⋯⋯⋯⋯⋯⋯⋯⋯ ③ 55
rankshifting ⋯⋯⋯⋯⋯⋯⋯⋯⋯⋯⋯⋯⋯⋯⋯⋯⋯ ① 142
<rdg> ⋯⋯⋯⋯⋯⋯⋯⋯⋯⋯⋯⋯⋯⋯⋯⋯⋯⋯⋯⋯ ⑦ 195
reaction ⋯⋯⋯⋯⋯⋯⋯⋯⋯⋯⋯⋯ ⑦ 91, ⑦ 93, ⑦ 94
real English ⋯⋯⋯⋯⋯⋯⋯⋯⋯⋯⋯⋯⋯⋯ ③ 127–128
really ⋯⋯⋯⋯⋯⋯⋯⋯⋯⋯⋯⋯⋯⋯⋯⋯⋯⋯⋯⋯⋯ ④ 6
refuse ⋯⋯⋯⋯⋯⋯⋯⋯⋯⋯⋯⋯⋯⋯⋯⋯⋯⋯⋯⋯ ⑥ 123
regard ⋯⋯⋯⋯⋯⋯⋯⋯⋯⋯⋯⋯⋯⋯⋯⋯⋯⋯⋯⋯ ③ 170
register ⋯⋯⋯⋯⋯⋯⋯⋯⋯⋯⋯⋯⋯⋯⋯⋯⋯⋯⋯ ① 217
regular expression ⋯⋯⋯⋯⋯⋯⋯⋯⋯⋯⋯⋯⋯⋯ ② 186
Relational Database Management System
　　(RDBMS) ⋯⋯⋯⋯⋯⋯⋯⋯⋯⋯⋯⋯⋯⋯⋯ ① 205
relexicalized collocation ⋯⋯⋯⋯⋯⋯⋯⋯⋯⋯⋯⋯ ⑤ 9

Representative Corpus of Historical English Registers ································· → ARCHER
representativeness ························· ① 127, ⑥ 172
Research Unit for the Study of Variation, Contacts and Change in English (VARIENG) ⑥ 168
Research Unit for the Study of Variation, Contacts and Change (VARIENG) ············ ⑥ 10
resp ··· ⑦ 205
respected ·· ④ 85
<respStmt> ··· ⑦ 202
restricted collocation ·· ⑤ 88
reveal ··· ① 122
<revisionDesc> ·· ⑦ 202
Robust Accurate Statistical Parser (RASP) ······ ② 79
Roget, Peter M. ··· ③ 186
Rohdenburg, Günter ·· ④ 95
Rolle, Richard ··· ⑥ 71
root use ··· ⑦ 119
rotational shift ·· ① 150
Rybicki, Jan ··· ⑤ 60

S
<s> ·· ⑦ 206
Santa Barbara Corpus of Spoken American English ··· ⑥ 148
Sartor Resartus ··· ⑤ 154
SBSC ·· ⑦ 59, ⑦ 70
School Journal ·· ① 155
seat ·· ③ 136, ③ 137
Second Complement Shift ····································· ⑥ 104, ⑥ 105, ⑥ 110, ⑥ 111, ⑥ 113, ⑥ 114, ⑥ 115, ⑥ 116, ⑥ 117
semantic prosody ······································· ① 9, ③ 25, ⑦ 116
semantic prosody (意味的韻律) ····················· ① 188
semi-bilingual (or bilingualized) dictionary ··· ③ 60
sentence boundary ··· ① 201
SGML ··· ① 227
Shakespeare, William ··· ⑤ 155
shall ··· ⑦ 120

share ··· ③ 136
Shogakukan Corpus Network ····························· ② 197
show/shew ··· ⑥ 177
sic ··· ⑦ 186
sidewalk ··· ③ 16
Sidney Greenbaum ·· ① 27
silent ··· ① 112, ③ 203, ③ 204
Simpson, John ··· ③ 51
Sinclair, John ······································· ② 3, ② 151, ④ 118
single tag ·· ⑤ 193
sit through ··································· ① 105, ① 106, ③ 124
Sketch Engine ② 202, ③ 78, ③ 207, ③ 266, ④ 226, ⑦ 16, ⑦ 162, ⑦ 166
Sketch-Diff ··· ③ 269
skew ······································· ⑦ 80, ⑦ 81, ⑦ 83
Sledd, James H. ··· ③ 57
SOAP (Corpus of American Soap Operas) ··· ⑥ 16, ⑥ 220, ⑥ 226
social valuation ······································· ⑦ 86, ⑦ 88
sorry ··· ③ 22–23
<sourceDesc> ·· ⑦ 202
Speech clusters ·· ⑤ 10
speech-based genre ··· ⑥ 132
spoken component ·· ⑥ 143
Standard Speaking Test (SST) ····························· ② 165
Standard Vocabulary List 12000 ························· ① 54
starting φ 日付 ··· ④ 111
Step ··· ② 138
Stonor Letters ·· ⑦ 187
strategy ·· ⑥ 153
strenuously ··· ③ 33
Strevens, Peter ··· ② 133
style label ····································· ⑤ 202, ⑤ 208
supposed ··· ④ 124
surrogates ··· ⑦ 182
Survey of English Usage (SEU) ············· ① 2, ① 20
Swales, John ·· ② 131
Switchboard Corpus ··· ⑥ 148
symbolic view ·· ⑦ 54

T

s 要素	① 236
t, g, k, f, r, c の順	⑤ 47
T/V システム	① 179
Table Alphabeticall	③ 45
talk the talk	④ 186
tall	⑦ 166
Tasman, Abel	① 148
Teaching and Language Corpora (TALC)	① 50, ② 5
TEI (Text Encoding Initiative)	⑦ 199
<teiHeader>	⑦ 201
telic role	④ 202
Test of English as a Foreign Language	→ TOEFL
terror	⑤ 167
<text>	⑦ 194
Text Encoding Initiative	→ TEI
text type	① 233, ① 235
the State of the Union addres	⑤ 160
then	⑦ 107
Thesaurus (Sketch Engine)	③ 207, ③ 212
think	③ 188
Thoreau, Henry David	⑤ 134
Thorndik, Edward Lee	② 17
Those of us	③ 27
those of us who	③ 26
Thynne, Thomas	⑤ 45
Tieken-Boon van Ostade, Ingrid	⑥ 166
TIFF	⑦ 183
Time and Place clusters	⑤ 10
TIME Magazine Corpus of American English	④ 24
Time Magazine Corpus (TIME)	② 190, ⑥ 16, ⑥ 216, ⑥ 225
<titleStmt>	⑦ 202
TOEFL (Test of English as a Foreign Language)	② 158
TOEFL 2000 Spoken and Written Academic Language Corpus (T2K-SWAL)	② 158
token definition	② 183
token 数	⑤ 216
Top-down	① 10
totally	⑦ 155
touch	③ 136
Touchstone	② 64
tough 構文	④ 16
transferred epithet	④ 195
transferred collocation	⑤ 8
Translation	⑦ 6
Treaty of Waitangi	① 148
TreeTagger	② 201
true feelings	① 103–104
Trusler, John	③ 185
try	⑦ 163–165
t-score	① 112, ① 115, ① 116, ③ 9, ③ 10, ③ 189, ③ 263, ⑦ 32
Twain, Mark	⑤ 13, ⑤ 103

U

U/Non-U	③ 49
UAM Corpus Tool	② 202, ⑦ 95, ⑦ 99
ukWaC	④ 222
unconventional collocation	⑤ 8
underuse	② 11
Universal Etymological English Dictionary	③ 47
UNIX	④ 39
UNIX ツール	① 228
unscripted conversational English	⑥ 143
until partially	③ 167
until partially (frozen)	③ 169
UPWARD	④ 171
USAS	⑤ 163
user-friendly	③ 99, ③ 114
utterly	⑦ 155

V

valuation	⑦ 91
variability	⑥ 149
\<variantEncoding>	⑦ 202
Verse Texts of the MSs	⑤ 23, ⑤ 40
Versioning Machine	⑦ 200
Vine, Bernadette	① 154
visibly	③ 30
V 隣接	④ 95
V 隣接環境での出現比率	④ 99
V 隣接環境に現れる「頻出動詞」	④ 99

W

\<w>	⑦ 195
w-unit	⑤ 190
w-unit 数	⑤ 216
WaC	⑦ 162
Waitangi Tribunal	① 149
Walden	⑤ 134–142
walk the walk	④ 186
way	③ 29–30
Way 構文	④ 208
Webster's New International Dictionary of the English Language, Unabridged	③ 56
Weiner, Edmund	③ 51
Wellington Corpus of Spoken New Zealand English (WSC)	① 154
Wellington Corpus of Written New Zealand English (WWC)	① 154
wend	④ 37–38
West, M. P.	③ 62
West, Michael	② 17
which	④ 34, ④ 38
wholly	③ 157, ③ 161–162
wicked	③ 16–18
wit	⑦ 195
wit (witan)	⑥ 59
with	③ 175, ③ 178
with regard to	③ 170, ③ 172, ③ 174, ③ 176–178
with regards to	③ 171, ③ 173, ③ 174, ③ 176
Wmatrix	② 200, ⑤ 14, ⑤ 160
wolt	⑤ 38
Worcester, J. E.	③ 56
Word	⑦ 188
word cloud	② 192
word family	② 25, ② 26, ② 28
word grammar	③ 140
Word Sketch	③ 11, ③ 12, ③ 256, ⑦ 162, ⑦ 164
Word sketch differences	③ 207
Wordbanks *Online*	④ 165, ④ 222
wordclass	⑤ 189, ⑤ 193, ⑤ 216
Wordcloud	⑦ 158
WordNet	③ 208, ③ 210, ③ 211
WordSmith	⑥ 67, ⑥ 77, ⑥ 93, ⑦ 16, ⑦ 158
WordSmith Tools	② 183
would rather	④ 175
would sooner	④ 175
writen / a crowned. A.	⑤ 38
written genre	⑥ 132

X

XML (Extensible Markup Language)	① 226, ② 203, ③ 233, ⑤ 193, ⑦ 188
XML Schema	⑦ 193
XML 文書	① 230
XSLT (Extensible Stylesheet Language Transformations)	① 228, ⑦ 190

Y

y- 接頭辞	⑤ 23, ⑤ 40, ⑤ 45, ⑤ 46
Yamazaki, Shunji	① 150
YCOE	⑥ 48
ygraunted	⑤ 45
York-Toronto-Helsinki Parsed Corpus of Old English Prose	⑥ 34
You was	⑥ 182
you/thou	① 178
ytaken	⑤ 45

Z

Zurich English Newspaper Corpus (ZEN) ⑥ 12, ⑥ 170
Z スコア ③ 263

あ

曖昧性 ⑤ 48
アイロニカル ⑤ 37, ⑤ 40
アソシエーション分析 ⑦ 133
アノテーション ① 204, ② 202
アプレイザル理論 ⑦ 14, ⑦ 84–85
アメリカ英語 ⑤ 105
アメリカ合衆国憲法 ⑦ 118
アメリカ口語英語 ⑥ 131
アメリカ人作家 ⑤ 108
誤りタグ ⑦ 132
アンカーコズミカ ③ 197, ③ 199
『諳厄利亜興学小筌』 ③ 58
『諳厄利亜語林大成』 ③ 58
アンサンブル学習 ⑦ 140
暗示的知識 ② 48

い

イギリス口語英語 ⑥ 131
異形態 ⑥ 37
意志的な意味 ⑤ 39
位相 ③ 76
位相構造 ④ 119
イタリック体 ⑦ 187
市河三喜 ⑤ 17, ⑤ 133–134
一言語辞書 ③ 83
1 対 2 対応 ⑤ 35
異綴り ⑥ 17, ⑥ 177
一般英英辞書 ③ 122
一般教書演説 ⑤ 160
一般動詞 ① 98
一般名詞 ① 98
イディオム ④ 186, ⑤ 87, ⑥ 61, ⑥ 88, ⑥ 91
イディオム化 ⑤ 86, ⑥ 66, ⑥ 76, ⑥ 91, ⑥ 138, ⑥ 153
イディオム用法 ⑥ 72
異同 ⑤ 45, ⑤ 48
犬笛的修辞法 ⑦ 84, ⑦ 87

意味 ③ 68
意味カテゴリー ⑤ 178
意味から形式へ ① 138
意味情報 ⑦ 26, ⑦ 27
意味的韻律 ⑦ 116
意味的プロソディ ③ 25, ③ 78, ④ 4
意味ユニット ② 151
意味領域 ⑤ 122
イメージ・スキーマ ⑦ 55
医療コミュニケーション ⑦ 11
インク壺論争 ③ 45
印刷版辞書 ③ 218
引用ファイル ③ 43, ③ 56, ③ 57
韻律上 ⑤ 46

う

ヴァーギュル
 ⑤ 27, ⑤ 28, ⑤ 30, ⑤ 31, ⑤ 32, ⑤ 34, ⑤ 37, ⑤ 48
ヴァーギュル対応パタン ⑤ 34
ヴァーギュルの機能 ⑤ 37
ヴァーギュルのパタン ⑤ 31
ウィズダム 3 ③ 197, ③ 200, ③ 203
ウィルコクソンの順位和検定 ⑤ 196
有標性 ⑦ 113
上に向かって ④ 171
ウェブコーパス ⑦ 128
ウェブブラウザー ① 226
ウェリントンコーパス ① 147
ウェルチの t 検定 ⑤ 196
迂言的最上級 ⑤ 212
内村鑑三 ⑤ 133
美しい国へ ⑤ 173
埋め込み要素 ① 141

え

英英和辞典 ③ 60
映画 ⑥ 148
映画英語教育学会 ⑥ 149
英語化 ⑤ 45

英語学習語彙表 ②22
英語教授 ②9
英国人の英語 ①147
英語コーパス学会 ①5, ①15, ⑤15, ⑤16
英語コーパス研究会 ①5, ①15
英語辞書計画書 ③48
英語能力テスト ②32, ②35-36
英語変種 ①160
英和對訳袖珍辞書 ③58
描き方 ⑤122
演繹的 ⑦34
遠隔的 ①179
演劇 ⑥149
演劇的役割 ①177

お

欧州連合拡大 ⑦8
応用言語学 ⑦105
大型辞書編纂 ①152
オーレックス2 ③197, ③200
岡倉天心 ⑤133, ⑤134
岡倉由三郎 ③59
音声認識システム ①77
音節 ⑤46
オンラインコーパス ④242, ⑥203
オンライン版英英辞書 ①186

か

外在言語 ④192
階層下降 ①142
階層クラスター分析 ⑤63
階層構造 ⑦27
外置 ⑥45, ⑥49
外置構造 ④129
外置不定詞句 ④131, ④133, ④138
概念メタファー ⑦67
科学的な研究方法 ①152
書き言葉 ①175, ②18, ②31, ②104
垣根言葉 ③167
拡散型 ②50

学習英英辞書 ③122
学習英英辞典 ③93, ③94, ③95, ③105, ③110, ③111
学習英和辞書 ③121
学習語彙表 ②9, ②17, ②20
学習辞書 ②34
学習指導要領 ②34
学習者コーパス ②10, ③20
学習者によるアノテーション付きコーパス ①206
学習者の自律性 ②48
拡張のメカニズム ④179
隠れマルコフモデル ⑦36
過去形 ⑥129
過去現在動詞 ⑥74
可算・不可算(C/U) ③110
過小使用 ②11
過剰使用 ②11
仮説検証型 ⑦130
仮説探索型 ⑦130
過程 ①139
仮定法 ④174
加熱調理動詞 ④149, ④158, ④160
カバー率 ②27, ②28, ②29
可変的特質 ②133, ②135
環境語 ②23
関係節 ⑥38
関係代名詞 ④34, ④38
観察 ⑦34
慣習的側面 ①124
感情 ⑤182
感情語 ④15
間接的否定証拠 ⑦47
間接利用 ②6
『カンタベリー物語』 ⑤12
観念構成的メタ機能 ⑦79, ⑦82
緩和詞 ④61

き

語	参照
キーワード分析	② 188, ⑦ 11
機械学習	⑦ 131
記述	⑦ 129
基準特性	② 12, ② 92, ② 165
起点言語	③ 84
機能語	① 167
機能語の文体の差異	① 167
帰納的	⑦ 34
帰納的な学習	② 49
基盤	⑦ 56
規範文法家	⑥ 165
基本から特殊へ	④ 189
基本形	④ 174
基本語彙	② 18
基本的なメンバー	④ 191
基本的用法	④ 2
脚韻位置	⑤ 38
客観的基準	② 25, ② 36, ② 20
客観的選定基準	② 22
教育語彙表	② 2
教育的配慮	② 33
教育への直接的利用	② 147
強意詞	④ 61
共起傾向	④ 28, ④ 29, ④ 30, ④ 31, ④ 33
共起語	③ 105, ③ 139, ⑤ 116
共起語一覧	⑤ 120
共起語頻度	③ 263
共起性の指標	⑦ 32, ⑦ 33
狭義の意味	① 2
狭義のコーパス	① 29
共起頻度	③ 263
競合	⑥ 59, ⑥ 66, ⑥ 70, ⑥ 89, ⑥ 91
教室での有用性	② 29
京大型カード	① 96
共著作品	⑤ 63
共同研究の勧め	① 172
行末	⑤ 28
局所化できない意味	⑦ 26, ⑦ 27
極性	⑦ 80
切り口	① 137
キリスト教宣教師協会	① 150
均衡	⑥ 65, ⑥ 93
近接的	① 179

く

語	参照
空要素	⑦ 202
クエリー	① 207
クオリア構造	④ 201
屈折語尾	⑥ 34
句表現	① 11
組版	③ 230
クラスター	⑤ 9, ⑤ 10, ⑦ 157
クラスター分析	⑦ 135
クラスタリング	③ 269
繰り上げ (Raising)	④ 115
繰り上げ主語	④ 120
繰り上げ主語受動態構造	④ 116

け

語	参照
経験主義	① 18, ⑦ 34
経験的	⑦ 34
経験的方法	② 20
経験論	⑦ 34
形式	③ 68
形式役割	④ 202
形容詞＋ to do	③ 104, ③ 106, ③ 108, ③ 109, ③ 110
形容詞 prone の補部構造	① 192
形容詞型	③ 104
形容詞の文型	③ 104
計量的手法	① 11
決定木	⑦ 140
ゲルマン語	④ 9
言語運用	⑦ 43, ⑦ 44, ⑦ 34–40
言語知識	⑦ 38, ⑦ 39, ⑦ 46, ⑦ 43–44
言語直観	⑦ 33
言語的方略	⑦ 117
言語テスト	② 12
言語能力	⑦ 34–40, ⑦ 43–44

言語モデル ⑦ 36, ⑦ 32–33
言語理論 ① 137, ① 164
現在完了形 ④ 11, ⑥ 129
検索式 ④ 122, ④ 137
検索方法 ① 140
現代英語期 ⑥ 129
限定用法 ④ 198

こ

語彙収束性 ① 220
語彙選定 ② 18
語彙単位 ② 28, ② 30
語彙調査 ② 17, ② 18
語彙的コロケーション ③ 82, ③ 105, ③ 139
語彙的複雑性 ① 62
語彙テスト ② 34
語彙の洗練性 ① 63
語彙頻度分析 ② 121
語彙レベル ② 32, ② 35
語彙レベルチェックテスト ② 34
効果検証 ② 57
後期近代英語 ⑥ 164
後期近代英語期 ⑥ 129
広義の意味 ① 2
広義のコーパス ① 29
広義の法言語学 ⑦ 105, 117
高級紙 ⑤ 187
恒常的・分類的特徴 ⑤ 124
口承的な特性 ⑤ 34
構成役割 ④ 202
構造格 ⑥ 32
構造言語学 ① 17
交替 ⑥ 69, ⑥ 72, ⑥ 85, ⑥ 90
肯定証拠 ⑦ 26
勾配論 ④ 12
高頻度語彙 ⑤ 176
高頻度内容語 ⑤ 105
構文 ④ 72, ⑦ 54, ⑦ 61
構文解析 ⑥ 35, ⑥ 36, ⑥ 54

構文解析コーパス ⑥ 37
構文情報付きテキスト ⑥ 187
構文文法 ④ 12, ④ 14, ④ 191, ⑦ 70
公用語 ① 149
合理主義 ① 18
合理論 ⑦ 34
コーパス革命 ③ 44
コーパス基盤的 ③ 15
コーパス駆動型 ⑦ 130, ⑦ 157
コーパス駆動的 ③ 15, ③ 26
コーパス君 ② 62
コーパス研究のパラダイム ⑦ 31
コーパス言語学 ⑤ 3
コーパス検証型 ⑦ 130, ⑦ 154
コーパス構築 ① 100
コーパス根拠 ③ 44
コーパス準拠学習語彙表 ② 29
コーパス準拠の語彙表 ② 28
コーパス専用ソフトウェア ④ 24
コーパスの代表性 ⑥ 181, ⑥ 190
コーパスの直接的利用 ② 146
コーパスの間接的利用 ② 146
コーパス文体論 ⑤ 3
コーパス利用 ① 164
語義記述 ③ 68
語義区分 ③ 80
語義順 ③ 69
語義配列 ③ 72, ③ 21–22
国際的貢献度 ① 27
告知動詞 ④ 122, ④ 124
語順 ⑥ 33, ⑥ 39, ⑥ 40, ⑥ 44
個人語 ⑦ 108
個人差 ④ 184
語数 ① 166
語長 ⑤ 138
コックニー・アクセント ① 150
異なり語 ① 166, ⑤ 137
語のスタイル ⑤ 191, ⑤ 213
語の文法 ③ 127, ③ 140
古ノルド語 ⑤ 45

古フランス語	⑤ 45	サブコーパス	② 27
語法カード	① 110	サンプルコーパス	⑥ 65, ⑥ 66
語法研究	① 111	**し**	
語法レーベル	③ 76	ジーニアス 5	③ 197, ③ 202
ゴミ	① 133	使役交替	④ 142, ④ 146, ④ 143–144
固有形容詞	⑤ 209–210	使役動詞	④ 142, ④ 165, ④ 143–144
語用論	④ 221	識字率	⑥ 121
語用論的・談話的アノテーション	① 176	詩行の後半部分	⑤ 35
語用論的意味	③ 76	詩行の前半部分	⑤ 35
語用論的研究	⑦ 105	思考動詞	④ 122
語用論的情報	⑦ 26, ⑦ 27	自国語	⑥ 69
語用論的属性	① 177	自国語化	⑥ 65
コラム式シノニム記述	③ 190	辞書・事典の市場規模	③ 218
コリゲーション	② 63, ③ 139	辞書記述	⑦ 162
『五輪書』	⑤ 148, ⑤ 150	辞書編纂	⑦ 131
コレーション・コンコーダンス	① 11	辞書編集	① 111
コレスポンデンス解析法	① 215	システム構築	③ 230
コロケーション	① 8, ① 72, ① 166, ① 171, ② 63, ② 186, ③ 107, ③ 113, ③ 139, ④ 5, ④ 72–78, ⑤ 112, ⑦ 110, ⑦ 153	施政方針・所信表明演説	⑤ 160
		シソーラス	③ 185
根源的用法	⑦ 119	質	③ 85
混交	③ 176	実験	⑦ 34
コンコーダンサー	② 182, ③ 6, ③ 259, ⑦ 16, ⑦ 151	執筆要項	③ 229
		ジップの法則	⑦ 69
コンコーダンス	① 8, ③ 6, ③ 258, ⑥ 2, ⑥ 3, ⑥ 4, ⑥ 19–20	実用英語	② 29
		実例主義	③ 128, ③ 129
コンコーダンス分析	② 125	史的／通時的コーパス	① 26
コンコーダンスライン	① 8, ③ 6, ⑦ 32	自動作文採点	② 12
コンピュータ・アレルギー	① 18	シノニム	① 111, ③ 211, ③ 183–184
		紙面設計	③ 230
さ		社会・語用論的アノテーション	① 176
再現率	② 173	社会階層	① 216
再語彙化されたコロケーション	⑤ 9	社会言語学的な研究	⑦ 105
最上級	⑤ 212	社会語用論コーパス	① 176
再植民地段階	① 158	社会的属性	① 177
斎藤秀三郎	③ 59	社会的地位	① 177
齊藤俊雄	⑤ 15, ⑥ 20	社会的役割	① 177
作成動詞	④ 147	社会方言	⑦ 6
サスペンション	⑤ 37, ⑤ 40	シャピロ・ウィルク検定	⑤ 196

『英語コーパス研究シリーズ』総索引

ジャンル
　①85, ①87, ①89, ①93, ②131, ②132, ④6,
　　　⑥63, ⑥72
ジャンル間での違い……………………④92
自由結合……………………………………⑤88
重構成素……………………………………④120
習熟度………………………………………②103
修飾語句の義務性…………………………④188
従属節……………………………⑥39, ⑥40
重不定詞句外置…………………④125, ④130
周辺的現象…………………………………①124
周辺的な構文………………………………④170
重要語表示…………………………………②34
収斂型………………………………………②50
主格…………………………………………④177
主観的基準……………………②20, ②25, ②36
熟語本位英和中辞典………………………③59
主語繰り上げ………………………………④121
受信型用例…………………………………③122
主成分分析…………………………………⑤63
主節……………………………………⑥39–40
主節の主語…………………………………④178
主体的にコーパスを使う…………………①171
主張動詞……………………………………④132
出現頻度……………………………………②18
受動形………………………………④187, ④221
受動進行形…………………………………⑥185
受動態構造…………………………………④115
使用域………………………………………③76
使用依拠モデル……………………………④53
小学館コーパスネットワーク……………①52
少子化の問題………………………………③221
小説の言語…………………………………⑤110
状態変化動詞………………………………④147
少納言………………………………………③77
商標…………………………………………⑦113
情報構造……………………………………⑦24
情報付加……………………………………⑦25
証明動詞……………………………………④136
省略…………………………………………⑦27

省略文字……………………………………⑦188
初期近代英語期……………………①178, ①179
植民地段階…………………………………①158
処理過程の検証可能性……………………④26
進行管理……………………………………③231
進行形………………………………④154, ④160
進行相………………………………………④160
新古典複合語………………………………④42
新情報………………………………………④120
身体語………………………………………①169
身体語彙……………………………………⑤103
心的実在物………………………⑦20, ⑦37, ⑦45
新聞…………………………………………⑤187
「人文学とコンピュータ」………………①16
じんもんこん……………………………①37–38
信頼性……………………………………⑦28–29

す

数量化Ⅲ類…………………………………①215
菅原道真……………………………………⑤151
『菅原道真伝授手習鑑』…………………⑤151
スコットランド英語…………⑥74, ⑥60–61
ステップ……………………………………②138
ストーリー…………………………………⑤180
ストラテジー………………………………⑥153
スパン………………………………………⑦156
スピーチレベル………………⑤202, ⑤208

せ

正解コーパス………………………………②161
正確性………………………………………①62
生起確率……………………………………⑦29
生起数………………………………………①222
正規性検定…………………………………⑤197
正規表現
　①128, ①235, ②186, ④23, ④27, ④28, ④
　32, ④33, ④36, ④38, ④39
整形式のXMLファイル…………………⑦193
制限定義語彙………………………………③62
整合形………………………………………①138

性差	① 218
政治談話	⑦ 10
生成語彙論	④ 201
生成文法	① 17, ⑦ 13
静的タスク	② 169
制約的コロケーション	⑤ 88
セクシズム	③ 129, ③ 148
接辞	④ 45
絶対的特質	② 133, ② 134
折衷の基準	② 25
説明	⑦ 129
説明型	③ 189
説明型シノニム記述	③ 185, ③ 192
説明変数の淘汰	⑤ 60
セリフ	⑥ 149
ゼロ関係詞	⑥ 187
ゼロ派生動詞	④ 36, ④ 37
善悪二元論	⑤ 166
前位修飾	⑤ 124
宣教師	① 150
線形順序	⑦ 26
選択制限	③ 73
選択体系	⑦ 82, ⑦ 80–81
前置詞残留	④ 14
前置詞随伴	④ 14
選定基準	② 20
選定方法	② 20
全文コーパス	⑥ 65
前方照応	④ 120
専門英語	① 85
専門英語教育	① 83

そ

双解的シノニム記述	③ 211
相関	④ 185
相互情報量	④ 32, ④ 33
装飾文字	⑤ 24
相対頻度	⑤ 196
装丁	③ 230
挿入節	④ 179
ソート	③ 7, ⑦ 151
属性	⑦ 195
属性叙述	④ 156

た

第1世代コーパス	⑥ 120
対格	⑥ 32
体系化	⑥ 74, ⑥ 94
体系機能文法	⑦ 14, ⑦ 78, ⑦ 79
第3世代コーパス	⑥ 120
第3世代コンコーダンサー	⑦ 152
大衆紙	⑤ 187
対象言語	③ 84
対照中間言語分析	② 74
対人的メタ機能	⑦ 79, ⑦ 82
対数線形モデル	⑦ 32
対数尤度比	③ 263
ダイス係数	③ 263
代替可能性	③ 189
第2世代コーパス	⑥ 120
代表性	① 127, ⑥ 65, ⑥ 93, ⑥ 172, ⑦ 28, ⑥ 185
タイプ (text type)	② 183
第4世代コンコーダンサー	⑦ 152
多因子 (multi-factorial)	② 6
多因子モデル	② 8, ② 14
タグ	① 215
タグ付け	⑦ 59, ⑦ 188
タグ付与	④ 242
武信由太郎	③ 61
竹原常太	③ 61
竹蓋幸生	① 19, ① 21
多次元尺度構成法	⑤ 61
多次元尺度法	⑦ 142
多次元分析法	⑦ 11
多重な文法観	④ 189
脱範疇化	③ 176
妥当性	⑦ 29, ⑦ 33
妥当性検証	① 68
妥当な XML ファイル	⑦ 193

多読教材 ……………………………… ②33
多変量解析 ………………… ⑦130, ⑦131
多目的コーパス ………………………… ⑥6
単位センテンス数 …………………… ①215
単語の単位認定 ……………………… ②183
単語頻度表 …………………………… ⑦169
単語連鎖 ………………………………… ②91
単純型 ………………………………… ④108
単純頻度 ……………………………… ③263
単著作品 ………………………………… ⑤63
談話・機能言語学 ……………………… ⑦71
談話機能 ……………………………… ⑥109
談話標識 ……… ③166, ⑥85, ⑥88, ⑥91, ⑥94

ち
知覚動詞 ……………………… ③101, ④125
チャンカー …………………………… ③254
中核 …………………………………… ④189
中核的命題 …………………………… ④180
中間構文 ………… ④166, ④167, ④156–157
注記式シノニム記述 ………………… ③190
中心語 ………………………… ③139, ⑤112
中心語頻度 …………………………… ③263
直説法現在 …………………………… ④175
直接利用 ………………………………… ②6
直喩 ……………………………………… ④7
著作権 ………………………………… ②106
直観 ……………… ③79, ⑦34, ⑦39, ⑦40

つ
通時的 ………………………………… ①193

て
提案動詞 ……………………………… ④132
定冠詞 the の使用 …………………… ①167
定義語彙 ………………………………… ②24
定型表現 ………………………… ⑥83, ⑥88
ディスコース ………………………… ④221
低頻度 ………………………………… ④191
データ過剰 …………………………… ③83

データ駆動型学習
 ……………… ①6, ②10, ②43, ⑦166
データ処理 …………………………… ③230
データ定義 …………………………… ③235
データフォーマット ………………… ③233
データマイニング …………………… ⑦131
適合率 ………………………………… ②173
テキスト ……………………………… ①232
テキストエディター …………………… ④39
テキスト自動収集 …………………… ②198
テキスト出典情報 ……………………… ⑥63
テキストタイプ ………………………… ⑥63
テキストデータベース ……………… ①200
テキスト的 …………………………… ⑦184
テキストファイル …… ①207, ④26, ④38
テキスト形成的メタ機能 …… ⑦80, ⑦82
テキスト内言語変異 …………………… ⑤66
テキストの読み ……………………… ①164
転移修飾 ……………………………… ④195
転移的コロケーション ………………… ⑤8
電子カード …………………………… ①100
電子化された言語資料 ………………… ①17
電子的 …………………………………… ⑥97
電子テキスト ………………………… ⑦183
電子テキストの典拠 …………………… ⑥17
電子版辞書 …………………………… ③218
電子編集フロー ……………………… ③238
伝達動詞群 …………………………… ④119

と
同意語 ………………………………… ③183
等位接続 ………………………………… ④61
東欧移民 ………………………………… ⑦8
同格の that 節 ………………… ③27, ③28
同化政策 ……………………………… ①149
同義語 ………………………………… ③183
統計サマリー ………………… ③250, ③262
統計指標 ………………… ③9, ③11, ③83
統語情報 ………………………… ⑦26, ⑦27
統語的勾配 ……………………………… ④12

統語的複雑性 ①61
動作主 ④144, ④149
動作主役割 ④202
動詞 ④8
動詞型 ③96, ③97, ③98
動詞性 ④13
動詞との間隔(語数) ④95
動詞の文型 ③96
同族目的語構文 ④181, ④196
同族目的語構文の基本形 ④182
動的タスク ②169
動的文法理論 ④189
動名詞 ④8, ④12
ドキュメント的 ⑦184
読者対象別分類 ③222
特殊目的コーパス
　　①72, ①73, ⑥6, ⑥172, ⑥192
特徴語 ②27, ⑤110
特徴語抽出 ⑤57
特徴語分析 ②123
特徴度指数 ⑤110
特定的な名詞 ④182
読解 ②18
トピック ②104
ドメイン ①219
捉え方 ⑦54

な
内在格 ⑥50, ⑥54, ⑥32–33
内在言語 ④192
内省
　④23, ⑦20, ⑦33, ⑦34, ⑦36, ⑦37, ⑦38,
　　　　⑦39, ⑦40, ⑦43, ⑦46, ⑦56
内省データ ③3
内省判断 ①125, ①132
内的視点効果 ④160, ④162
内包的意味記述 ③190
名前空間 ⑦200
並べ替え ③259
難語辞典 ③46

に
ニーズ ②133
ニーズ分析 ②141–142
二言語辞書 ③83
二重目的語 ⑥48, ⑥54
二重目的語構文 ④148
二重目的語動詞 ⑥31
二重目的動詞 ⑥36
二単語共起 ②174
新渡戸稲造 ⑤14, ⑤133, ⑤134
新渡戸稲造の英語 ①164
日本国憲法 ⑦118
日本人学習者向け ②33
ニュージーランド英語 ①146
ニュージーランド英語変種 ①153
ニュージーランド特有の単語 ①153
ニュース記事の文体的特徴 ④104
認識的意味 ⑤39
認識的用法 ⑦119
認識動詞 ⑥59, ⑥66, ⑥69, ⑥93
人称代名詞 ⑥38, ⑥51
認知科学 ⑦51
認知言語学 ⑦13, ⑦51
認知動詞 ④127
認知文法 ⑦70

ね
年齢 ①218

の
ノード ⑦153
ノンパラメトリック検定 ⑤195

は
倍々ゲーム的増加 ①33
ハイブリッド種 ④13
バイリンガル化 ①157
バイリンガル教育 ①159
バグ ①197
派生形容詞 ⑤209

派生的なメンバー ④ 191
パタン ④ 3, ④ 72
発見学習法 ② 53
発信型用例 ③ 126
発達 ① 143
発展的用法 ④ 2
発話 ① 240
発話長認識システム ① 77
話し言葉 ① 175, ② 19, ② 31, ② 104, ⑥ 71
話し言葉コーパス ① 154, ① 238
パフォーマンス評価 ② 159
場面 ① 240
場面情報 ① 238
はやりことば ⑥ 203
パラダイム ⑦ 32
パラメーター ⑥ 7, ⑥ 63, ⑥ 65, ⑥ 67, ⑥ 72
パラメトリック検定 ⑤ 195
パラレルコーパス ③ 83, ⑦ 118
パラレルテスト ② 162
パロディ的コロケーション ⑤ 8
判断動詞 ④ 134
汎用ツール ① 128

ひ

比較級 ⑤ 212
非互換性の壁 ① 20
非習慣的コロケーション ⑤ 8
非受動態述部 ④ 120
非植民地段階 ① 159
非整合形 ① 138
非対格動詞 ④ 186
日付表現の分布 ④ 95
否定証拠 ⑦ 26, ⑦ 47
非特定目的語削除 ④ 147
非特定目的語削除構文 ④ 165
非人称 it 主語受動態構造 ④ 116
非能格動詞 ④ 186
批判的談話分析 ⑦ 7, ⑦ 8
非文情報 ③ 20

百科事典的意味 ⑦ 55
評価 ④ 17
評価動詞 ④ 134
評価表現 ① 139
表現 ① 89
表現の多様性 ⑤ 146
表示動詞 ④ 124
標準英語 ⑥ 164
標準化 ⑥ 65, ⑥ 74, ⑥ 91, ⑥ 94
表情描写 ⑤ 103
標本 ① 232
平テキスト ① 226
品詞情報 ⑦ 27
品詞タグ ③ 253, ④ 27, ④ 33, ④ 36, ④ 37, ④ 39, ④ 44
品詞タグ付けソフト ④ 27
品詞タグ付与 ④ 37
品詞タグ付与プログラム ② 200
ヒント ① 89
頻度 ② 22, ② 182, ③ 72, ⑦ 29
頻度上位語彙 ② 37
頻度情報 ③ 21, ⑦ 19, ⑦ 20, ⑦ 31
頻度の正規化 ① 214
頻度表 ③ 258
頻度リスト ② 24, ② 26

ふ

不快表現 ① 188
付加部 ④ 14
複合形容詞 ④ 43
複合語 ④ 42, ⑤ 141–142
複雑型 ④ 108
副詞＋形容詞 ④ 27, ④ 33
副詞的不定詞句 ④ 138
副詞的名詞句 ④ 91
「副詞らしい」 ④ 111
「副詞らしくない」 ④ 111
副詞類 ④ 10
不算 ③ 110
付帯情報付きコーパス ⑦ 28

不定詞節	⑥ 39–40	法言語学	⑦ 15, ⑦ 104
不変性原理	⑦ 60, ⑦ 67	方言の多様性	⑦ 5
ブラックボックス化	① 128	法助動詞	⑤ 39, ⑦ 119, ⑦ 120
フレイジオロジー	④ 4, ④ 87, ④ 71–72, ④ 77–80	ポーズ	⑤ 26, ⑤ 27, ⑤ 29
フレーム	⑦ 55	ぼかし機能	④ 238
プログラミング	① 225, ① 228	補部	④ 14
文境界	① 201	北部方言	⑥ 74
分詞形容詞	⑤ 114, ⑤ 202, ⑤ 209	母語話者用辞典	③ 95
文書構造	① 236	保持政策	① 159
文体	③ 76	保証動詞	④ 136
文頭	④ 98	補部構造	③ 80
文頭の関係代名詞	④ 38	補文構造	④ 72
文頭の非制限的関係代名詞	④ 34	補文の主語	④ 178
分布	② 27, ② 182	補文標識 that	① 141, ④ 176
分布度	② 22	翻訳学	⑦ 6
文法化	③ 176	翻訳借用	⑤ 141
文法コード	③ 62, ③ 98, ③ 99, ③ 104, ③ 116	**ま**	
文法性判断	⑦ 39	マーケティング	③ 226
文法的コロケーション	③ 82, ③ 105, ③ 139	マオリ語	① 146, ① 151, ① 157, ① 159
文法的メタファー	① 138	ママ	⑦ 186
文末の焦点	⑤ 29, ⑤ 39	マルチ・ジャンルコーパス	⑥ 6
分量の制約	③ 241	**み**	
へ		右側要素	④ 52
変異	④ 7	見出し語化	② 184
変異性	⑥ 149	ミッドテイル	⑤ 22, ⑤ 25, ⑤ 29, ⑤ 47
編者	③ 228	見積もり動詞	④ 134
変種	④ 169	ミニ・コーパス	① 83, ① 88, ① 93
編集委員会	③ 228	宮本武蔵	⑤ 148, ⑤ 150
編集部	③ 228	未来志向動詞	④ 129
変数	② 44	未来進行形	④ 10
変奏	⑤ 146, ⑤ 150	未来副詞形	④ 10
ほ		**む**	
母音の発音	① 150	ムーヴ	① 89, ① 85–86
方言	⑥ 60, ⑥ 63, ⑥ 72, ⑥ 72	ムーブ	② 138
方言化	⑥ 74	矛盾語法的コロケーション	⑤ 8

め

- 名詞化 ……………………………………… ① 139
- 名詞性 ……………………………… ① 140, ④ 13
- 明示的知識 ………………………………… ② 48
- 名詞のコロケーション …………………… ① 73
- 名詞のコロケーションパターン ………… ① 74
- メタ・データ ……………………………… ② 158
- メタ機能 …………………………………… ⑦ 79
- メタ言語 …………………………………… ⑦ 189
- メタ情報 …………………………………… ② 162
- メタディスコース ………………………… ① 64
- メタデータ ………………………………… ⑦ 186
- メタファー研究 …………………………… ⑦ 66
- メトニミー ………………………………… ⑦ 67

も

- 網羅的抽出 ………………………………… ① 132
- 目的格 ……………………………………… ④ 177
- 目的の副詞句 ……………………………… ④ 125
- 目的の不定詞句 …………………………… ④ 133
- 目的役割 …………………………………… ④ 202
- 目的を表す副詞的不定詞句 ……………… ④ 130
- 文字コード ………………………………… ① 227
- モダリティ ………………………………… ④ 180
- モニターコーパス ………………………… ① 4
- 漏れ ………………………………………… ① 133

や

- 山本忠雄 ……………………………… ① 172, ⑤ 17

ゆ

- 有意水準 …………………………………… ⑤ 198
- 融合 ………………………………………… ④ 208
- ユーザー・フレンドリー ………………… ③ 62
- 優先規則 …………………………………… ④ 172
- 優先規則体系 ……………………………… ④ 172
- 優先条件 …………………………………… ④ 172
- 有標 ………………………………………… ④ 190

よ

- 要求動詞 …………………………………… ④ 132
- 幼児教育機関 ……………………………… ① 151
- 要素 <body> ……………………………… ⑦ 194
- 要素間の関係 ……………………………… ⑦ 27
- 容認可能性 ………………………………… ④ 13
- 用法 ………………………………………… ⑦ 56
- 用法基盤モデル ……………… ⑦ 53, ⑦ 57, ⑦ 71
- 用例カード …………………………… ① 97, ③ 32
- ヨーロッパ言語共通参照枠
  …………………………… ② 12, ② 92, ② 163
- 与格 ………………………………………… ⑥ 32
- よじよじと ………………………………… ④ 171
- 予測 ………………………………………… ⑦ 129
- 呼びかけ語 ………………………………… ① 180

ら

- ラテン語 …………………………………… ④ 9
- ランダムフォレスト ……………………… ⑦ 140

り

- リーダビリティ …………………………… ② 33
- リモートプルーフ ………………………… ③ 238
- <略字> ……………………………………… ⑦ 191
- 流暢性 ……………………………………… ① 61
- 量 …………………………………………… ③ 85
- 領域 ………………………………………… ② 183
- 量的な研究 ………………………………… ⑦ 129
- 理論的構成物 ……………………………… ⑦ 31

る

- 類義語 ……………………… ③ 183, ③ 184, ⑦ 155–162
- 類義語検索機能 …………………………… ⑦ 166
- 類語 …………………………………… ③ 183, ③ 184
- 類像性 ……………………………………… ⑦ 68–69
- 類像性のパラドックス …………………… ⑦ 69
- ルミナス 2 ………………………………… ③ 197

れ

レーベル式シノニム記述 ③ 190
レキシカルプロファイリング
　③ 253, ③ 265
歴史語用論 ① 174, ⑦ 4
歴史社会語用論 ① 174–175
歴史的意味変化 ① 190
レジスター ④ 221, ④ 228
劣等最上級 ⑤ 212
劣等比較級 ⑤ 212
レマ ② 25, ② 26, ③ 252
レマ化 ⑤ 137, ⑦ 169
連結形 ④ 42
連語構文分析 ⑦ 62

ろ

ロングマン ③ 197, ③ 198
ロンドン ⑥ 74, ⑥ 91

わ

ワードパッド ⑦ 189
ワイタンギ条約 ① 148
ワイタンギ審判所 ① 149
ワイルドカード ⑥ 67
和英語林集成 ③ 60
話者情報 ① 238

記号

φ日付 ④ 91
φ日付とon日付の句範疇の型による分布
　④ 106
φ日付の単純型と複雑型での生起件数
　④ 109
φ日付の文中での分布 ④ 97
φ曜日 ④ 91
φ曜日の文中での分布 ④ 102
φ曜日とφ日付の文中での分布の違い
　④ 110
φ曜日の性質 ④ 105
φ曜日の文中での分布 ④ 104

執筆者紹介

監修・編者

堀正広（ほりまさひろ）

熊本学園大学外国語学部教授

主な著書 —— *Investigating Dickens' Style: A Collocational Analysis* (Palgrave Macmillan, 2004)、『英語コロケーション研究入門』(研究社、2009)など。

赤野一郎（あかのいちろう）

京都外国語大学名誉教授

主な編著書 ——『ウィズダム英和辞典』〔共編〕(三省堂、初版 (2003)、第 2 版 (2007)、第 3 版 (2013)、第 4 版 (2019))、『英語教師のためのコーパス活用ガイド』〔共編著〕(大修館書店、2014)など。

執筆者

中村純作（なかむらじゅんさく）

徳島大学名誉教授

主な編著書 —— *English Corpora under Japanese Eyes*〔共編著〕(Rodopi, 2004)、『英語コーパス言語学—基礎と実践—』(改訂新版)〔共編著〕(研究社、2005)など。

齊藤俊雄（さいとうとしお）

大阪大学名誉教授

主な編著書 —— *English Corpus Linguistics in Japan*〔共編著〕(Rodopi, 2002)、『英語コーパス言語学—基礎と実践—』(改訂新版)〔共編著〕(研究社、2005)など。

投野由紀夫（とうの ゆきお）
東京外国語大学大学院総合国際学研究院教授
主な編著書 ──── *Corpus-Based Language Studies: An Advanced Resource Book*〔共著〕（Routledge, 2006）、*Developmental and Crosslinguistic Perspectives in Learner Corpus Research*〔共編〕（John Benjamins, 2012）など。

小島ますみ（こじま ますみ）
岐阜市立女子短期大学英語英文学科准教授
主な論文 ──── "Reliability of Lexical Richness Measures Based on Word Lists in Short Second Language Productions"〔共著〕（*System* 42, 2014）、"Promoting Intrinsic Motivation and Transcultural Competence Through IC Skills Training"（*Reading to Learn in a Foreign Language: An Integrated Approach to Foreign Language Instruction and Assessment*, Routledge, 2019）など。

石川保茂（いしかわ やすしげ）
京都外国語大学外国語学部教授
主な著書 ──── *WorldCALL: Sustainability and Computer-Assisted Language Learning*〔共著〕（Bloomsbury, 2015）、*Blended Language Learning: International Perspectives on Innovative Practices*〔共著〕（国家開放大学出版社、2019）など。

野口ジュディー（のぐち じゅでぃー）
神戸学院大学名誉教授
主な論文 ──── "Using a Dedicated Corpus to Identify Features of Professional English Usage"〔共著〕（*Language and Computers*, Rodopi, 2006）、"Towards a Robust, Genre-based Translation Model and its Application"〔共著〕（*Handbook of Japanese Applied Linguistics*, Mouton De Gruyter, 2016）など。

井上永幸（いのうえ ながゆき）
広島大学大学院総合科学研究科教授
主な編著書 ──── 『ウィズダム英和辞典』〔共編〕（三省堂、初版（2003）、第2版（2007）、第3版（2013）、第4版（2019））、『コーパスと辞書』（英語コーパス研究シリーズ　第3巻）〔共編〕（ひつじ書房、2018）など。

滝沢直宏 (たきざわ なおひろ)

立命館大学大学院言語教育情報研究科教授

主な編著書 ──『コーパスと英文法・語法』(英語コーパス研究シリーズ　第 4 巻)〔共編〕(ひつじ書房、2015)、『ことばの実際 2　コーパスと英文法』(シリーズ英文法を解き明かす─現代英語の文法と語法 10) (研究社、2017) など。

深谷輝彦 (ふかや てるひこ)

椙山女学園大学国際コミュニケーション学部教授

主な編著書・論文 ──「英米語にみる of と from の競合」(『現代社会と英語─英語の多様性をみつめて─』、金星堂、2014)、『コーパスと英文法・語法』(英語コーパス研究シリーズ　第 4 巻)〔共編〕(ひつじ書房、2015) など。

山﨑俊次 (やまざき しゅんじ)

大東文化大学外国語学部教授

主な編著書 ── English Corpus Linguistics in Japan〔共編著〕(Rodopi, 2002)、Approaching Language Variation through Corpora〔共編著〕(Peter Lang, 2013) など。

椎名美智 (しいな みち)

法政大学文学部教授

主な編著書 ──『歴史語用論入門─過去のコミュニケーションを復元する─』〔共編〕(大修館書店、2011)、『歴史語用論の世界─文法化・待遇表現・発話行為─』〔共編〕(ひつじ書房、2014) など。

新井洋一 (あらい よういち)

中央大学経済学部教授

主な論文 ──「BNC に基づく繰り上げ主語受動態構造の分析」(『コーパスと英文法・語法』(英語コーパス研究シリーズ　第 4 巻)、ひつじ書房、2015)、「談話標識表現 The N be, (CN-be-IB 構文) と米語におけるその通時的発達」(『文法記述の諸相 II』、中央大学出版部、2016) など。

岡田毅 (おかだ たけし)

東北大学大学院国際文化研究科教授

主な著書 ─── *Second Language Writing System*〔共著〕(Multilingual Matters, 2005)、*The Routledge Handbook of the English Writing System*〔共著〕(Routledge, 2016) など。

髙橋薫 (たかはし かおる)

東京理科大学工学部教授

主な論文 ─── "A study of Register Variation in the British National Corpus" (*Literary and Linguistic Computing* 21 (1), Oxford University Press, 2005)、"A study of sociolinguistic variables in the British National Corpus" (*Empirical Text and Culture Research* 4, RAM-Verlag, 2010) など。

園田勝英 (そのだ かつひで)

北海道大学名誉教授

主な著書・論文 ───『大学生用英語語彙表のための基礎的研究』(言語文化部研究報告叢書 7、北海道大学言語文化部、1996)、"Verb Movement in Margaret Paston's English" (*Studies in English Linguistics: A Festschrift for Akira Ota on the Occasion of His Eightieth Birthday*, 大修館書店、1997) など。

英語コーパス研究シリーズ　第1巻
コーパスと英語研究

The Hituzi Companion to English Corpus Studies
Corpus and English Studies（Volume 1）
Edited by Masahiro Hori and Ichiro Akano
(Supervised by Masahiro Hori and Ichiro Akano)

発行─────2019年10月2日　初版1刷
定価─────3200円＋税

監修者─────堀正広・赤野一郎
編者──────堀正広・赤野一郎
発行者─────松本功
ブックデザイン──中野豪雄＋鈴木直子（株式会社中野デザイン事務所）
印刷所─────三美印刷株式会社
製本所─────株式会社星共社
発行所─────株式会社ひつじ書房
　　　　　　　112-0011 東京都文京区千石2-1-2 大和ビル2F
　　　　　　　tel 03-5319-4916 fax 03-5319-4917
　　　　　　　郵便振替 00120-8-142852
　　　　　　　toiawase@hituzi.co.jp　http://www.hituzi.co.jp/

ISBN978-4-89476-711-9　C3080

造本には充分注意しておりますが、落丁・乱丁などがございましたら、
小社かお買上げ書店にておとりかえいたします。
ご意見、ご感想など、小社までお寄せ下されば幸いです。

［刊行物のご案内］

言語研究のための正規表現によるコーパス検索
大名力 著　　定価 2,800 円＋税

言語研究・言語教育にも大いに役立つが難解な正規表現を、基礎から上級まで段階的に解説し、コーパス検索に正規表現を活用できるようになることを目指す。

ベーシックコーパス言語学
石川慎一郎 著　　定価 1,700 円＋税

英語と日本語コーパスの両者に目配りしつつ、コーパス構築の理念やコーパスを生かした言語研究の方法について、コーパス言語学を初学者にも分かりやすく平易に解き明かす。

概説コーパス言語学　手法・理論・実践
トニー・マケナリー、アンドリュー・ハーディー 著　　石川慎一郎 訳
定価 3,800 円＋税

類書にない幅広い視点から、コーパス言語学の本質と展望を俯瞰した斬新な入門書。巻末には詳細な用語解説も用意されており、言語学全般の入門用教科書としても最適。(Tony McEnery & Andrew Hardie 著、*Corpus Linguistics*（CUP, 2012）の全邦訳)

○ひつじ意味論講座○

澤田治美 編
各巻　定価 3,200 円＋税

第 1 巻　語・文と文法カテゴリーの意味

第 2 巻　構文と意味

第 3 巻　モダリティⅠ：理論と方法

第 4 巻　モダリティⅡ：事例研究

第 5 巻　主観性と主体性

第 6 巻　意味とコンテクスト

第 7 巻　意味の社会性

○英語コーパス研究シリーズ○

堀正広・赤野一郎 監修
各巻　定価 3,200 円 + 税

第 1 巻　コーパスと英語研究
堀正広・赤野一郎 編

第 2 巻　コーパスと英語教育
投野由紀夫 編

第 3 巻　コーパスと辞書
赤野一郎・井上永幸 編

第 4 巻　コーパスと英文法・語法
深谷輝彦・滝沢直宏 編

第 5 巻　コーパスと英語文体
堀正広 編

第 6 巻　コーパスと英語史
西村秀夫 編

第 7 巻　コーパスと多様な関連領域
赤野一郎・堀正広 編